LA

...TÉ D'ENSEIGNEMENT

ET LES

...GRÈS DE L'ENSEIGNEMENT SECONDAIRE

CONGRÈS

TENU A LYON

Les 23, 24 & 25 Mai 1899

PARIS

AU SECRÉTARIAT

DE L'ASSOCIATION CATHOLIQUE DE LA JEUNESSE FRANÇAISE

76, rue des Saints-Pères

LA

LIBERTÉ D'ENSEIGNEMENT

ET LES

RÉFORMES DE L'ENSEIGNEMENT SECONDAIRE

CONGRÈS

TENU A LYON

Les 23, 24 & 25 Mai 1899

PARIS

AU SECRÉTARIAT

DE L'ASSOCIATION CATHOLIQUE DE LA JEUNESSE FRANÇAISE

76, rue des Saints-Pères

ASSOCIATION CATHOLIQUE DE LA JEUNESSE FRANÇAISE

LA LIBERTÉ D'ENSEIGNEMENT

ET LES

Réformes de l'Enseignement Secondaire

CONGRÈS

ORGANISÉ A LYON

SOUS LA PRÉSIDENCE D'HONNEUR

de Son Éminence le Cardinal COULLIÉ

Archevêque de Lyon, Primat des Gaules

ET LA PRÉSIDENCE EFFECTIVE

de M. le Comte Albert de MUN

De l'Académie française, député du Finistère

Les 23, 24, et 25 Mai 1899

COMITÉ DE PATRONAGE

Son Eminence le Cardinal Richard, Archevêque de Paris.
Son Eminence le Cardinal Langénieux, Archevêque de Reims.
Son Eminence le Cardinal Labouré, Archevêque de Rennes.
Son Eminence le Cardinal Perraud, Evêque d'Autun.
NN. SS. les Archevêques d'Aix, de Besançon, Cambrai, Chambéry, Sens, Toulouse.
NN. SS. les Evêques d'Angoulême, Annecy, Arras, Bayeux, Bayonne, Blois, Cahors, Carcassonne, Clermont, Digne, Gap, Grenoble, Limoges, Luçon, Marseille, Montauban, Montpellier, Moulins, Nevers, Orléans, Périgueux, Saint-Dié, Séez, Tarentaise, Troyes, Valence, Verdun, Viviers, Versailles.

Mgr Baunard, recteur des Facultés catholiques de Lille.

Mgr Dadolle, recteur des Facultés catholiques de Lyon.

Mgr Pasquier, recteur des Facultés catholiques d'Angers.

Mgr Péchenard, recteur de l'Institut catholique de Paris.

M. l'abbé Batifol, recteur de l'Institut catholique de Toulouse.

Le R. P. Dumas, Provincial des Maristes.

Le R. P. Régnauld, Eudiste, Président de l'Alliance des Maisons d'Education.

MM. G. Alix, doyen de la Faculté de Droit à l'Institut catholique de Paris, professeur à l'Ecole des Sciences morales et politiques.

Paul Allard, Président du Comité catholique de Rouen.

Beaune, ancien Procureur général, doyen de la Faculté catholique de Droit de Lyon.

Brunetière, de l'Académie française.

Prince L. de Broglie.

Baron de Bernon.

Chavent, ancien Conseiller Municipal de Lyon, Président du Comité catholique.

François Coppée, de l'Académie française.

Denys Cochin, Député de la Seine.

Gavouyère, doyen de la Faculté de Droit à la Faculté Catholique d'Angers.

Léon Harmel.

Jacquier, avocat, professeur à la Faculté catholique de Droit de Lyon.

de Lamarzelle, sénateur, professeur à la Faculté de Droit de l'Institut catholique de Paris.

de Lapparent, Membre de l'Institut, professeur à l'Institut catholique de Paris.

Paul Lerolle, député de la Seine.

Docteur Maisonneuve, professeur à la Faculté des Sciences de l'Université catholique d'Angers.

de Margerie, doyen de la Faculté des Lettres de l'Université catholique de Lille.

de Marolles, président de la corporation des Publicistes chrétiens.

Vte de Meaux, ancien ministre.

Metman, Bâtonnier de l'Ordre des avocats de Dijon.

Comte de Montalembert, député du Nord.

Comte A. DE MUN, de l'Académie française, député du Finistère.

Charles NEYRAND, ancien député.

Comte DE NICOLAY, Président du Congrès national catholique.

PIOU, député.

PRÉNAT, ancien député.

Henry REVERDY, avocat à la Cour d'Appel de Paris.

Comte R. DE ROQUEFEUIL.

THELLIER DE PONCHEVILLE, ancien député.

TOUSSAINT, ancien Bâtonnier de l'Ordre des avocats de Dijon.

Comte DE VORGES, ancien Ministre plénipotentiaire, Président de l'Œuvre des Ecoles chrétiennes du soir.

Lettre du cardinal Rampolla

à propos du Congrès pour la liberté de l'enseignement

S. Em. le Cardinal-Archevêque de Lyon a écrit au Saint-Père pour lui rendre compte du Congrès de l'enseignement tenu à Lyon, les 23, 24 et 25 mai ; S. Em. le Cardinal Rampolla, de la part du Saint-Père, a répondu aussitôt par la lettre suivante :

« Eminentissime et Révérendissime Seigneur,

« J'ai eu grand plaisir à communiquer au Saint-Père l'importante lettre que m'a adressée Votre Eminence, à la date du 25 du mois courant.

« Les renseignements qu'elle contient sur le Congrès récemment tenu à Lyon ont été très agréables à Sa Sainteté, Laquelle, en manifestant sa vive satisfaction, tant pour la manière dont la susdite réunion a été conduite que pour les discours qui y ont été prononcés, a exprimé la ferme confiance qu'Elle nourrit de voir couronner des meilleurs succès les délibérations adoptées et se continuer de plus en plus l'action salutaire que Votre Eminence estime, avec raison, nécessaire, dans l'intéret de la cause catholique.

Sa Sainteté a de plus déclaré qu'à cet effet jamais ne viendront à manquer les encouragements du Saint-Siège, et qu'elle se plaît à renouveler, avec la plus grande affection, sa bénédiction à Votre Eminence et à tous ceux qui ont pris part au dit congrès.

En transmettant ce message à Votre Eminence, je la remercie de cœur de la communication qu'elle a bien voulu me faire, heureux de lui confirmer les sentiments de vénération profonde avec lesquels, lui baisant humblement les mains, il m'est agréable d'être son très humble et dévoué serviteur.

M. Card. RAMPOLLA.

Rome, 30 mai 1899.

POUR LA LIBERTÉ D'ENSEIGNEMENT

Le 22 Novembre 1898, M. Levraud et M. Rabier déposaient brusquement à la Chambre des Députés deux projets de loi, visant à l'étranglement pur et simple de l'Enseignement secondaire libre.

Au mois de décembre suivant, deux autres propositions, moins radicales mais très perfides, étaient faites au Sénat par M. Combes et M. Rambaud, qui, sous couleur de suppression ou de modification du Baccalauréat, enlèveraient aux élèves de l'enseignement secondaire libre toute garantie d'impartialité dans la sanction de leurs études.

Enfin une grande Commission de l'Enseignement, nommée par la Chambre, ouvrit une enquête. Elle n'a pas encore déposé ses conclusions. L'émotion fut extrême parmi les catholiques et parmi tous les vrais amis de la Liberté, car pour frapper l'enseignement catholique on atteignait l'enseignement libre.

Sous le coup de cette émotion, l'*Association catholique de la Jeunesse Française* prit l'initiative d'une réunion qui offrirait à tous les citoyens partisans de la liberté, le moyen de concerter leurs efforts. Grâce au très utile concours que voulut bien lui prêter à cette occasion le *Comité des Intérêts catholiques de Lyon*, et l'Alliance des Maisons d'éducation, un Congrès fut préparé, qui se tint à Lyon les 23, 24 et 25 Mai 1899.

Patronné par 43 Evêques et Archevêques, dont cinq cardinaux, et par de hautes notabilités catholiques, ce Congrès attira de toutes parts, des personnalités éminentes ; les membres de l'enseignement libre, la presse catholique participèrent largement à ses travaux.

Les hommes qui, moins soucieux que d'autres des intérêts catholiques, veulent cependant la liberté pour tous, y prêtèrent une attention pleine de sympathie.

Quant à nos adversaires, dans d'autres sentiments il est vrai, ils s'en occupèrent sérieusement.

Nous n'avons pas à faire ici le récit de ses séances, de ses travaux, de ses manifestations. Nous nous contenterons de renvoyer au compte rendu *in-extenso* qui suit ces quelques lignes et de le signaler comme une mine de documents inappréciables, un merveilleux arsenal d'arguments à utiliser dans la campagne qui s'ouvre.

Qu'il nous soit permis toutefois de remercier chaleureusement ces hommes qui, par leurs encouragements, leurs travaux, leurs discours, leur présence, leurs comptes-rendus dans la presse, ont contribué au succès du Congrès, et en ont fait une première manifestation dont l'importance — l'émotion de la presse indifférente ou hostile en témoigne — n'échappe à personne.

Citer des noms serait entreprendre une énumération trop longue ou incomplète. Mais pouvons-nous ne point exprimer d'une manière toute spéciale, notre profonde gratitude à Son Eminence le Cardinal Coullié, qui daigna accepter la présidence d'honneur du Congrès, — à Mgr l'Evêque de Montpellier et à Mgr l'Evêque de Clermont, qui voulurent bien participer à ses travaux ; — aux recteurs des Universités catholiques qui nous apportèrent le témoignage de leur approbation ; — à M. le Comte Albert de Mun, son éminent et infatigable président effectif ; — à nos grands orateurs M. Lerolle et M. Jacquier ;— au *Comité des Intérêts catholiques de Lyon*, si admirablement dévoué, qui, constamment à la peine, eut au succès de l'Assemblée la plus large part, — à *l'Alliance des Maisons d'Education*, dont les membres nous apportèrent l'appui de leur science, dans l'élaboration du programme dans les rapports et les discussions ; — Aux *Frères des Ecoles Chrétiennes* qui nous offrirent si aimablement l'hospitalité pour nos réunions ; — à la *Presse*, en particulier à la Presse de Lyon, qui a publié des comptes-rendus fort étendus, que nous citerons souvent au cours de ce volume.

*
* *

Il nous faut encore faire ressortir le double caractère de ce Congrès où, après les déclarations nécessaires en faveur de la liberté d'enseignement à tous les degrés (1), on s'est spécialement occupé de l'enseignement *secondaire* visé par les projets de loi rappelés tout à l'heure.

Ce fut un Congrès *pédagogique :* on pourra se rendre compte de sa valeur technique par la lecture des rapports. Il importait de montrer que les catholiques ont, sur les grandes questions qui préoccupent la nation, des idées justes, des solutions précises, un programme en un mot que les hommes de bonne foi auraient tort d'écarter *a priori*.

Ce fut, d'autre part, un *Congrès d'organisation* en vue d'une action publique pour la défense de la liberté d'enseignement menacée.

Une pareille organisation s'imposait. A qui la confier ? Le Congrès chercha une force déjà constituée et pouvant, mieux que d'autres, faire l'union entre les esprits vraiment libéraux : il désigna l'*Association catholique de la Jeunesse Française*. —

(1) Est-il besoin d'ajouter que ces déclarations en faveur de la liberté de l'Enseignement à tous les degrés étaient toutes naturelles ? Non seulement, à nos yeux, le droit à la liberté est égal pour tous ces degrés, mais encore avec tous les catholiques, qui l'ont bien prouvé, nous ne saurions avoir de l'enseignement primaire un moindre souci que du secondaire et du supérieur. Toutefois, ces déclarations avaient une opportunité particulière, car, nul n'en saurait douter, si les projets actuellement pendants ne concernent que l'enseignement secondaire, d'autres projets se préparent contre les débris de la liberté laissés encore à l'enseignement supérieur et à l'enseignement primaire.

Cette désignation ne se fit pas sans que l'*Association* ait été sérieusement discutée ; nous en sommes fort heureux, une pareille discussion ayant mis en relief la valeur de son organisation.

Voici, d'ailleurs, la grave résolution proposée, discutée et votée *à l'unanimité* par le Congrès :

Le Congrès, après avoir remercié les promoteurs de sa réunion, demande à l' « Association catholique de la Jeunesse française » de poursuivre ses efforts pour la défense de la liberté d'enseignement menacée, en organisant, avec le concours de tous les catholiques, un Comité central et des Comités locaux chargés de l'exécution des mesures de défense, et en faisant appel aux amis sincères de la liberté.

Aux heures de luttes, les soldats n'ont pas le droit de se soustraire à la mission qu'on leur donne, quelque difficile qu'elle soit. L'*Association catholique de la Jeunesse française* accepta donc le mandat, profondément touchée de la confiance que le Congrès lui témoignait. Son ambition était d'apporter, sans réserve, son modeste appoint dans l'action commune, non d'en devenir le pivot. Le Congrès en a décidé autrement. Elle ne marchandera ni son dévouement, ni ses sacrifices, et pour ne point demeurer trop inférieure à sa tâche, elle fera l'appel le plus large au concours de tous.

*
* *

Sans nous étendre sur le plan de campagne, que l'on trouvera au Compte rendu, et dont les grandes lignes, exposées par M. Reverdy, reçurent le complet assentiment de l'Assemblée, il est indispensable de dégager une idée maîtresse, dont les discussions ont établi l'importance capitale. — Nous voulons parler de la TACTIQUE que le Congrès a fixée après un échange de vues très approfondie et du plus haut intérêt.

D'accord unanimement sur le principe même de la liberté

d'enseignement, nous limiterons notre action à un point nettement précisé : *la défense de ce qui nous reste aujourd'hui de la liberté d'enseignement, le rejet des propositions législatives à l'ordre du jour du Parlement,*

Eparpiller nos forces sur d'autres revendications, serait inutile ou dangereux. Sur ce point précis seront donc concentrés tous nos efforts. Rien en deçà, mais rien au delà.

Nous ne saurions trop y insister. Résignons-nous à limiter et discipliner notre élan. La condition indispensable du succès est que nous formions une *unité*. Nos adversaires le savent et ont déjà fait des tentatives pour diviser le bloc. Ne nous laissons entamer sous aucun prétexte.

***

Cette nécessité rigoureuse d'une unité de revendications, commandée par les *circonstances*, imposera l'observation d'une *attitude commune*, et nous croyons fidèlement résumer les impressions qui se sont fait jour à Lyon à cet égard, dans les règles suivantes :

1° *Notre action pour la liberté de l'Enseignement doit à tout prix, non seulement ne pas être, mais encore ne pas pouvoir paraître faire de nos revendications en faveur de cette liberté une arme de parti.*

2° *Nous devons réclamer la liberté d'Enseignement au nom seulement des principes mêmes de nos adversaires, des principes de la société moderne, à savoir : la liberté et l'égalité dans le droit commun.*

Sans doute, catholiques, nous aurions le droit de le réclamer aussi au nom de nos principes catholiques, mais, il faut en convenir, les invoquer serait inutile, car nous ne serions pas compris de la grande masse à laquelle nous nous adressons. Bien plus, ce serait dangereux, car nous fournirions contre nous à nos adversaires une arme puissante sur l'opinion publique.

3° *Nous devons nous abstenir d'attaquer l'Université, mais tourner tout notre effort contre les politiciens qui, par esprit de parti, veulent détruire la liberté sous prétexte qu'elle bénéficie à l'enseignement catholique.*

Nous dénoncerons leurs projets non seulement comme attentatoires à la liberté, et comme privant le pays des bienfaits immenses de l'Enseignement religieux, mais encore comme desservant très maladroitement les intérêts mêmes de l'Université.

Ce sont les politiciens qui de tout temps ont voulu opposer l'un à l'autre les deux Enseignements. Ils ont déjà rendu à l'Université le mauvais service de chercher à en faire l'instrument de leurs pouvoirs sectaires, et il en est sorti la « crise de l'Université. » Ils tentent aujourd'hui de supprimer la concurrence, ce qui priverait l'Université d'un stimulant nécessaire.

Beaucoup de ses membres, non des moindres, ni des moins attachés à l'*Alma mater* pensent ainsi. Ce sont des forces précieuses à utiliser pour la cause de la liberté d'Enseignement.

*
* *

Enfin, l'objet de la campagne et la tactique ainsi précisés disons, brièvement ce que devront être l'organisation et l'action.

L'organisation doit comporter un *Comité central* et des *Comité locaux*, composés d'hommes appartenant à toutes les nuances de l'opinion, mais unis dans une même volonté de défendre la liberté, et spécialement, dans les circonstances présentes, celle de l'Enseignement. Les Comités locaux agiront d'accord avec le Comité central.

Ces Comités seront doublés d'un *secrétariat* puissamment constitué en vue de l'action.

L'action prendra les formes commandées par les circonstances de temps et de lieux.

Déjà on peut prévoir une campagne de *presse*, de *pétitions* et de *conférences*, la tenue de petits *Congrès locaux*, une *action spéciale dans les circonscriptions où les représentants au Parlement, sans être des nôtres, ont été élus grâce au concours de nos amis.*

A l'heure où s'impriment ces lignes, le Comité central a reçu l'adhésion des hommes les plus éminents dans les différentes nuances de l'opinion. Une pétition circule dans le pays et reçoit les signatures des électeurs. Des comités s'organisent dans les départements. Des conférences ont lieu ou son annoncées. Des *tracts* s'impriment. Une souscription est ouverte dans la *Revue de la Jeunesse catholique* (1). Une permanence est installée à Paris, où sont centralisés tous les renseignements utiles (2). La semence jetée en terre à l'assemblée de Lyon germe de tous côtés.

Que Dieu soutienne et féconde tant d'efforts !

Puisse ce Congrès attirer l'attention de tous les catholiques, de tous les esprits vraiment libéraux, sur l'imminence et la gravité du danger. Ils nous apparaissent trop sceptiques, trop confiants à cet égard. Attendront-ils encore, pour s'émouvoir, qu'il soit trop tard ? Il faut agir immédiatement, il faut agir avec *persévérance et continuité* dans l'action !

LE COMITÉ

de l'Association catholique de la Jeunesse Française.

---

(1) 76, rue des Saint-Pères, Paris.
(2) Ecrire à M. FORTIN.

LES TRAVAUX DU CONGRÈS

PREMIÈRE JOURNÉE

Le Congrès sur la liberté d'enseignement, organisé par l'Association catholique de la Jeunesse Française, s'est ouvert le mardi 23 mai, à 7 h. 1/2 du matin, par la messe qu'a célébrée S. Em. le cardinal Coullié, archevêque de Lyon, dans l'église Saint-Martin d'Ainay.

Son Eminence était entourée de Mgr Déchelette, de Mgr Bonnardet, de M. Vindry, ses vicaires généraux. Dans l'assistance on remarquait Mgr Dadolle, recteur des Facultés catholiques de Lyon; Mgr Péchenard, Recteur de l'Institut Catholique de Paris; MM. les doyens Beaune, Devaux, Valson; MM. Chavent, Gourju, Jacquier; M. le Supérieur et MM. les Directeurs des Minimes; le P. Bouillon, recteur de l'externat Saint-Joseph; des membres des congrégations enseignantes; MM. Rivet, du Magny, avocats à Lyon; de l'Association de la Jeunesse Catholique; le P. Regnault, directeur de l'Alliance des Maisons d'éducation chrétienne; M. Lahargou, supérieur du collège de Dax; MM. Reverdy et de Roquefeuil, présidents d'honneur de notre Association.

A l'Evangile, Son Eminence a prononcé une éloquente allocution, rappelant les luttes soutenues jadis par les catholiques pour la liberté d'enseignement.

Allocution de Son Éminence

Messieurs,

Quand saint Bernard, dans sa solitude de Citeaux, voulait plus puissamment se reprendre à l'œuvre de sanctification et de progrès qu'il était venu y poursuivre, il se recueillait en lui-même et il se posait cette question plus profonde et plus instante : *Bernarde, ad quid venisti?*

En ce moment, venus de contrées bien diverses, vous êtes réunis au pied des saints autels.

J'en montais tout à l'heure les degrés moi-même, ému d'y porter vos âmes comme entre mes mains, pour les offrir en union à la sainte victime qui va s'immoler.

Ne pouvons-nous pas, ne devons-nous pas, interrompant l'action sainte, nous poser chacun, dans le silence du sanctuaire, la question de saint Bernard : « *Ad quid venisti?* » Pourquoi cette première réunion de prière ? Pourquoi les réunions qui vont se succéder pendant ces trois journées ?

Toute l'histoire de ce siècle qui s'achève est remplie par les diverses phases d'une lutte mémorable, livrée autour de la plus précieuse et de la plus féconde des libertés.

Il semblait que ces combats fussent enfin terminés. Des transactions étaient intervenues, qui, sans doute, nous mesuraient avec parcimonie ce bien qui nous était laissé. Mais nous nous contentions d'autant plus volontiers de cette imparfaite justice que les entraves dont nous étions liés encore nous incitaient à multiplier nos ardeurs, pour la plus grande utilité des âmes et le plus grand honneur de notre foi.

Notre France bien-aimée n'avait point à se plaindre de cette émulation qui régnait entre l'Enseignement officiel et l'Eglise.

Pourquoi faut-il toujours que, dans le mystère des délibérations secrètes, il se prépare des divisions et des schismes qui déchirent le beau vêtement de la patrie ?

La haine de Dieu, la haine de notre foi ne s'accommodent point de la liberté... Et bientôt se sont élevés ces projets qui voudraient détruire toutes ces nobles conquêtes du siècle.

Une fois déjà, un coup fut frappé : et la liberté chancelante dut pleurer sur la proscription des meilleurs citoyens, écartés des écoles publiques où s'élèvent les enfants de nos villages et de nos cités ouvrières.

Voici qu'aujourd'hui un nouvel assaut se prépare.

Vous entendiez naguère, messieurs, le bruit éclatant des premières escarmouches, le plan était concerté.

Repoussé par de loyales épées, l'ennemi s'est replié un

instant. Mais sans perdre de temps, il a disposé ses travaux d'approche et, contournant nos défenses trop visiblement armées, le voici sur le point de surprendre, hélas ! la cité qu'il aura réussi peut-être à endormir une fois encore.

Et voilà pourquoi nous sommes ici aujourd'hui prosternés devant Dieu dans la prière.

Voilà pourquoi, dans des assises pacifiques, vous allez vous réunir, afin de délibérer sur cette grande question de l'enseignement dont la liberté est en péril.

Puissiez-vous réveiller ainsi les âmes promptes à s'endormir! Puissiez-vous montrer à tous l'injustice qui se cache sous les dehors insidieux de propositions en apparence inoffensives.

Puissiez-vous, étudiant avec calme et maturité ces graves questions de l'éducation de notre chère jeunesse française, découvrir avec sûreté quelles modifications, quelles améliorations utiles y seraient à introduire, qui donneraient satisfaction à des aspirations légitimes et assureraient, dans cette grande œuvre, de sérieux progrès.

C'est là, n'en doutez pas, messieurs, travailler à l'honneur de la France ausssi bien qu'aux intérêts religieux des familles. Votre patriotisme et votre foi seront d'accord pour rechercher avec sérénité les solutions les meilleures aux questions posées par vos programmes..

Vous renouvellerez ce spectacle qu'il nous fut donné de contempler autrefois, alors que de grands chrétiens, de vaillants évêques marchaient à la conquête de notre si chère liberté.

C'est l'un des plus beaux souvenirs de notre jeunesse. Il nous souvient toujours, avec une émotion que les dangers présents ravivent en notre âme, de cet enthousiasme où étaient entraînés nos cœurs d'enfants, tandis que nous suivions toutes les alternatives de ces combats.

Les grands noms de Montalembert, de Parisis, de Clausel de Montals, de Dupanloup, de Falloux, retentissent encore dans ces souvenirs que rien n'effacera jamais.

Ce feu sacré, j'en ai la confiance, n'est pas éteint dans les âmes de la jeunesse catholique : j'en ai pour garant le zèle avec lequel ses représentants ont préparé ce Congrès. Dieu en soit remercié ! car la jeunesse restera attachée à sa foi et fidèle à l'amour de la patrie, elle aura le dernier mot.

Si nous réveillons d'anciens souvenirs, c'est pour honorer ces morts illustres et leur rendre l'hommage dû à une mémoire qui ne saurait périr. Grâce à Dieu, la France compte encore parmi nous de nobles défenseurs de la liberté. Pourquoi les nommerais-je ? Ils sont là, dignes des anciens par leur patriotisme, par leur talent, par leur dévouement. Au nom de Dieu, messieurs, je vous remercie.

Au nom de Dieu ! Car c'est bien là notre devise et l'expression du sentiment qui nous a conduits dans ce sanctuaire. Oui, jamais la prière ne fut plus nécessaire. Si nous regardons autour de nous, si nous écoutons les bruits du dehors, et ces frémissements qu'entendait le roi prophète, notre faiblesse nous jettera dans l'épouvante. Mais, nous prosternant alors dans la prière, et les yeux fixés sur la victime sacrée offerte à l'autel, nous nous relèverons confiants ; car nous ne tarderons pas à puiser ici les lumières qui éclairent le devoir et les énergies qui le font accomplir.

Du reste, messieurs, Dieu semble avoir entendu à l'avance nos supplications. Son vicaire en ce monde, Léon XIII, si glorieusement régnant et si filialement aimé, a daigné bénir nos travaux. Un nombre considérable d'évêques, retenus dans leurs diocèses par les visites pastorales, vous ont envoyé, avec l'expression de leur sympathie, leurs bénédictions. Plusieurs qui ont pu s'arracher à leur diocèse pendant quelques jours, auront la consolation d'encourager vos travaux de leur présence et d'éclairer vos délibérations.

Allez donc, sous ces auspices, à vos réunions laborieuses ! Allez et travaillez ! Quel sera le succès ? Nous n'avons pas à nous le demander. Nous accomplissons un devoir. Dieu pourra bien, à l'heure où il le voudra, féconder nos efforts, et quelque doive être, à l'heure actuelle, le résultat des agitations soulevées, nous aurons toujours réussi à dissiper des obscurités amassées dans des intelligences de bonne foi ; nous aurons du moins fait entendre à la génération présente les revendications calmes et motivées de la liberté.

Je vais continuer le saint sacrifice. Unissez vos prières aux miennes. Dieu est au milieu de nous : Il l'a promis. Il entendra nos supplications émues, présentées à son trône, au nom de Notre Seigneur Jésus-Christ... Courage donc et confiance !

*
* *

Séance du Matin

A 9 heures, séance d'ouverture à la salle d'Ainay. 400 personnes sont déjà arrivées. Nous remarquons Mgr Coullié, cardinal-archevêque de Lyon ; Mgr Péchenard, recteur de l'Institut catholique de Paris ; Mgr Petit, professeur aux Facultés catholiques de Lyon ; tous les vicaires généraux de Lyon ; M. l'abbé Charost, délégué par S. E. le cardinal Labouré ; M. l'abbé Battandier, vicaire général de Viviers ; M. l'abbé Cunnac, représentant M. l'abbé Battifol retenu à Toulouse ; M. Tomasset, M. d'Alauzier, M. de Nicolay, M. de Bellomayre, M. Chavent, et grand nombre de notabilités lyonnaises, M. de Gaillard-Bancel, M. le Cte de Vorges, M. Geoffroy de Grandmaison, M. de Bernon, etc.

M. Chavent salue Son Eminence et cède la présidence effective à M. le Comte de Mun, qui prononce une allocution vibrante.

Le grand orateur fait l'historique de la conquête de la liberté d'enseignement ; et, pour la défendre après l'avoir conquise, il espère voir se réaliser l'union de tous les catholiques agissant sous la direction de l'épiscopat français.

L'ordre du jour appelait la lecture des rapports de MM. H. Bidou, P. du Magny, Just Guigou, H. Taudière, de Mgr Dadolle et de M. Rivet. Nous noterons seulement, à la suite du rapport de M. Taudière, une intéressante discussion sur la tactique à adopter dans les circonstances présentes. La question nettement posée par M. Gallet, a amené l'intervention de Mgr Péchenard et de M. le Cte de Nicolay. Ceux-ci émirent avis qu'il fallait tout d'abord et surtout, dans ce Congrès, étudier les moyens de créer un vaste courant d'opinion pour empêcher la mutilation de la liberté qui nous reste. M. de Gaillard-Bancel préconisa, au contraire, avec chaleur, la revendication d'une liberté absolue. Mais M. le Comte de Mun fit observer que la question gagnerait à être limitée. Le péril, aujourd'hui, se présente sous la forme de divers projets de loi déposés au Parlement : ce sont ces projets de loi dont il faut obtenir le rejet. Pour l'obtenir, nous avons besoin, au Parlement, du concours de tous les esprits vraiment libéraux. Ce concours nous sera assuré pour le maintien du *statu quo* : il nous manquera peut-être si nous demandons, en ce moment, davantage.

La tactique ainsi précisée rencontra l'approbation de l'assemblée, et M. de Bellomayre, « afin d'arriver à quelque chose de pratique », demanda que le Comité d'organisation du Congrès préparât un plan de résistance qui serait discuté le lendemain.

Nous donnons ci-après le texte *in-extenso* des rapports.

HISTOIRE

DE

LA LIBERTÉ D'ENSEIGNEMENT

EN FRANCE (1789-1899)

RAPPORT DE M. H. BIDOU.

MESSIEURS,

Rien n'est plus grave que la question de l'éducation, car les jeunes âmes sont comme des vases vides, et on retrouve chez l'homme ce qu'on a mis dans l'enfant. Maître de l'enfance, on est maître du lendemain. « Donnez-moi l'enseignement pendant un siècle, disait Leibnitz, et je serai maître de l'Etat ». Or, sur le terrain de l'enseignement se rencontrent des compétiteurs : le père, éducateur naturel, légitime, et dans tous les cas responsable ; — l'Etat, qui d'une part formant une unité et possédant une tradition, prétend posséder une doctrine et l'enseigner, et qui d'autre part, gardien des droits des citoyens et juge de leurs devoirs, surveille dans l'enfant la formation du citoyen futur ; — l'Eglise à qui il a été dit d'aller et d'enseigner, et qui ne peut sous aucun prétexte renoncer à former les âmes ; — enfin tout homme, en vertu du droit naturel d'enseigner la vérité, « du droit d'enseigner, corollaire nécessaire, a dit J. Simon, de la liberté de penser. » — Selon les temps ces droits divers se sont alliés diversement, jamais il ne se sont confondus. Tous ont été niés tour à tour. Chacun à son tour a essayé de supplanter les trois autres. De leur équilibre seulement peut résulter la liberté de l'enseignement.

Je dois exposer devant vous les péripéties de leurs luttes, dont je commencerai l'étude à l'année 1789.

Prenons garde qu'ainsi la liberté d'enseignement n'est pas un concept abstrait, constant, et qu'on puisse définir une fois pour toutes, mais un certain état d'équilibre, variable et subtil, tout en degrés et en nuances. Elle est nulle quand l'Etat, se substituant exactement au père, envoie de force l'enfant à l'école, et que cette école est nécessairement la sienne. Elle est parfaite quand l'Etat, offrant au public un enseignement officiel laisse à côté de lui l'initiative privée ouvrir des écoles librement concurrentes ; qu'il n'établit aucune inégalité entre ces deux enseignements ; et qu'ainsi le père fait entre l'enseignement public et l'enseignement privé un choix que leur seul mérite influence. Mais entre ces extrêmes d'une liberté parfaite et d'une liberté nulle, que d'intermédiaires ! Tout en reconnaissant l'enseignement privé, l'Etat peut l'épuiser par des taxes, l'entraver par des programmes, le contenir par des inspections, le dominer par l'imposition de professeurs patentés, le contrôler par la collation des grades qu'il se réserve, l'écraser par la comparaison d'un régime favorisé. Dans ses propres écoles, l'Etat peut être libéral ou tyrannique, laisser à ses professeurs le choix de leurs programmes ou en proscrire telle science trop sincère, laisser leurs opinions libres ou leur imposer telle doctrine, tel esprit, telle vérité qui est la sienne ; être impérativement religieux, spiritualiste, athée ou neutre : neutre, car il peut ordonner de n'être rien, et tyranniser au nom du néant. Il peut discipliner ses professeurs comme un régiment, leur imposer le célibat comme Napoléon Ier, ou comme Napoléon III raser leurs moustaches, pour faire disparaître du costume comme des mœurs toute trace d'anarchie. Il a mille moyens, pour peu qu'il soit despotique ou seulement inintelligent, de vexer et de persécuter. Il a mille détours et mille ingénieuses ressources pour supprimer la liberté en la proclamant et pour l'étrangler avec respect. Et j'ai à vous présenter une histoire singulièrement complexe.

*
* *

Sous l'ancien régime, l'Etat n'eut pas l'idée de s'occuper de l'enseignement primaire. Cet enseignement était libre, « sous la réserve à peu près générale pour les maîtres d'avoir l'approbation ecclésiastique. » L'enseignement secondaire et supérieur, appartenant aux Universités, ne l'était pas. En face d'elles, il est vrai, les Jésuites avaient obtenu d'élever des collèges. Mais leur ordre avait été chassé de France en 1762, et leurs collèges repris par les Universités.

En 1789, les Universités étaient tombées assez bas. Dans la décadence de l'enseignement secondaire et l'anarchie de l'enseignement primaire, quelques cahiers demandèrent l'organisation d'un système d'enseignement national. Ils ne parlèrent pas de la liberté d'enseigner. L'attention des esprits ne s'y portait pas. Du moins personne ne la contestait. Nous avons de cette époque une foule de plans d'éducation publique. Ils proclament tous que l'enseignement doit être libre. Je ne citerai que les plus considérables.

L'Assemblée Constituante avait décrété qu'il serait créé et organisé une Instruction publique. Talleyrand, chargé d'en étudier le moyen, lut son rapport à l'Assemblée les 10 et 11 septembre 1791.

L'instruction, disait-il, réclame les principes suivants :

1° Elle doit exister pour tous...

2° Ce principe se lie à un autre. Si chacun a le droit de recevoir les bienfaits de l'instruction, *chacun a réciproquement le droit de concourir à les répandre* : car c'est du concours et de la rivalité des efforts individuels que naîtra toujours le plus grand bien. La confiance doit seule déterminer les choix pour les fonctions instructives ; mais tous les talents sont appelés de droit à disputer ce prix de l'estime publique. Tout privilège est par sa nature odieux ; *un privilège en matière d'instruction serait plus odieux et plus absurde encore...*

De ces principes naissent des conséquences ultérieures et déjà clairement indiquées.

Puisque l'instruction doit exister pour tous, il faut donc des établissements qui la propagent dans chaque partie de l'empire, en raison de ses besoins, du nombre de ses habitants et de ses rapports dans l'association politique.

Puisque chacun a le droit de concourir à la répandre, il faut donc que *tout privilège exclusif sur l'instruction soit aboli sans retour.*

Dans les trente-cinq articles où il résuma son rapport, il inséra l'article suivant :

Il sera libre à tout particulier, *en se soumettant aux lois générales sur l'enseignement public,* **de former des établissements d'instruction.** *Ils seront tenus d'en instruire les municipalités, et de publier leurs règlements.*

Talleyrand concluait donc à la coexistence d'un enseignement officiel et d'un enseignement libre. Il comprenait l'instruction publique comme un bienfait de l'Etat que chaque citoyen est libre d'accepter ou de refuser. Il avait consulté, nous dit-il, les hommes les plus instruits et les savants les plus remarqués de cette époque. Tous l'avaient aidé. Ses idées libérales étaient les leurs. Elles dominaient chez les hommes compétents et dans l'Assemblée.

Elles sont poussées à l'extrême dans un travail trouvé dans les papiers de MIRABEAU

Tout homme, dit-il, a le droit d'enseigner ce qu'il sait et même ce qu'il ne sait pas. La Société ne peut garantir des fourberies de l'ignorance que par des moyens généraux qui ne lèsent pas la liberté. Enseigner est un genre de commerce, le vendeur s'efforce de faire valoir sa marchandise, l'acheteur la juge et tâche de l'obtenir au plus bas prix. Le pouvoir public, spectateur et garant du marché, ne saurait y prendre part soit pour l'empêcher, soit pour le faire conclure ; il protège tout acte qui ne viole le droit de personne, il n'est là que pour les laisser tous agir librement et pour les maintenir en paix... On peut s'en rapporter à l'intérêt des maîtres, à l'émulation des élèves, à la surveillance des parents, à la censure publique...

Suit un projet de décret :

L'établissement de toute école particulière *pour les enfants de l'un ou l'autre sexe* **sera parfaitement libre.**

Dès ses premières séances, l'Assemblée Législative nomma un Comité d'Instruction publique, dont l'œuvre capitale fut la préparation du plan général d'organisation de l'instruction publique, lu à la tribune par CONDORCET les 20 et 21 avril 1792. Condorcet passait alors pour le plus grand penseur du temps. Son plan est de beaucoup le plus important qu'aient élaboré les Assemblées Révolutionnaires. La Convention le prit pour base de ses travaux. « On peut dire que nulle part l'esprit de la Révolution en matière d'Instruction publique ne s'est manifesté d'une manière plus complète et plus systématique (1). »

Or, il reconnait formellement aux citoyens la liberté d'enseigner à égalité avec l'État.

Tout citoyen pouvant former librement des établissements d'instruction, il en résulte pour les écoles nationales l'invincible nécessité de se tenir au moins au niveau de ces institutions privées, et *la liberté* ou plutôt l'égalité, reste *aussi entière* qu'elle peut l'être auprès d'un établissement public.

Il fait plus, et vraiment libéral, proclame nécessaire au progrès la liberté des méthodes, et le droit même d'enseigner des maximes contraires à celles de l'Etat :

...Un pouvoir qui interdirait d'enseigner une opinion contraire à celle qui a servi de fondement aux lois établies, attaquerait directement la liberté de penser, contredirait le but de toute institution sociale, le perfectionnement des lois, suite nécessaire du combat des opinions et du progrès des lumières.

Il soumet cependant l'instruction élémentaire à la puissance publique. Mais cette restriction est purement provisoire : s'il la fait, c'est que, à cette époque, « les lumières ne sont pas assez généralement répandues pour ne pas craindre qu'elle ne soit égarée, soit par ces préjugés, soit par la haine de ces mêmes préjugés, puérilement exagérée. »

(1) GUILLAUME, Assemblée Législative. Introd., p. I.

De fait, il régnait encore assez de liberté dans l'enseignement pour que le 20 Novembre 1791, un M. Hazard dénoncât, à la barre de la Législative, les maisons d'éducation où l'on soufflait à la jeunesse les principes de la plus dangereuse aristocratie.

*
* *

Avec la Convention, apparaissent de nouveaux courants d'idées. Les hommes de 1789 avait décentralisé : les jacobins de 1793 reconstituent une dictature ; les premiers avaient proclamé les droits de l'homme, les seconds sacrifient l'individu à l'Etat. Et comme l'État c'est eux, ils plient de force l'individu à leur doctrine, et le façonnent à leur image. Il ne leur suffit pas d'obtenir l'obéissance, ils veulent inculquer des convictions et former des caractères. Ils sont des apôtres. Ils appellent cela régénérer la France. Ayant ce but, ils doivent d'abord s'emparer de l'enfant, et lui donner une éducation d'Etat. Ils en feront un homme selon leur formule, qui consiste à avoir des bras robustes et un cœur républicain. Avec eux l'éducation devient affaire politique. Elle n'est plus qu'une formation civique, — où l'instruction disparaît. — Le 18 décembre 1792, Ducos demanda l'organisation d'une éducation primaire *commune à tous et forcée pour tous*, pour empêcher le retour des préjugés.

Tant que par éducation commune vous n'aurez pas rapproché le pauvre du riche..., c'est en vain que vos lois proclameront la sainte égalité. La république sera toujours divisée en deux classes : les citoyens et les messieurs.

Auprès de lui, Petit demandait des écoles de républicanisme pour les pères et les mères, « l'éducation... devant aller chercher dans l'homme l'embryon de l'espèce. » — Le 21 décembre, Rabaut Saint-Etienne demanda de même qu'on renouvelât « subitement la génération présente en formant en même temps la génération à venir. » Il érigeait dans chaque canton « un temple national, où chaque dimanche les officiers municipaux donneront une leçon de morale aux citoyens assemblés. Cette leçon sera tirée de livres approuvés par le Corps législatif, et suivie du chant d'hymnes approuvés aussi par le Corps législatif. Un cathéchisme, simple et court, dressé par le Corps législatif, sera enseigné, et tout garçon de quinze ans sera tenu de le savoir par cœur. »

Le 13 juillet 1793, Robespierre lut à la tribune un plan élaboré par Lepelletier. « Tous les enfants depuis l'âge de 5 ans, jusqu'à 12, pour les garçons, jusqu'à 11, pour les filles, devaient être élevés en commun, aux dépens de la République, sous la sainte loi d'égalité. » Le travail intellectuel presque banni était remplacé par le travail manuel. Les garçons de préférence, doivent être excercés à travailler la terre, employés dans les manufactures ou conduits sur les grandes routes pour y ramasser les cailloux. » — Saint Just pense de même : « Il enlève la famille, les enfants mâles, dès l'âge de cinq ans, pour les confier à la patrie, qui les garde jusqu'à seize ans, les nourrit frugalement et leur donne une éducation militaire et agricole. » Il y avait de tout dans ces rêveries : des souvenirs classiques, du réalisme d'État, la chimère de l uniformité, une tyrannie insupportable et quelque noblesse d'esprit. — Qu'en est-il passé dans les lois ?

Le 26 juin 1793, Lakanal proposa un décret qui organisait l'instruction publique. La liberté y était reconnue :

Art. 40. — La loi ne peut porter atteinte au droit qu'ont les citoyens d'ouvrir des cours et des écoles particulières et libres sur toutes les parties de l'instruction, et de les diriger comme bon leur semble.

Bien plus, l'instruction secondaire et supérieure était complètement abandonnée à l'initiative privée.

L'Assemblée accueillit mal ce projet. — Le 19 frimaire an II, elle discuta à la fois deux autres plans, l'un de Romme, l'autre d'un juge nommé Bouquier.

Fourcroy, qui devait plus tard organiser l'Université, parla le premier, en faveur de la liberté et de l'initiative privée :

Ici la liberté est le premier et le plus sûr mobile des grandes choses... Si lon adoptait les plans d'instituts et de lycées qui ont été tant de fois reproduits, on aurait toujours à craindre l'élévation d'une espèce de sacerdoce plus redoutable peut-être que celui que la raison du peuple vient de renverser... *Le système libre est le seul que vos principes vous permettent d'adopter.*

Le projet Bouquier fut adopté. C'est la Loi du 29 frimaire an II.

Art Ier. **L'enseignement est libre.** — Mais les citoyens et les citoyennes qui voulaient en user de cette liberté étaient tenus de produire un certificat de civisme et de bonnes mœurs, dont le gouvernement pouvait faire aisément un instrument d'opression; de plus, la liberté était fortement restreinte pour l'instruction primaire. Le projet créait des écoles primaires pour les deux sexes, où les parents *pourraient* envoyer les enfants. Charlier demanda qu'ils y fussent tenus. Thibaudeau réclama la liberté pour les parents, au nom de la nature. Alors Danton :

Il est temps, dit-il, de rétablir ce grand principe qu'on semble méconnaître, que *les enfants appartiennent à la République avant d'appartenir à leurs parents*. Personne plus que moi ne respecte la nature ; mais l'intérêt social exige que là seulement doivent se réunir les affections. Qui me répondra que les enfants travaillés par l'égoïsme de leurs pères ne deviennent dangereux à la République ? Nous avons assez fait pour les affections, devons-nous dire aux parents : nous ne vous les arrachons pas, vos enfants ; mais vous ne pouvez les soustraire à l'influence nationale.

D'où la rédaction de la loi. Elle reconnaît la liberté de l'enseignement. Mais elle oblige les parents à envoyer les enfants à l'école pendant trois ans. Elle décrète à la fois que l'instruction est obligatoire et que l'enseignement est libre. Elle restreint la liberté de l'instituteur privé, en lui imposant certains livres nécessaires pour former le citoyen, « livres approuvés par la Convention, et qui contiennent avant tout les Droits de l'homme, la Constitution, le tableau des actions héroïques et vertueuses.

La loi votée, les choses n'en marchèrent pas mieux. Près d'un an après, le 14 fructidor, Grégoire disait à la Convention : « L'éducation nationale n'offre plus que des décombres, il nous reste 20 collèges agonisants ; sur près de 600 districts, 67 ont quelques écoles primaires. » On se remit à l'œuvre. Lakanal présenta de nouveau avec quelques modifications, son projet de 1793, qui fut voté le 27 brumaire an III. Comme la loi de l'an II, la loi de l'an III reconnaisssait la liberté d'enseigner.

Art. 15. — La loi ne peut porter aucune atteinte au droit qu'ont les citoyens d'ouvrir des écoles particulières et libres sous la surveillance des autorités constituées.

Elle n'exigeait plus le certificat de civisme. Elle maintenait les livres officiels ; mais ils ne furent jamais faits. Les enfants n'étaient plus obligés de fréquenter les écoles ; mais dans ce cas ils étaient examinés en présence du peuple, à la Fête de la Jeunesse, et s'il était reconnu qu'ils n'avaient pas les connaissances nécessaires à des citoyens français, ils étaient écartés, jusqu'à ce qu'ils les eussent acquises, de toutes les fonctions publiques. Somme toute, il y avait un progrès sensible vers la liberté.

D'ailleurs, la loi ne réussit pas mieux que celle de l'an II ; dans un rapport de messidor an IV, le ministre de l'intérieur Benezech constate que le plan Lakanal n'a eu aucun succès.

L'été suivant, la Convention vota la Constitution de l'an III. Le titre X est relatif à l'Instruction publique. Il porte :

Art. 300. — Les citoyens ont le droit de former des établissements particuliers d'éducation et d'instruction, ainsi que des sociétés libres pour concourir aux progrès des sciences, des lettres et des arts.

Pour compléter les dispositions constitutionnelles, Daunou présenta un projet de loi. Après avoir critiqué ses devanciers, il déclara : Pour nous, nous nous sommes dit : liberté de l'éducation domestique, liberté des établissements particuliers d'éducation ; nous avons ajouté : liberté des méthodes instructives.

Il est impossible de mieux dire. La loi passa sans discussion le 3 brumaire an IV. Le lendemain la Convention se sépara.

*
* *

Avec le Directoire la liberté d'enseigner entre dans une crise nouvelle. En vertu de la loi, l'enseignement libre et l'enseignement de l'Etat coexistent et se font concurrence. Il arriva que les écoles officielles restèrent vides et que les écoles libres, qui pullulèrent, se remplirent d'élèves. D'autre part, les écoles libres, en donnant aux enfants des principes approuvés des parents, mais qui n'étaient pas ceux de l'Etat, parurent menaçantes pour la faction jacobine, qui le 18 fructidor avait usurpé le pouvoir. L'Etat, pour sauver ses écoles et implanter ses maximes, essaya d'étouffer l'enseignement libre.

Dénonciations furieuses à la tribune des Cinq Cents. « Vous avez vu, s'écrie Chazal, de faibles insectes piquer les bourgeons les plus faibles des arbres à fruits, et y déposer les vers qu doivent croître avec eux et les dévorer ; voilà le travail d'un grand nombre d'instituteurs du jour : ils déposent le ver royal dans les bourgeons de l'arbre de la Liberté. » Luminais déclare :

Presque partout des instituteurs mercenaires, dès longtemps façonnés à des inclinations serviles, envieillis sous la rouille des préjugés, ne se doutant pas même de la dignité de leur profession, plus attentifs à un sordide intérêt qu'au doux plaisir de former des hommes libres et vertueux, laissent couler dans les cœurs les plus tendres de leurs jeunes élèves les poisons corrupteurs du royalisme et de la superstition.

On proposa la surveillance de la police, une nouvelle loi organique, le monopole, l'éducation forcée et commune. A tout, l'Assemblée répondit par l'ajournement. Mais le Directoire, plus radical, fut plus actif. Le 27 brumaire an VI il força tous les candidats à un emploi de l'Etat à présenter un certificat de fréquentation, pour eux ou pour leurs enfants, aux écoles nationales... La prétention était si exorbitante qu'elle ne put être réalisée. Mais le 17 pluviose, *le Directoire mit toutes les écoles particulières, maisons d'éducation et pensionnats*, **sous la surveillance spéciale** *des administrations municipales de chaque canton, lesquelles étaient tenues de faire, au moins une fois par mois et à des époques imprévues, la visite des dites maisons...*

Cette fois, l'arrêté fut exécuté. Beaucoup d'écoles libres furent fermées. Mais le but ne fut pas atteint. On continua de fuir l'école officielle. « Le peuple français résista, disait en l'an IX le conseil d'arrondissement de Saint-Malo... Les pères les moins instruits, les mères les moins tendres disaient : Il vaut mieux que nos enfants restent sous nos yeux que de n'avoir ni Dieu, ni foi, ni loi. Ils le disaient, ils le disent encore. »

*
* *

En somme, la liberté sort intacte de la période révolutionnaire. Non sans combats, ni sans restrictions. Mais son principe a été affirmé par les trois grandes lois conventionnelles, et son exercice très libéralement organisé par la dernière. — Napoléon supprima la liberté, et créa le monopole de l'Etat.

Il procéda progressivement. Au début, il ne fit que réorganiser avec le reste l'enseignement public, qui n'en avait que trop besoin. « L'éducation est presque nulle », disait Chaptal. Fourcroy fut chargé de la restaurer. Son plan, qui est devenu la loi du 2 floréal an X, manifeste déjà la tendance napoléonienne : s'emparer des classes dirigeantes, négliger le reste. Aussi pour les écoles inférieures la loi de l'an X est libérale jusqu'à la négligence. Pour les écoles primaires, elle confie leur organisation aux administrations locales, qui en feront une affaire de famille. L'instituteur est nommé par le maire, logé par la commune, payé par les parents. Pour les écoles secondaires, l'Etat en laisse toute l'initiative soit aux particuliers, soit aux communes ; et il se promet un grand bien de leur émulation. Pour lui il se contente d'encourager, par des concessions de logement et des gratifications, les maîtres d'écoles qui se sont distingués. « Ceux des publicistes, dit Fourcroy, qui pensent avec Smith que l'instruction doit être abandonnée aux entreprises particulières, trouveront dans cette partie du projet la réalisation de leurs idées. Ceux qui pensent au contraire que le gouvernement doit suffire à tous les moyens d'instruction, reconnaîtront qu'il a fait à cet égard tout ce qu'il peut faire dans les circonstances où il est placé. » Mais au degré supérieur d'instruction, dans les lycées, l'Etat reprend la direction. Et d'un coup il en écarte l'Eglise, qui pourrait y être indocile: il confie l'administration du lycée à un proviseur, un censeur et un procureur gérant, qui doivent être mariés.

Les lycées furent aussi délaissés que l'avaient été les écoles centrales. Au milieu de 1805, Fourcroy lui-même le constate: « Le tambour, l'exercice, et la discipline militaire empêchent les parents, dans la plupart des villes, de mettre les enfants au lycée. On profite astucieusement de cette mesure... pour persuader aux pères de famille que l'Empereur ne veut faire que des soldats. » Champagny, ministre de l'intérieur, signale un autre motif, l'indifférence morale des professeurs. La moralité ne peut être rétablie que sur l'esprit religieux. « De là cet éloignement des parents... ; de là, rareté des pensionnaires payants ; de là, le discrédit des lycées, et cette situation contrainte et incertaine qu'ils présentent. »

Or, Napoléon avait vu l'Université de Turin centraliser l'éducation des Etats de Sardaigne. Il en avait été frappé. Une telle institution pouvait seule relever en France l'enseignement public. Elle répondait au goût qu'avait l'empereur d'une administration régulière et centralisée. Elle était un admirable instrument de despotisme. Par elle il dirigerait la doctrine et l'esprit public. Par elle il enrégimenterait la jeunesse et lèverait la conscription des esprits. — Dans l'été de 1805, il eut avec Fourcroy et Fontanes une conversation dont Fourcroy fit un rapport et un projet de loi, lequel fut présenté au Corps législatif le 6 mai 1806.

Il demandait la formation d'un corps enseignant. Le but avoué de l'empereur était d'une part de sauver l'instruction publique, d'autre part de donner au pays un esprit public uniforme et fixe. Ceci supposait que ce corps enseignerait seul. Toutefois, Fourcroy n'en parla pas. Il demanda la formation d'un corps enseignant pour consolider les institutions existantes, et pour qu'il y eût enfin un enseignement de l'Etat en face de l'enseignement privé, des écoles publiques qui servissent de modèle et de type aux établissements particuliers. Le Corps législatif vota sur ces sages explications. Seulement il trouva dans la loi votée, très courte, en trois articles, le mot que Fourcroy n'avait pas dit.

Art. Ier — Il sera formé, sous le nom d'Université impériale, un corps chargé *exclusivement* de l'enseignement et de l'éducation publics dans tout l'empire.

Ainsi fut escamoté le vote du monopole. Au surplus, la loi passait pour provisoire : un prélude, disait Fourcroy. L'art. 3 promettait que le corps enseignant, créé en principe, serait organisé par une loi en 1810. Napoléon l'organisa par un décret, le 17 mars 1808.

Le monopole est confirmé : « L'enseignement public dans tout l'empire est confié exclusivement à l'Université. — Aucune école, aucun établissement quelconque d'instruction ne peu être formé en dehors de l'Université impériale et sans l'autorisation de son chef. — Nul ne peut ouvrir d'école, ni enseigner publiquement sans être membre de l'Université impériale et gradué par une de ses facultés. »

Cette Université est fortement organisée. A la tête, un grand maître tout-puissant; un Conseil qui, entre autres attributions, admet ou rejette les ouvrages qui auront été ou devront être mis dans les mains des élèves, ou placés dans les bibliothèques des lycées et collèges. On ne distribuera sur toute la surface de la France qu'une science filtrée par l'Etat. — Au-dessous des conseils académiques, des inspecteurs généraux, des inspecteurs d'Académie; enfin les recteurs d'Académie :

formidable hiérarchie à laquelle obéit l'universitaire. Pour plus de sûreté, l'Etat exige de lui des garanties. S'il est, dans un collège ou dans un lycée, proviseur, censeur, principal, régent ou maître d'études, il est astreint au célibat et à la vie commune.

Que devenaient les institutions privées ? Elles entraient dans l'Université, comme ses dépendances et ses provinces. Elles y étaient placées au plus bas rang. La hiérarchie universitaire comprenant 19 degrés, les chefs d'institution occupaient le 17e, les maîtres de pension le 18e. Ils devaient être gradués de l'Université, les premiers bacheliers ès lettres et ès-sciences, les seconds bacheliers ès-lettres.

Comme les autres universitaires, ils jurent d'observer exactement les statuts et règlements de l'Université, ce qui peut les mener loin, puisque l'Université se règlemente elle-même ; ils jurent obéissance au grand-maître pour tout ce qu'il leur commandera pour le service de l'Empereur et le bien de l'enseignement. Servage qui leur enlève jusqu'au droit de le quitter. Ils s'engagent à ne quitter le corps enseignant qu'après en avoir obtenu l'autorisation du grand maître. Il ne suffit pas qu'ils obéissent : ils veillent sur l'obéissance les uns des autres. Les membres de l'Université seront tenus d'instruire le grand-maître et tous ses officiers de tout ce qui viendrait à leur connaissance de contraire à la doctrine et aux principes du corps enseignant dans les établissements d'instruction publique.

Pour ouvrir une institution ou une pension, le maître libre doit obtenir du grand-maître un brevet, et le faire renouveler tous les dix ans. L'inquisition gouvernementale le poursuit chez lui. Il doit faire approuver par le recteur et le conseil d'Académie tous ses prospectus et ses programmes. Ses règlements intérieurs lui sont expédiés tout faits par le grand-maître. Il ne choisit même pas le genre d'études qui lui convient. Le degré d'instruction que doit donner son école lui est attribué par le conseil de l'Université, afin que l'enseignement soit distribué le plus uniformément possible dans toutes les parties de l'Empire. Et voici la sanction : le grand-maître ferme la maison où il aura été reconnu des principes contraires à ceux que professe l'Université.

Cette tyrannie, l'Université se la fait payer. Le maître de pension paie son brevet 200 fr., le chef d'institution 400 fr. Ils paient de nouveau cette somme intégralement tous les dix ans. De plus, tous les ans, ils en paient le quart à titre de capitation. Enfin ils abandonnent à l'Université un vingtième du prix de pension de chaque élève ; les élèves à demi-pension et ceux qui sont élevés gratuitement sont taxés comme payant pension entière. « La charité est imposée sur ses propres aumônes. »

Telle est l'Université. Elle n'est pas l'application d'un principe abstrait. Napoléon avait peu de goût pour les idées générales et métaphysiques. Elle est une œuvre de circonstance. Elle a pour but de rétablir l'ordre dans les esprits troublés par la Révolution. Elle doit discipliner la génération qui vient. « Tant qu'on n'apprendra pas dès l'enfance, dit Napoléon, si l'on doit être républicain ou monarchique, catholique ou irréligieux, etc., etc., l'Etat ne formera point une nation... Il sera constamment exposé aux désordres et aux changements. » — Cette Université ne devait nullement être irréligieuse. Bien au contraire, la religion était pour Napoléon un moyen nécessaire d'obtenir la discipline des esprits. Il considérait Dieu comme une sorte de gendarme supérieur. « L'homme sans Dieu, disait-il, on ne le gouverne pas, on le mitraille. De cet homme-là, j'en ai assez. » Le corps enseignant sera donc religieux. « L'enseignement aura pour but de former des sujets vertueux par principe de religion, utiles à l'Etat par leurs talents, attachés au gouvernement et à son auguste chef par amour et par devoir. » — Les évêques applaudirent à ces principes. La liberté qui régnait jusque là avait produit bien des écoles irréligieuses. Ils applaudirent à la création d'un monopole qui s'annonçait comme chrétien. La suite les détrompa. L'enseignement des lycées fut de suite athée. Les parents continuèrent donc à envoyer leurs enfants dans les écoles privées qui s'accommodaient tant bien que mal du régime nouveau. Ils les envoyaient également dans les petits séminaires que la loi de 1808 exceptait du monopole universitaire et qu'elle laissait sous la direction des évêques. Il restait à Napoléon à détruire cette double concurrence.

Le Concordat reconnaissait aux évêques le droit d'avoir des séminaires. Il n'avait pas spécifié s'il s'agissait de grands séminaires ou de petits. Mais la tradition de l'Eglise, les explications du cardinal-légat Caprara, les rapports de Portalis au Conseil d'Etat prouvent qu'il s'agissait des deux. — L'Université en jugea autrement. Un décret du 9 avril 1809 obligea les petits séminaires à rentrer dans la loi commune de l'Université. Ils y étaient d'ailleurs accueillis avec bienveillance. Le décret engageait les évêques, les particuliers, les villes, les départements à en fonder.

Les familles continuèrent à y envoyer leurs enfants, au détriment des lycées. Alors Napoléon frappa le coup décisif le 15 novembre 1811.

Pour les petits séminaires, le décret confirmait qu'ils étaient régis par l'Université ; l'enseignement ne pouvait y être donné que par des membres de l'Université à la disposition du grand-maître ; leurs prospectus et règlements étaient rédigés par le Conseil de l'Université. Loin de favoriser leur établissement comme en 1809, Napoléon décide qu'il n'y en aura qu'un par département. Les autres seront fermés et leurs biens donnés à l'Université. L'école qui subsiste doit se trouver dans une ville où il y a un lycée, et en faire suivre les classes par ses élèves. Pour marquer le caractère de l'établissement et en écarter les élèves, le décret oblige ceux-ci à porter l'habit ecclésiastique.

Pour les établissements libres, ceux qui se trouvaient dans une ville où se trouvait un collège ou un lycée, conduisaient tous leurs élèves au-dessus de 10 ans aux classes de ce lycée. Leur rôle se réduisait, pour les institutions, à enseigner les éléments et à répéter les classes du lycée; les pensions ne pouvaient que répéter les classes de grammaire. Les unes ni les autres ne pouvaient prendre de pensionnaires au-dessus de

9 ans que si le lycée se déclarait au complet. Les élèves portaient l'uniforme du lycée. N'étant pas lycéens, du moins ils paraissaient l'être.

Dans les villes où il n'y avait ni lycée, ni collège, l'enseignement dans les institutions allait jusqu'à la classe d'humanités, dans les pensions jusqu'à la classe de grammaire.

Enfin, pour être admis aux grades universitaires, il fallait montrer un certificat d'études dans les collèges de l'Etat.

Le régime du monopole était complet.

*
* *

Quand les Bourbons revinrent au pouvoir, on pouvait croire que l'Université, œuvre impériale, serait emportée par la réaction. Il n'en fut rien. Seule, une ordonnance du 5 octobre 1814 émancipa partiellement les petits séminaires. Comme par le passé, il n'en pouvait, sauf permission spéciale du ministre, exister qu'un par département. Mais les évêques en nommaient les chefs et les instituteurs. Les élèves ne suivaient plus les cours des lycées. Ils ne payaient plus la rétribution universitaire.

Cependant l'Université était attaquée, comme fille légitime de Bonaparte, par ceux qui attaquaient toute l'œuvre de Bonaparte par la seule raison qu'elle était de lui : « Il n'y a de salut pour l'Etat, disait Murard de Saint-Romain à la Chambre des députés, le 31 janvier 1816, que l'anéantissement total de tout, absolument tout ce que Bonaparte a soutenu et propagé. »

Elle était attaquée d'autre part par les catholiques. Malgré l'intention de son fondateur, malgré le billet de confession mensuel exigé par la Restauration, l'enseignement y était athée. « Qui osera jamais raconter, dit Musset, ce qui se passait alors dans les collèges ? Des enfants de quinze ans, assis nonchalamment sous des arbrisseaux en fleur, tenaient par passe-temps des propos qui auraient fait frémir d'horreur les bosquets immobiles de Versailles. La communion du Christ, l'hostie, ce symbole éternel de l'amour céleste, servait à cacheter des lettres ; les enfants crachaient le pain de Dieu. »

Enfin les pères de famille protestaient contre le rapt de leurs enfants et contre le régime militaire des lycées qui, selon l'évêque de Troyes, transformait nos paisibles écoles en arènes de gladiateurs.

Les Universitaires répondaient, les uns, comme l'avait fait Fontanes en 1805, que le monopole était exigé par les circonstances, pour rétablir l'ordre dans les esprits ; ainsi parlait Guizot. Royer-Collard, juriste et philosophe, porta la question sur le terrain des principes : « L'Université a le monopole de l'éducation à peu près comme les tribunaux ont le monopole de la justice, et l'armée le monopole de la force publique. » Dès lors les adversaires de l'Université la suivirent sur ce terrain, l'attaquèrent au nom des principes et demandèrent la liberté de l'enseignement.

Du côté catholique, l'attaque fut menée avec une sombre haine et une logique pressante par Lamennais : « L'éducation de l'enfant, de droit naturel, appartient au père, parce que l'enfant, durant le premier âge, n'appartient qu'à la famille. Le père doit pourvoir à l'éducation de son fils comme il doit pourvoir à ses autres besoins...

« Or, si c'est un devoir du père de pourvoir à l'éducation de son fils, il a droit à tous les moyens d'éducation qu'offre la société dont il est membre, et nul n'est autorisé à lui en interdire aucun, ou à le contraindre sur le choix ; autrement, on opprime le père, on opprime l'enfant, on opprime la famille, et en laissant les corps libres, on établit une servitude plus avilissante et plus funeste, une servitude morale qui s'étend des sciences jusqu'à la religion et aux mœurs mêmes.

« C'est une bien niaise raison à donner en faveur de l'éducation exclusive, que la supériorité de l'enseignement. De plus, on se trompe beaucoup si l'on croit que cette supériorité dépende du degré d'instruction des maîtres : il n'en est rien. Le meilleur maître n'est pas celui qui sait davantage, mais celui qui sait forcer ses disciples à apprendre d'eux-mêmes ce que la nature leur permet de savoir...

« Encore n'ai-je parlé jusqu'ici que de la simple éducation. Que sera-ce si l'on vient à considérer que les plus hauts intérêts de l'homme, la religion, les mœurs, dépendent entièrement de l'éducation ? Or, le gouvernement a-t-il le droit de se mettre sous ce rapport à la place du père ?... Oui sans doute, s'il a le droit de se réserver le privilège exclusif de l'éducation, car c'en est une suite nécessaire. Mais alors il faut dire que la religion, les mœurs, que la croyance en Dieu est soumise à la volonté du gouvernement. Le bon sens frémit, mais la conscience frémit bien davantage (1). »

Les libéraux, aux principes desquels les catholiques faisaient appel, attaquèrent comme eux l'Université. Benjamin Constant la combat dans le *Mercure* au nom des principes d'Adam Smith : L'autorité, dit-il, peut multiplier les canaux, les moyens de l'instruction, mais elle ne doit pas la diriger. — Le *Globe*, qui, à partir de 1827, passa pour le plus hardi des journaux de l'opposition, ne parla pas autrement. « Nous voudrions qu'avant tout l'enseignement fût libre... » Il assimilait la liberté d'enseigner à la liberté de penser. Il ajoutait : « Donnez au gouvernement le monopole de l'enseignement, vous attribuerez à une partie de la société le droit de faire triompher ses opinions par la force et d'opprimer les opinions contraires ; vous livrerez l'instruction à toutes les chances des vicissitudes politiques ; sa fortune... changera avec les majorités et les ministères. »

Ce mouvement n'aboutit à aucune mesure libérale. Mais un fait important se produisit. Pendant que les polémistes abordaient de front l'Université, l'Église, soutenue par le pouvoir, s'y insinua discrètement. En 1821, les évêques reçurent la surveillance religieuse des collèges de leur diocèse. Ils les visitaient, et provoquaient auprès du Conseil royal les mesures nécessaires. Un ecclésiastique, Mgr de Frayssinous, devint, en 1823, grand-maître de l'Université. Les petits séminaires sor-

(1) Lamennais : Du droit du Gouvernement dans l'éducation.

tirent doucement des entraves légales. Il en existait légalement 120 ; il s'en fonda irrégulièrement 53 autres qui prospérèrent. Ils ne préparaient plus seulement aux grands séminaires, ils instruisaient la jeunesse catholique. Huit d'entre eux avaient été confiés par les évêques aux Jésuites, sous l'œil complaisamment fermé du gouvernement de Charles X.

Les mangeurs de prêtres, le *Constitutionnel* et le *Courrier*, protestèrent. Les Gallicans, par horreur des Jésuites, crièrent avec eux. Justement, le ministère ultra de Villèle tomba, et son successeur, Martignac, essaya d'un système de concessions à la gauche. Le 16 juin 1828, il rendit deux ordonnances. L'une, contre les Jésuites, exigeait des professeurs le serment de n'appartenir à aucune congrégation non reconnue. L'autre interdisait aux petits séminaires d'avoir pour toute la France plus de 20.000 élèves, et donnait au Roi le droit de fixer le nombre et l'emplacement des séminaires. Il imposait aux séminaristes de 14 ans l'habit écclésiastique et créait pour eux un baccalauréat spécial.

Ces ordonnances eurent pour effet de jeter les catholiques en pleine opposition sans rallier les libéraux. Ceux-ci sourirent à la loi parce qu'elle proscrivait les Jésuites, mais ils étaient obligés de penser qu'il aurait mieux valu supprimer le monopole. Ils continuaient leurs revendications. Les catholiques commençaient à penser comme eux sur la liberté. « Une immense liberté, disait Lamennais, est indispensable pour que les vérités qui sauveront le monde, s'il doit être sauvé, se développent comme elles le doivent. »

Les deux camps marchèrent ensemble. Libéraux, catholiques, évêques, pères de familles, dans les journaux, dans les pamphlets, à la Chambre, battent en brèche le monopole de l'Etat.

*
* *

Sur ces entrefaites, les libéraux firent la Révolution de 1830, et comme la liberté d'enseigner était dans leur programme, ils l'écrivirent dans l'art. 69 de la Charte, parmi les promesses qui devaient être dans le plus bref délai réalisées par des lois.

Mais, pour exécuter cette promesse, le gouvernement se trouva fort embarrassé. Les hommes de Juillet professaient les maximes de la liberté. D'ailleurs ils étaient nettement anti-religieux. Or, il n'était pas douteux que la liberté de l'enseignement profitât beaucoup à l'Eglise. Les libéraux étaient pris entre leurs principes et leurs aversions.

Au contraire, les catholiques libéraux, qui commençaient d'apparaître, avaient double raison de revendiquer la liberté de l'enseignement. Ils étaient alors un groupe peu nombreux, mais très actif, dont le chef était Lamennais, et dont les disciples étaient des hommes comme Montalembert, arrogant, élégant et ardent, ou Lacordaire, qui était tout générosité de cœur et qui avait l'esprit sublime. Épris du double amour de la liberté et de l'Eglise, ils jugeaient la liberté nécessaire à l'Eglise et l'Eglise nécessaire à la liberté.

Ils fondèrent l'*Avenir*. Lacordaire y demanda impérieusement la liberté d'enseignement. Il la demanda au nom de la liberté religieuse : « Le prêtre est un homme qui enseigne, l'Eglise est un lieu où l'on enseigne ; la foi est quelque chose qui s'enseigne, donc l'enseignement doit être libre, ou la liberté des cultes n'est qu'un vain mot. » Il la demanda au nom du progrès, car le progrès suppose la liberté, et toute liberté est une liberté d'enseignement. « En effet, la liberté, c'est le règne de la pensée sur la force, c'est dans l'ordre politique le combat victorieux de la pensée contre la chair. Cela étant, il est facile de voir pourquoi l'histoire de l'enseignement, c'est-à-dire la propagation de la pensée, c'est l'histoire de la liberté, pourquoi presque toutes les libertés sont des libertés d'enseigner et d'être enseigné, pourquoi enfin c'est une énorme contradiction dans les termes et dans les choses, d'appeler libre un pays où la tribune et la chaire sont ouvertes, mais où l'école est fermée. » — Il la demanda enfin au nom de la Charte, qui permet de publier son opinion... « Au sortir du ventre de sa mère, le Français a le droit de penser, de parler, d'écrire, de publier ce qui lui plait sur toutes choses ; mais l'illogisme apparaît bientôt ; ces Français qui ont le droit d'être publicistes dans leurs langes, ne peuvent apprendre les choses divines et humaines qu'avec le consentement d'une coterie présidée par un ministre. »

Tel était le programme de l'*Avenir*. Il lui vint un procès, mais la liberté ne vint pas. — Alors, comme Montalembert avait écrit que la liberté était une chose qui ne se demandait pas, mais qui se prenait, il la prit en effet, et le 9 mai 1831, il ouvrit une école libre. Le 11 mai, un commissaire de police fit sortir les 18 enfants auxquels Montalembert et Lacordaire apprenaient l'alphabet, et ferma l'école. Mais toute la presse catholique, libérale, bonapartiste même, applaudit les maîtres d'école. Les journaux ministériels eux-mêmes louèrent leur intention et les blâmèrent seulement d'anticiper sur une loi qui, il est vrai, aurait déjà dû être faite. Cependant les maîtres d'école devaient passer devant le tribunal correctionnel. Le comte de Montalembert, qui était pair de France, mourut. Son fils héritant de sa dignité, l'affaire passa devant la Cour des Pairs. L'avocat général soutint l'accusation, tout en souhaitant l'abrogation du monopole. M. Lafargue, avocat des prévenus, revendiqua la liberté de l'enseignement. Il parla non comme à la barre, mais comme à la tribune. Ses clients parlèrent après lui, et se défendirent par des réquisitoires. Ils furent condamnés au minimum, cent francs d'amende. « C'était, a dit Montalembert, acheter à bien bon compte l'honneur et l'avantage d'avoir contraint l'opinion publique à s'occuper d'une question vitale pour notre cause, et les catholiques à reconnaître le seul terrain où il pouvait leur être donné de vaincre un jour. »

Le gouvernement fut obligé en effet de réaliser les promesses de la Charte. Après divers essais, la liberté de l'enseignement primaire fut proclamée par une loi de 1833 due à Guizot.

Guizot avait le goût de l'autorité et les maximes de la liberté. « Notre premier soin, disait l'exposé des motifs, a été de restituer pleine et entière, selon l'esprit et le texte précis de la Charte, la liberté d'enseignement. » Donc, tout citoyen âgé de 18 ans accomplis pourra fonder, entretenir, diriger tout établissement d'instruction primaire... L'Etat exige de lui un brevet de bonnes vie et mœurs, ce qui est assez naturel. Mais il exige de plus un brevet de capacité obtenu après examen passé devant une Commission dont les membres sont nommés par le ministre de l'instruction publique, ce qui soumet l'enseignement libre au jugement préalable de son rival. Enfin, l'Etat garde la surveillance des écoles et l'exerce par un comité local dans la commune, et par un comité d'arrondissement.

*
* *

Après la loi de 1833, il se fit une trève. Puis la lutte recommença sur le terrain de l'enseignement secondaire, qui restait monopolisé.

Sur ce terrain encore, la lutte contre l'Université fut menée à la fois par les libéraux, qui ne l'aimaient pas, et par les catholiques : non plus, cette fois, le petit groupe hardi et suspect de l'*Avenir*, mais un vaste parti, organisé, soutenu par les évêques, et qui allait avoir, à partir de 1843, avec Veuillot et l'*Univers*, un grand journal et un grand polémiste.

Il y avait à la liberté de l'enseignement secondaire deux difficultés ; l'une était de savoir quel régime on adopterait pour les petits séminaires, qui étaient jusqu'ici favorisés, mais que le gouvernement n'aimait pas ; l'autre était de savoir si l'on admettrait à cette liberté les congrégations non autorisées et, pour tout dire, les Jésuites. — Et il y avait un autre obstacle : la fragilité des ministères qui tombaient en emportant avec eux leurs projets de loi.

En 1836, Guizot fit un projet de loi qui disparut avec lui. Cousin en annonça un en 1840, qu'il n'eut pas même le temps de produire. Villemain en présenta un troisième en 1841. L'exposé des motifs déclarait que la liberté de l'enseignement n'était pas un ressort nécessaire au mouvement de l'Etat, et que le monopole était une mesure excellente à la suite d'un grand changement politique. Tout le projet était dans ce ton.

Les petits séminaires étaient réduits au droit commun, lequel était lui-même fort despotique. — Ce fut une immense déception. Les évêques et la presse protestèrent. Des pétitions arrivèrent aux Chambres. La Commission chargée d'examiner le projet, se montra mal disposée : Villemain le retira.

Depuis douze ans, la liberté de l'enseignement secondaire n'avait pas fait un pas. Alors, une immense campagne commença pour l'arracher au gouvernement. A la Chambre des Pairs, Montalembert (1) ; à la Chambre des Députés, MM. de Tracy et de Carné la réclamèrent à toute occasion, pendant la discussion de l'adresse, pendant celle du budget. Les évêques dénonçaient la philosophie de l'Université, que même les journaux ministériels blâmaient. L'attitude des évêques est intéressante. Ils réclamèrent la liberté, non comme évêques et pour substituer un monopole à un autre, mais comme citoyens, au nom du droit public et de la Charte. On organisa, pour la liberté de l'enseignement, des associations de prières, des souscriptions. Des pamphlets s'échangèrent. Dans la presse, tout le poids de la lutte retombait sur l'*Univers* et sur Veuillot. Il envoyait, en septembre 1843, une lettre à Villemain, qui montre l'état de la lutte. « Les catholiques, dit-il, ne veulent plus interrompre la guerre qu'ils livrent à l'enseignement de l'Etat ; vous leur permettrez d'ouvrir des écoles ou vous leur ouvrirez la prison. »

De son côté, la gauche battait en brèche l'Université. Lamartine demandait la liberté pour l'Eglise. Ledru-Rollin revendiquait contre l'Etat les droits du père de famille, et demandait qu'on fît à l'Eglise la part de tout le monde.

L'Université répondit par une manœuvre sûre. Elle évoqua le fantôme des Jésuites. « Je les sonne comme un valet de chambre, avait déjà dit Benjamin Constant. » Quinet et Michelet les attaquèrent au Collège de France, Lacretelle à la Sorbonne, le Procureur général Dupin dans son Manuel de droit ecclé-

(1) Il dut bientôt partir pour Madère. Il rentra dans la lutte à la fin de 1843, par sa brochure : Du devoir des catholiques dans la question de la liberté d'enseignement.

siastique, Littré et Génin dans leurs pamphlets, les journaux dynastiques dans toutes leurs colonnes.

Enfin, le roi apaisa la lutte. Dans le discours d'ouverture de la session de 1844, il, annonça un projet de loi sur l'instruction secondaire, et Villemain le déposa le 2 février, sur le bureau de la Chambre des Pairs. C'était, sous le nom de la liberté, un affermissement du monopole. La presse catholique et la presse libérale protestèrent également. « C'est une loi de déception et de duperie », disait le *Courrier français*. Les journaux ministériels eux-mêmes attaquèrent la loi, parce qu'elle conservait le privilège des petits séminaires. L'épiscopat entier protesta.

La Chambre des Pairs vota la loi, qui alla à la Chambre des Députés où elle fut enterrée.

Encouragé par l'abandon du projet, les catholiques reprirent la lutte : mandements d'évêques, pamphlets, articles de journaux. Aux élections de 1846, le Comité électoral pour la défense de la liberté religieuse, écrivit sur ses programmes la liberté de l'enseignement. — Le ministre de l'Instruction publique était alors M. de Salvandy. En 1846, il avait démantelé le Conseil de l'Université, en portant le nombre de ses membres de 8 à 30. Le 12 avril 1847, il déposa un projet de loi dont l'intolérance mécontenta à la fois les catholiques et les libéraux. « Le but évident de cette loi, disait *le National*, journal libéral, c'est d'empêcher les écoles libres tenues par des citoyens indépendants. Nous sommes assurés que tout le monde s'indignera contre cet incroyable projet, insolent comme le despotisme et audacieux comme l'absurde. »

Le projet fut retiré et la Révolution de 1848 arriva.

*
* *

Elle ne fut nullement anticléricale comme celle de 1830. Lacordaire la salua du haut de la chaire de Notre-Dame. Dans l'Assemblée des représentants du peuple, il siégea en froc dominicain. Sur la place de la Concorde, la nouvelle Constitution était bénie par un évêque. — La difficulté qui avait arrêté le gouvernement de Juillet, tenu d'être anticléri-cal, s'évanouissait.

De plus, les orléanistes, terrifiés par le socialisme, se jetaient dans les bras de l'Eglise qu'ils avaient combattue. Ainsi fit Thiers. Il voyait des nouveautés poindre dans l'Université Il s'en épouvanta, et après l'avoir défendue, il la combattit, par peur de ce que nous appelons aujourd'hui l'enseignement moderne.

De la coalition des orléanistes, des catholiques et des libéraux sincères, sortit l'art. 9 de la Constitution qui ne promettait plus, comme la Charte de 1830, la liberté de l'enseignement, mais qui en proclamait l'existence.

La Législative eut une majorité de droite avec laquelle gouverna le Président. Il nomma M. de Falloux ministre de l'instruction publique. Celui-ci proposa une loi portant à la fois sur l'instruction primaire et l'instruction secondaire.

Pour l'instruction primaire, elle accordait le droit d'ouvrir une école à tout citoyen âgé de 21 ans, muni d'un certificat de stage de 3 ans, et d'un certificat de capacité délivré par une commission nommée par le ministre. — Pour l'instruction secondaire, elle accordait le droit d'ouvrir une école à tout citoyen âgé de 25 ans, qui justifiait ou d'un certificat de stage de 5 ans et du diplôme de bachelier es-lettres, ou d'un brevet de capacité délivré par une commission nommée par le ministre. Il devait déposer entre les mains du recteur de l'Académie, le plan, le programme d'études et le règlement de son établissement. — Le Conseil supérieur de l'Université était renouvelé ; il comprenait une section permanente dont les membres étaient pris dans l'Université et une section non permanente qui comprenait 3 évêques, un ministre protestant, 3 magistrats de la Cour de cassation, 3 conseillers d'Etat, 3 membres de l'Institut, 3 membres de l'enseignement libre. Le Conseil qui statuait sur toutes les questions qui concernaient les droits des maîtres particuliers et l'exercice de la liberté d'enseigner, était ainsi comme une image du pays entier (1).

(1) Depuis lors, ce conseil a été transformé deux fois. Le décret du 9 Mars

La loi fut attaquée, d'une part comme trop peu libérale par une partie des catholiques qui voulaient tout ou rien, et par une partie des libéraux, qui prétendaient qu'elle ne donnait pas la liberté, qu'elle ne faisait qu'ouvrir à l'Église les portes du monopole de l'Etat et qu'elle compromettait ainsi l'un et l'autre ; d'autre part, par les partisans de l'Université, morte et enterrée, disaient-ils, et par les anti-cléricaux montagnards, qui dénonçaient l'influence que l'Église allait prendre. Elle fut défendue par la majorité du parti catholique, commandé par Montalembert, et par le parti conservateur, commandé par Thiers. Elle fut votée le 15 mars 1850.

« Conçue et adoptée, disait le ministre de l'Instruction publique, dans l'intention avouée d'affranchir l'enseignement privé de la tutelle de l'Etat, cette loi ne conserve aucune des barrières que l'ancienne législation avait abolies. Elle consacre tout à la fois la liberté des pères de famille et celle du citoyen qui peut désormais, sans autorisation préalable, se livrer à l'éducation de la jeunesse. »

Dans la pratique, la loi donna les meilleurs résultats. L'Université s'améliora, dit M. Grimaud, sous l'aiguillon de la concurrence. Les établissements libres se multiplièrent ; en deux ans, il s'en créa 257.

*
* *

La liberté de l'enseignement primaire conquise en 1833, celle de l'enseignement secondaire en 1850, — restait l'enseignement supérieur auquel on n'avait guère pensé jusque là. Seul l'*Univers* écrivait en 1844 : « Quand à la liberté de l'Enseignement supérieur, on l'a oubliée tout à fait. C'était naturel. On était tellement préoccupé des Jésuites, des petits séminaires, qu'on a laissé de côté tout le reste. Ne désespérons pas toutefois ; encore 14 ou 15 ans de réflexions, et

1852 donna la nomination de ses membres non plus à l'élection, mais au choix du pouvoir. Par cette mesure, et par la suppression de la section permanente, il en fit un pur *Conseil du gouvernement*. — La loi du 27 Février 1880, en la recrutant uniquement parmi les membres de l'enseignement, la transforma en simple *Conseil d'Etudes*, en « comité de perfectionnement de l'enseignement national ».

la liberté de l'enseignement supérieur aura son tour, pourvu qu'on songe à la demander en ce temps là. La solution de cette partie de la question n'est pas moins nécessaire que l'autre. Tandis que le Gouvernement paie des professeurs, au Collège de France et dans les Facultés universitaires, pour insulter toutes les religions, d'un autre côté, il empêche les cours de philosophie et d'économie politique que des philosophes et des publicistes religieux voudraient établir en faveur de la jeunesse catholique. »

La liberté de l'enseignement supérieur se présente donc tout de suite comme une revendication religieuse, très différente en cela de la liberté de l'enseignement secondaire et primaire. Il est évident, en effet, que seule l'Église peut créer en face des Facultés de l'Etat des Facultés libres ; il n'est pas moins certain qu'elle ne les ouvre que pour assurer à la jeunesse un enseignement qu'elle ne trouverait pas dans les Facultés, de l'Etat, c'est à dire un enseignement religieux. Aussi bien, je passerai rapidement sur cette troisième conquête de la liberté qui intéresse moins les travaux de ce Congrès.

La liberté de l'enseignement supérieur a été demandée en 1868 et obtenue en 1875. En 1868, un journaliste, Léopold Giraud, déposa au Sénat une pétition, couverte de 2143 signatures, et qui dénonçait l'enseignement irréligieux de plusieurs Facultés de médecine. Elle indiquait comme remède la liberté de l'enseignement supérieur.

Cette pétition donna le signal à une attaque générale dont le principal champion fut Mgr Dupanloup. Au Sénat, le ministre déclara que l'Université accepterait volontiers la concurrence et que l'administration préparait un projet de loi. Il eut une majorité de 84 voix contre 31, et les choses en restèrent là.

En 1870, la liberté de l'enseignement supérieur fut de nouveau demandée par des pétitions comprenant 41.434 adhérents. Le rapporteur des pétitions, M. Quentin-Beauchard, admit en principe la liberté demandée, mais il réserva à l'Etat la collation des grades. C'est sur ce point que devait désormais porter toute la discussion.

Le 1er mars, une commission présidée par Guizot fut nommée pour élaborer une loi sur la question. De son côté, l'ancien ministre Duruy déposa un projet de loi sur le même objet, le 28 juin 1870. Mais la guerre arriva, qui balaya l'Empire et ses projets.

A l'Assemblée Nationale, il se produisit, comme en 1850, une alliance momentanée entre l'Etat et l'Eglise. De la première de ces alliances était sortie la liberté de l'enseignement secondaire ; de la seconde sortit la liberté de l'enseignement supérieur.

Le comte Jaubert reprit, en 1871, le projet Guizot. Son projet fut soumis à son tour à une commission dont le rapporteur fut M. de Laboulaye. Les travaux ne se terminèrent qu'en 1875, et le projet vint alors en discussion.

Le principe de la liberté de l'enseignement supérieur fut combattu par deux ordres d'arguments. M. Paul Bert proposa la création d'Universités de l'Etat, assez éclectiques pour que chacun pût librement y exposer sa doctrine. Ainsi la concurrence des doctrines se faisait, non de Faculté à Faculté, mais dans l'intérieur des Facultés officielles.— M. Challemel-Lacour repoussa le principe de la liberté, parce qu'il était effrayé de l'influence qu'y gagnerait l'Eglise catholique.

L'Assemblée décida de passer à une deuxième délibération. La question importante était celle de la collation des grades. Tout le débat roula sur ce point : la collation des grades fait-elle partie de la liberté d'enseignement ? Les cléricaux disaient oui, leurs adversaires disaient non. On finit par donner la collation des grades à des Jurys mixtes. Et le projet fut converti en loi, le 12 juillet 1875.

***

Telles sont les trois étapes de la conquête de la liberté d'enseignement, 1833, 1850, 1875. Cette dernière date marque le point culminant qu'elle ait atteinte. — Désormais nous entrons dans une phase nouvelle, où nous sommes encore. A la Chambre, la majorité passe de droite à gauche. Le gouvernement devient hostile à l'Eglise. — De plus, l'enseignement libre, si récemment créé, a atteint une telle prospérité, que l'Etat redoute sa concurrence pour ses propres établissements. Pour ces deux motifs, il revient sur ses concessions, et restreint progressivement la liberté.

Dès 1876, M. Waddington, ministre de l'instruction publique, proposait de rendre à l'État seul la collation des grades donnée aux Jurys mixtes par la loi de 1875. Le projet passa à la Chambre à une grande majorité, et fut rejeté par le Sénat.

En 1877, le mouvement vers la gauche s'accentua. Le maréchal de Mac-Mahon fut remplacé par J. Grévy. Les républicains mirent au premier rang de leurs programmes, la reprise des droits de l'Etat en matière d'enseignement. En 1879, M. J. Ferry était ministre de l'Instruction publique. Dès 1870, il avait fait serment de se consacrer à l'éducation du peuple. Il déposa le 15 mars, un projet de loi relatif à la liberté de l'Enseignement supérieur, qui rendait à l'Etat la collation des grades. Mais le projet contenait bien autre chose. Les Jésuites avaient rouvert leurs collèges en vertu de la loi de 1850. Or la liberté d'enseignement, disait le rapport, n'existe pas pour les étrangers. Pourquoi serait-elle reconnue aux affiliés d'un ordre essentiellement étranger par le caractère de ses doctrines, la nature et le but de ses statuts, la résidence et l'autorité de ses chefs ? En conséquence, l'art. 7 interdisait l'enseignement public aux congrégations non reconnues.

Je ne vous rappellerai pas l'héroique défense des catholiques, quand vous en avez encore le détail dans l'esprit et les héros devant les yeux. Le projet passa à la Chambre. Mais au Sénat, contre l'article 7, les libéraux sincères s'unirent, selon leur tradition constante en ces matières, aux catholiques ; Dufaure et Jules Simon parlèrent contre le projet ; et cette coalition d'honnêtes gens obtint que l'article fût repoussé.

Le gouvernement, sur l'invitation de la Chambre, passa outre, et le 29 mars 1880, rendit deux décrets, dont l'un déclarait dissous et expulsait de leurs établissements les Jésuites. L'autre donnait un délai de trois mois aux ordres religieux non autorisés pour se faire reconnaître. Ces décrets furent exécutés le 30 juin, *manu militari*.

*
* *

Ainsi commença le démantèlement de la loi de 1850. J'ai à peine besoin de vous rappeler que depuis quelques mois une nouvelle lutte est engagée. Des projets ont été déposés, une commission fonctionne, une loi s'élabore. Là sont les mystères de l'avenir. J'ai voulu vous montrer les exemples du passé.

L'histoire de la liberté d'enseigner est le récit d'une lutte longue, ininterrompue, et qui n'est pas sans gloire. C'est l'honneur des catholiques d'y avoir combattu. Mais c'est l'honneur de la pensée humaine que les catholiques n'y aient pas combattu seuls. Je ne sais guère d'esprit un peu libre qui n'ait revendiqué la liberté de l'enseignement. « En établissant le principe que l'Etat seul enseigne, et qu'un homme ne peut communiquer oralement sa pensée aux autres à moins de se constituer le salarié de l'Etat, écrit Renan en 1858, le parti libéral a fondé un énorme instrument de tyrannie qui fera courir les plus grands dangers à la civilisation moderne. » C'est de cette tyrannie que nous ne voulons pas. Esprits libres, nous revendiquons la liberté d'enseigner. Nous la revendiquons avec les hommes de 1789, de 1791, — avec les législateurs de l'an II, de l'an III, de l'an IV, — avec les libéraux de 1830 qui la proclamèrent, avec les républicains de 1848 qui la réalisèrent, avec tous ceux dont une grande idée a armé le bras, — sans distinction de parti, — au nom de l'inviolable liberté de la conscience humaine.

Henry Bidou.

LA LIBERTÉ D'ENSEIGNEMENT
A L'ETRANGER

RAPPORT DE M. P. DU MAGNY
Avocat à la Cour d'Appel de Lyon

Nous ne nous flattons pas d'embrasser dans une brève revue tous les États civilisés. Un semblable exercice de géographie scolaire paraîtrait moins fastidieux encore qu'inutile. D'une minutieuse enquête de législation comparée il n'y a guère, ce nous semble, à retenir que cette constatation : savoir, que tout législateur qui a touché depuis trente ou quarante ans aux choses de l'Instruction publique, a cru devoir faire, petite ou grande, sa part à l'Enseignement libre. La liberté de l'enseignement a conquis sa place dans le droit public moderne, à côté de la liberté de conscience et de la liberté de la presse. Ceux qui la redoutent la réglementent avec plus ou moins de rigueur et d'hypocrisie ; les plus hostiles n'osent pas la nier.

Il s'en faut bien, en effet, que tous les États lui fassent une égale mesure. Beaucoup voient encore dans l'instruction publique un privilège régalien qu'ils ne partagent qu'à regret avec les associations privées et les particuliers. Ils multiplient, à l'encontre des écoles libres, les exigences d'autorisation préalable, d'inspection et de surveillance, de diplômes. Il serait oiseux de s'arrêter à ces législations, trop fidèles imitatrices de notre système Napoléonien. Classons tout de suite, dans cette catégorie, l'Espagne, le Portugal et l'Italie.

Les mœurs publiques ne se prêtent pas non plus également dans les divers pays à la pratique de la liberté. Dans les jeunes nations, écloses d'hier à la vie nationale, l'iniative privée n'est pas assez développée et elle a trop d'autres champs à cultiver pour s'installer sur le terrain de l'enseignement. L'intérêt social, d'ailleurs, exige là, plus impérieusement qu'ailleurs, une direction commune imprimée d'en haut à la formation des futurs citoyens ; la fusion des races est à ce prix. Telle est la situation faite aux nations d'Orient par les nécessités historiques : Bulgarie, Serbie, Roumanie, Grèce même, où la législation scolaire est d'autant plus abondante qu'à l'Etat seul incombe l'organisation des écoles et des universités, parce que seul il possède les ressources et l'autorité nécessaires pour y subvenir.

Enfin, une dernière raison explique et justifie encore le peu d'importance qui semble accordée à la liberté d'enseignement dans le droit de quelques peuples. Il faut le reconnaître, la liberté d'enseignement n'a longtemps été revendiquée que par des fidèles menacés dans leur conscience religieuse : les catholiques, quand ils se sont jugés lésés par un enseignement d'Etat athée, hétérodoxe ou simplement indifférent ; — les protestants de sectes dissidentes, quand une Église *établie* à voulu leur imposer son symbole et sa doctrine. Mais partout où l'enseignement public a satisfait aux exigences religieuses des populations, celles-ci n'ont pas éprouvé le besoin d'un autre enseignement. L'Allemagne catholique, plusieurs cantons Suisses, ne connaissent ainsi d'autres écoles, d'autres collèges, d'autres facultés que ceux patentés par l'Etat. Si le prêtre ou le pasteur en trouvent les portes largement ouvertes, bien plus, s'ils sont appelés à surveiller et parfois même à diriger l'enseignement qui s'y donne, nul ne songe à réclamer une liberté sans objet. Ou plutôt ne serait-ce pas se laisser prendre à la duperie des mots que prétendre que la liberté d'enseignement soit absente de ce régime ?

Ces considérations déterminent le cadre de cette étude. Nous nous bornerons aux législations vraiment originales de la liberté d'enseignement. C'est-à-dire que nous restreindrons nos observations, d'une part, aux nations anglo-saxonnes chez lesquelles les exigences sociales, les mœurs publiques et les institutions politiques ont à l'envi favorisé le plus complet épanouissement de la liberté qui se puisse rêver ; — et, d'autre part, aux Etats moins différents du nôtre, dont la Belgique peut être choisie comme le type caractéristique, chez lesquels le problème scolaire s'est posé dans des termes identiques à ceux qu'il présentait chez nous et qui nous ont préparé par conséquent, dans les solutions qu'ils ont su formuler, des exemples faciles à comprendre et particulièrement utiles à méditer.

Mais peut-être, avant d'aller plus loin, est-il bon de préciser l'idée que nous nous faisons de la liberté d'enseignement.

Essentiellement, c'est la faculté reconnue à chacun d'enseigner et de se faire enseigner, — et donc, pour quiconque jouit de ses droits civils, la faculté d'ouvrir des cours, des chaires, des écoles, et réciproquement de choisir ses maîtres ou ceux de ses enfants. C'est ce premier degré seulement que l'on peut considérer comme acquis, aujourd'hui, au moins en principe, dans le droit commun des Etats civilisés.

Mais la liberté d'enseignement n'est complète qu'autant qu'à la faculté de se faire instituteur et de choisir son instituteur, vient s'ajouter la faculté d'enseigner et de se faire enseigner ce que l'on veut. C'est la liberté des programmes, complément nécessaire de la liberté des cours et des écoles. — Or, la liberté des programmes appelle encore un corollaire : la liberté de conférer des grades et des diplômes, et si l'Etat donne aux diplômes leur sanction, l'égalité de traitement assurée aux diplômes de l'enseignement libre et à ceux de l'enseignement public. Ce second degré dans la liberté d'enseignement est plus rarement atteint que le premier, et, pour être juste, il faut reconnaître que sa réalisation est vraiment compliquée de sérieuses difficultés.

Enfin le couronnement de la liberté d'enseignement, c'est l'égalité devant l'impôt et devant les subventions reconnues aux élèves et aux établissements de l'enseignement libre et de l'enseignement d'Etat. Egalité faute de laquelle l'enseignement libre est placé par l'Etat dans une situation inférieure, et son indépendance menacée par la moins loyale des concurrences. Ce troisième degré dans la liberté d'enseignement est cependant inconnu de la plupart des législations, j'entends de celles qui proclament le plus généreusement le principe lui-même. Est-ce faute à l'enseignement libre de l'avoir réclamé? Est-ce répugnance instinctive pour les Etats non moins que pour les particuliers, dès qu'il s'agit de choses d'argent, à partager avec autrui? Je ne sais; mais la facilité avec laquelle la question a été résolue par les rares Etats qui s'y ont essayés montre bien qu'il n'y a pas ici de problème irréductible.

I

Liberté d'enseignement chez les nations Anglo-Saxonnes

1° ANGLETERRE

Franchissons le détroit. La transition est brusque, le changement de décor instantané. Nous avons laissé sur notre rive l'Université nationale, avec ses ressorts et sa hiérarchie académiques; — ses facultés patentées, dont les professeurs, fonctionnaires nommés et rétribués par le gouvernement, ont seuls qualité pour décerner à tout jeune Français le certificat néccessaire s'il veut un jour, comme eux, émarger au budget de son pays; — ses lycées, pépinières normales de bacheliers, où les maîtres encore sont des fonctionnaires, les programmes et les méthodes des règlements de l'autorité publique, et dont les collèges libres ne sont qu'une copie — quant à l'enseignement du moins — exactement décalquée; — ses écoles communales, toujours confiées à des instituteurs fonctionnaires, toujours soumises à des méthodes et à des programmes dictés de Paris, et dont les élèves comptent seuls dans les prévisions des budgets locaux ou national; — enfin ce système savant d'inspecteurs de tout ordre et de tout rang, dont les attributions s'étendent jusqu'aux institutions privées, et qui rattachent de degré en degré tous les maîtres et tous les élèves de France au ministre de l'instruction publique, symbole éphémère de cette puissance anonyme, bureaucratique et permanente qui a nom : l'Etat enseignant.

En Angleterre, point d'Etat enseignant. Enseigne qui veut et comme il veut. Chaque établissement est le maître chez lui. Il se procure ses ressources, il choisit ses méthodes, il arrête ses programmes et il confère ses diplômes à sa guise. C'est la liberté sans entraves, sans concurrence et presque sans contrôle. Une certaine confusion en résulte d'abord pour un observateur français. Ces écoles de type si divers échappent à nos classifications géométriques. On ne sait selon quelle commune mesure comparer la qualité de leur éducation. On se demande avec étonnement comment les carrières publiques peuvent se recruter parmi des gens soumis à un enseignement aussi hétérogène et pourvu de diplômes si disparates. Enfin, quelle garantie possède ce peuple de voir toujours satisfait le besoin essentiel aux sociétés civilisées d'un enseignement public accessible à tous, aux pauvres comme aux riches ?

Voyons donc comment les Anglais échappent à ces difficultés, ou plutôt comment ils ne trouvent aucune difficulté dans tous ces points déconcertants pour nos seuls préjugés. Voyons surtout, — c'est là ce qui nous intéresse — comment l'État remplit chez eux sa fonction tutélaire dans l'ordre de l'enseignement, sans se substituer à l'initiative privée et sans léser le droit absolu de la liberté.

C'est surtout à l'égard de l'enseignement populaire, de celui que nous appelons *primaire* en France, que la question s'est posée.

Enseignement primaire

Pendant longtemps l'enseignement primaire avait été abandonné au clergé anglican. De puissantes associations, au cours de ce siècle, avaient multiplié dans les villes et les comtés des écoles qu'elles entretenaient à leurs frais. L'une des plus importantes de ces sociétés, la *National Society*, dont le Comité-directeur a pour président l'archevêque de Cantorbéry, et pour vice-présidents les évêques de Londres, Durham, etc., est demeurée un véritable département de l'Église établie. La *British and Foreign Society* fait au profit des sectes dissidentes ce que la Société Nationale accomplit en faveur de la religion anglicane. Plus tardivement, et dans des proportions plus modestes, les catholiques aussi ont fondé pour leurs enfants quelques écoles. Le caractère commun de tous ces établissements, c'est d'être nettement confessionnels.

Mais ces efforts individuels manquant de lien et d'unité, il arrivait nécessairement que des centres de population échappaient à leur action.

Première intervention de l'État en 1868

C'est en 1868 seulement que l'État se préoccupa de cette situation. Encore la forme qu'il donna à son intervention fut-elle tout d'abord d'une prudence extrême. Il se borna à inscrire à son budget une somme de 25 millions à répartir entre les écoles existantes, en proportion de leurs besoins, et aussi de leurs résultats, puisque des inspecteurs faisaient à cet effet passer des examens aux élèves.

Ce premier pas, que l'on avait beaucoup hésité à franchir, mettait l'Etat anglais sur la voie d'une réforme plus générale.

Bill de 1870

Ce fut l'œuvre du Bill de 1870, voté sur l'initiative de M. Forster, et demeuré la charte de l'enseignement primaire en Angleterre.

Acceptant enfin le programme du parti libéral : mettre l'école à la portée de tous, l'Etat n'eut garde cependant de créer lui-même des écoles.

Bureaux scolaires

Il se borna à organiser dans chaque paroisse un bureau scolaire (School board), conseil local, élu dans les bourgs par les électeurs de la Chambre des Communes et dans les paroisses rurales par les contribuables inscrits pour la taxe des pauvres. Les femmes y furent déclarés électeurs et éligibles.

L'Etat se décharge complètement de son rôle tutélaire sur ces corps élus. C'est eux qu'il investit de l'office de bâtir, d'agrandir ou de réparer les édifices, d'acheter et d'entretenir le matériel scolaire; il leur laisse la nomination des instituteurs et le soin de leurs traitements ; il leur confie enfin la direction complète de l'école qu'ils sont maîtres de déléguer, sous leur responsabilité, à une nouvelle commission à la fois moins nombreuse et plus compétente.

Pour les mettre à même de remplir cette tâche, l'État leur accorde le droit d'acquérir et de posséder; il leur permet de prélever des rétributions sur les élèves, de bénéficier de certaines taxes locales. Il leur donne enfin leur part dans les subventions désormais inscrites définitivement au budget national.

Ce serait méconnaître l'esprit pratique à la fois et traditionnel des Anglais, que de supposer qu'ils aient pu sacrifier à ces nouveaux organismes les écoles déjà existantes. Le bill au contraire reconnut que toutes continueraient de subsister, et qu'il pourrrait toujours s'en fonder de nouvelles. Les bureaux scolaires n'auraient à fonder leurs écoles qu'à défaut d'autres suffisantes dans le district. Ils pourraient s'agréger les écoles libres qui s'y prêteraient et leur conférer le titre et les privilèges des écoles publiques.

Mais ce devait être la conséquence fatale de l'organisation de 1870 : désormais les écoles primaires seraient réparties en deux classes, les écoles publiques et les écoles privées. Et quelles que fussent au début les bonnes intentions du législateur, il deviendrait de plus en plus dificile que les secondes ne fussent peu ou beaucoup sacrifiées aux premières.

Conditions des subventions aux écoles privées

On ne songea point d'abord à disputer les subventions de l'Etat aux écoles privées qui rendaient les mêmes services que les écoles publiques. Mais qui paie contrôle: n'est-ce pas la règle ? On exigea donc des écoles privées qui demanderaient leur part de subvention, qu'elles se soumissent aussi au contrôle des inspecteurs royaux. On exigea autre chose encore.

L'inspection, certes, n'est point gênante, et ce n'est pas cette exigence qui pouvait soulever des difficultés. Outre les conditions générales d'hygiène et de morale, ces inspections portent sur l'enseignement de l'écriture, de la lecture et du calcul, pour s'assurer seulement que ces trois points essentiels sont réellement enseignés ; mais la discipline intérieure, les méthodes, l'instruction religieuse échappent à sa compétence.

Les complications — car il y en eut d'extrêmes — vinrent du fameux principe de neutralité.

Neutralité.

Il ne faut pas perdre de vue les circonstances qui avaient provoqué la réforme de 1870. C'était l'insuffisance reconnue des écoles privées, pour la plupart anglicanes, méthodistes, catholiques,... *sectaires* en un mot, comme disent les Anglais sans attacher à cette expression aucune signification malveillante. Les partisans de la neutralité avaient un prétexte plausible pour demander que l'argent de l'Etat allât précisément à ceux que les ressources des associations religieuses étaient incapables d'atteindre. Ils obtinrent que les nouvelles écoles, les écoles publiques seraient *neutres*, c'est-à-dire également ouvertes aux enfants de toute confession et fermées aux catéchismes et aux formulaires précis d'aucune religion. Ce fut là la « clause de conscience » à laquelle le parti libéral attachait une importance capitale.

Des plaintes assez vives ne tardèrent pas à s'élever contre l'insuffisance de l'enseignement moral et religieux donné dans de pareilles conditions. Une campagne ardente fut menée au *school-board* de Londres par des représentants éminents et respectés de l'Église anglicane. Des catholiques s'y associèrent. Il y eut aux élections de 1894 pour les school boards des réunions tumultueuses et des scènes violentes. Le board de Londres lança une circulaire sur la nature divine et la nature humaine de N.-S. Jésus-Christ, qui dépassait de beaucoup, sans doute, la mesure de vague christianisme tolérée par la clause de conscience. Trois mille instituteurs sur huit mille y répondirent en demandant à être dispensés des leçons d'instruction religieuse.

Il semble que le terrain aurait manqué aux combattants si la liberté des écoles privées avait été plus complètement respectée. Les anglicans et les catholiques, désireux d'un enseignement confessionnel, auraient quitté simplement l'école publique pour l'école privée, sachant que celle-ci pouvait, d'ailleurs, compter sur d'équitables subventions.

Par malheur, les hommes de 1870 avaient voulu porter leur dogme de neutralité dans les écoles privées où il n'avait vraiment que faire. Ils avaient exigé, pour accorder leurs subventions aux écoles libres, que celles-ci non seulement ouvrent leurs portes à l'inspecteur royal — ce qui, nous l'avons vu, était facilement accepté, — mais encore qu'elles bannissent de leurs programmes l'enseignement confessionnel.

Le parti radical aggrava ces mesures par l'esprit avec lequel il les appliqua. Quand enfin la gratuité, conséquence et corollaire de l'obligation, entrèrent récemment dans le système scolaire anglais, la situation des écoles indépendantes parut encore plus menacée. Il sembla qu'en Angleterre, comme chez nous, la question scolaire allait devenir la plus irritante des questions politiques. Le bon sens de la nation et son respect de la vraie liberté eurent raison de cet orage.

Bill de 1897

Un bill de 1897 assura une répartition plus équitable des subventions. Désormais, sous la seule condition de l'inspection, toute école libre peut recevoir des allocations en proportion du nombre de ses élèves, et, outre ces allocations variables et toujours facultatives, les écoles nécessiteuses reçoivent un subside complémentaire de 5 shillings par tête d'élève en moyenne.—Les écoles libres sont de plus autorisées et même encouragées à se syndiquer pour recevoir en bloc la subvention de l'Etat et la répartir ensuite librement entre elles selon leurs besoins. — Si ce n'est point encore l'égalité de traitement absolue entre les écoles des boards et les écoles confessionnelles, parce que, ainsi que le faisaient observer les évêques catholiques au lendemain du vote, les premières continuent à disposer sans contrôle des taxes locales, tandis que les secondes doivent, pour y suppléer, demander des souscriptions volontaires aux classes pauvres elles-mêmes, du moins c'est un progrès sensible vers la justice et l'égalité. On comprend que les catholiques anglais réclament plus et mieux. Déjà les catholiques de France peuvent leur envier ce qu'ils ont obtenu (1).

Si nous avons dû nous étendre un peu longuement sur l'organisation de l'enseignement primaire en Grande-Bretagne, c'est que l'intérêt public qui s'attache à son développement, les questions de neutralité, d'obligation, et de gratuité qu'elle soulève ne permettent pas, on vient de le voir, aux Etats les plus résolument partisans du *self government*, de s'en désintéresser complètement.

Enseignement moyen et supérieur.

Nous avons moins à dire sur l'enseignement supérieur et sur l'enseignement moyen. Là, le principe de liberté règne sans obstacle et sans restriction. Nul besoin d'user à l'égard des récalcitrants du *compelle intrare* ; aucune utilité à faire contribuer tout le monde aux frais d'une éducation supérieure pour quelques pauvres privilégiés. Point d'obligation, mais point aussi de bourses, de subventions ni de budget d'Etat. Que chacun paye les maîtres, les livres et les pensions qu'il veut donner à ses enfants ; car si c'est là un luxe louable, ce n'en est pas moins un luxe ; on sait même si dans les grandes écoles c'est un luxe coûteux.

Fondations.

On retrouve dans cette conception l'esprit aristocratique qui s'allie si bien à l'esprit libéral dans le tempérament britannique.

(1) Voir article de L. de Crousaz-Crétet. *Bulletin de la Société générale d'Education et d'Enseignement,* 15 mai 1897 et 15 mars 1898.

Il ne faudrait pas croire que ce système égoïste ou plutôt individualiste condamne pratiquement à l'ignorance les déshérités de la fortune. Ce danger n'est pas à redouter dans un pays où l'association et la fondation occupent presque tout le champ que l'Etat s'est attribué chez nous. Si l'Etat anglais n'a pas de bourses pour les élèves indigents, les corporations ont des pensions pour les enfants de leurs membres. L'un des premiers collèges d'Angleterre appartient aux tailleurs de Londres. Et de même, si l'Etat ne consacre pas au haut enseignement des crédits sans limites, d'antiques et magnifiques fondations assurent pour des siècles l'existence des merveilleuses Universités et des grands collèges si souvent décrits parmi nous.

Cette floraison des fondations scolaires depuis quatre cents ans et plus est vraiment admirable. Elle assure en réalité à l'Angleterre l'un des plus riches budgets de l'instruction publique dont jouisse aucun peuple civilisé.

Mais il est arrivé que certaines fondations sont, à la longue, devenues sans objet. D'autres étaient soumises à des règles dont l'observation serait aujourd'hui impossible ou nuisible. D'autres, enfin, par l'augmentation de la valeur des biens qui les composent, ont des ressources infiniment supérieures aux services qu'elles rendent.

L'Etat alors est intervenu. Mais avec quelle prudence, avec quel respect à la fois de l'autonomie des établissements eux-mêmes et des intentions certaines ou présumées des fondateurs ; c'est ce qu'il faut marquer pour l'édification d'un auditoire français.

Révision des fondations anciennes en 1869.

Par un acte de 1869, fut créée une Commission spéciale, chargée de faire dans toutes les *écoles dotées* — c'est le terme adopté pour désigner les établissements vivant à l'aide de fondations — une enquête approfondie et pour préparer, lorsqu'il y aurait lieu, des projets d'application nouvelle des dotations devenues inutiles. Ces projets, après des délais suffisants réservés aux recours et oppositions des intéressés, sont soumis au Comité du Conseil privé de l'Education et enfin au Parlement. Sur 1200 fondations, sur lesquelles a porté son enquête, la Commission a présenté 354 projets de réforme, dont 216 ont été sanctionnés par le Parlement. L'Etat, d'après une évaluation sérieuse, n'a pas trouvé moins de 67 millions de revenus à mettre ainsi à la disposition d'une éducation libérale largement ouverte à toutes les classes de la société, sans demander aucune charge aux contribuables. Voilà le fruit d'une liberté séculaire.

Révision des fondations anciennes en 1889, dans le pays de Galles et en Ecosse.

De pareilles révisions des fondations anciennes ont été faites en 1889 dans le pays de Galles et en Ecosse. Toujours ce sont les mêmes précautions, la même sagesse dans l'exécution de ces grandes mesures. Voici, par exemple, la procédure suivie en Ecosse :

Les commissaires ne pouvaient modifier les conditions et les dispositions des fondations que si celles-ci existaient depuis plus de vingt-cinq ans, ou si elles étaient inexécutées, ou enfin si toutes les autorités universitaires s'entendaient avec les fondateurs pour en demander la révision. Les commissaires pouvaient combiner et diviser les capitaux, réglementer à nouveau le patronage des bourses existantes, et même le transférer de tel particulier ou de telle corporation à la Cour universitaire, Conseil suprême de chaque Université. Mais une limite était imposée à leur droit et venait empêcher qu'il ne dégénérât en arbitraire : Les fondateurs, particuliers ou corporations, gardaient la liberté, en présence de cette translation du patronage qu'il s'étaient réservé, de cesser leurs paiements annuels ou périodiques. Et les commissaires devaient respecter absolument les bourses et les dotations fondées par des corporations avec les contributions ou les cotisations obligatoires de leurs membres.

Enfin, il leur fut interdit de diminuer en aucune manière les avantages assurés par les fondateurs aux étudiants pauvres.

Jamais, d'ailleurs, l'immixtion de ces commissaires ne pouvait aboutir à transformer les propriétés privées ou corporatives des fondations universitaires en propriété nationale. Leur œuvre de révision achevée, c'est aux Cours universitaires elles-mêmes qu'ils devaient passer la main et remettre les propriétés qui se seraient alors trouvées sans titulaire.

Le respect de l'autonomie n'est pas moindre au-delà de la Manche que celui de la liberté. Il n'est pas de réforme si hardie qu'il n'inspire et n'empêche de dégénérer en mesure révolutionnaire.

Il faut signaler cependant la tendance du parti radical à attribuer à l'Etat la haute direction sur les études publiques. Lord Salisbury en 1888, lord Cranbook en 1892, ont protesté de la façon la plus significative contre cette orientation nouvelle. Ils ont formellement déclaré que l'Etat n'interviendrait jamais pour soutenir de ses deniers les écoles secondaires. Mais déjà, en 1889, on a cru devoir céder dans le pays de Galles à la pression de circonstances locales très particulières. Une loi y a disposé des fonds du budget pour l'organisation d'un réseau d'écoles secondaires. C'est peut-être un précédent dangereux avec lequel il faudra compter à l'avenir (1).

Programmes

Une liberté aussi absolue de l'enseignement supérieur et moyen, garantie par la liberté la plus complète des fondations, ne laisse pas de place à l'unité des programmes. Chaque école, chaque collège, chaque corporation universitaire est maîtresse du sien. L'identité des besoins suffit cependant à créer une suffisante analogie entre l'enseignement des établissements de même catégorie. Comme nous, les Anglais pratiquent la distinction de l'enseignement classique et de l'enseignement moderne. Le premier est donné dans les écoles anciennes, les *grammar schools* ; le second dans les écoles « moyennes ». Les premières ne sont que l'antichambre des Universités. C'est vers 14 ou 15 ans que les élèves passent de

(1) *Annuaire de législation comparée*, 1890.

l'école au *collège*, c'est à dire à l'Université à laquelle ressortissent les humanités, la rhétorique et la philosophie.

Examens

Si chaque maison est maîtresse de son programme, elle est aussi maîtresse de ses examens. Toutefois, une tendance remarquable, non pas vers l'unité, mais vers la régularité, se manifeste actuellement sur ce point. Pendant longtemps, on s'est contenté des épreuves subies à la fin de chaque année par les élèves devant leurs maîtres ou tout au plus devant des étrangers appelés et choisis par leurs maîtres. On multipliait aussi les concours et les brillantes récompenses. Les prix consistent fréquemment dans des pensions annuelles de 750 à 2.500 francs, qui permettent au lauréat d'aller continuer ses études pendant 4 ou 7 ans à l'Université.

Mais ces procédés d'émulation ne donnent au public aucun moyen de contrôler la valeur intrinsèque des études, un critérium général analogue à notre baccalauréat faisant complètement défaut.

Car il ne faut pas comparer avec le baccalauréat français le *pass degrée*, le diplôme conféré par les Universités à ceux seulement qui ont suivi leurs cours pendant plusieurs années; diplôme auquel ne peuvent prétendre ni les élèves des écoles moyennes, ni ceux même de l'enseignement classique qui quittent vers 16 ou 17 ans les études spéculatives pour une carrière technique.

Aussi la pratique de plus en plus générale consiste à demander la sanction des études secondaires à des juges indépendants de l'établissement lui-même où elles ont été faites. Des corporations spéciales se sont créées à cet effet. Tel le *collège of preceptors*, que l'on peut comparer à notre « Alliance des maisons d'éducation chrétienne ». Ses membres ont eu pour premier objectif d'organiser des examens communs aux élèves des différentes maisons affiliées. Le succès de ces examens a été tel que la clientèle des écoles étrangères y a bientôt afflué.

Mais c'est à l'Université de Londres que l'on doit surtout la généralisation de ce système. L'Université de Londres a été fondée en 1837 dans des circonstances très caractéristiques. Les Universités anglaises, Cambridge et Oxford entre autres, ne conféraient de diplômes qu'aux étudiants inscrits dans leurs *collèges*. Or, un protestantisme jaloux excluait de ces collèges, par diverses exigences, et notamment par celle du serment du *test*, tout étudiant d'une religion dissidente. Quand la liberté de conscience rentra dans les mœurs et dans les lois, il fallut aussi lui faire sa place dans l'enseignement supérieur. C'est pour satisfaire à ce besoin que l'Université de Londres fut constituée sur un plan tout nouveau. Simple collatrice de grades, elle n'a pas de collèges qui lui soient affiliée. Elle admet à ses examens quiconque justifie des connaissances nécessaires, sans s'enquérir où il les a acquises, sans lui demander non plus ni *test* ni profession de foi.

En 1889 seulement, les catholiques Irlandais obtinrent une réforme analogue dans *Queens' University*, qui, tout en conservant ses collèges, dut s'ouvrir désormais aux candidats étrangers, sans acception de religion (1).

Avec le temps, l'Université de Londres a fini par devenir un bureau central d'examens pour toute l'Angleterre. La sévérité reconnue de ses examinateurs, leur impartialité incontestable, ont acquis à ses diplômes une autorité exceptionnelle. Ils ouvrent aujourd'hui de préférence, mais non pas à l'exclusion des autres certificats, une foule de carrières,

Cambridge et Oxford sont entrées elles-mêmes dans ce mouvement. Pour soutenir la concurrence avec les examens de *matriculation* de l'Université londonienne, elles ont organisé, pour les écoles moyennes surtout, des *examens locaux*.

C'est aux municipalités soucieuses de procurer le bénéfice de ces examens aux fils de leurs administrés à en prendre l'initiative. Il leur suffit de constituer un comité et de nommer un secrétaire local qui se mette en rapport avec les autorités

(1) L'Université catholique de Dublin n'a pas encore obtenu la collation des grades.

universitaires. Au jour indiqué, des séries de questions sont envoyées d'Oxford et de Cambridge. Les élèves composent sous la surveillance d'un président délégué par l'Université, puis les compositions sont corrigées par des examinateurs nommés aussi par elle. Comme ont le voit, ces examens ne comportent pas d'oral. Ils sont de deux degrés, correspondant, d'assez loin, à nos certificats d'études primaires et à notre baccalauréat.

Les écoles classiques, les écoles de grammaire avaient longtemps boudé ces examens locaux. Les deux Universités sœurs ont uni leurs efforts pour triompher de ces dédains. Elles ont constitué, en 1873, un jury commun, dont les certificats peuvent dispenser de l'épreuve spéciale d'entrée aux collèges universitaires (1).

Il nous a semblé intéressant, à l'heure où les réformes de l'enseignement secondaire et l'existence du baccalauréat sont chez nous à l'ordre du jour, de retracer l'histoire de cette réforme accomplie en Angleterre depuis 40 ans, en dehors de l'Etat, par l'initiative privée, et sous la seule direction de l'opinion. Mais on se méprendrait sur sa portée réelle, si l'on oubliait la différence essentielle qui continue à distinguer ce régime du nôtre. Au lieu que notre baccalauréat est la clef unique et indispensable sans laquelle on ne peut forcer la porte des carrières libérales, les grades académiques gardent en Angleterre toute la valeur d'une sanction désintéressée. Ils ne sont, on peut le dire, nécessaires à personne.

Examens professionnels.

A l'entrée de chaque carrière existe un examen professionnel. Les emplois civils de l'Etat sont donnés au concours. Un jury spécial, la *Civil service commission* fonctionne à cet effet. Les membres en sont choisis parmi les personnages les plus considérables des Universités; étrangers aux cours des affaires et aux passions de la politique, leur impartialité est au-dessus de tout soupçon.

(1) Voir art. de G. Martin : *Bulletin de la Société Générale d'Education et d'Enseignement*, 17 Avril 1899.

Les chambres de commerce de Londres et de Manchester, l'Institut des banquiers, d'autres corporations encore ont organisé aussi leurs jurys pour les professions commerciales et financières. On peut se présenter à tous ces examens sans justifier d'aucun grade académique.

Les Anglais ont aussi, depuis 1894, leur commission de réforme de l'instruction secondaire, que son rôle d'enquêteur permet de rapprocher de notre commission parlementaire actuelle. Leur commission en est encore à réclamer comme un desideratum l'équivalence des différents diplômes de fin d'études délivrés par les corps universitaires ou tout autre autorité qui aurait fait ses preuves, et la faveur pour ces diplômes de dispenser dans les épreuves professionnelles des matières inscrites aux programmes d'après lesquelles ils auraient été délivrés.

L'examen, d'ailleurs, et même le concours, ne sont pas toujours considérés de l'autre côté du détroit comme une garantie suffisante pour l'exercice de toute professsion. Les Anglais exigent avant tout, de leurs avocats et de leurs médecins, l'expérience de la pratique et les traditions de corps. Le futur avocat doit se faire inscrire à la corporation des hommes de loi, laquelle lui fait suivre des cours spéciaux sanctionnés par un certain nombre d'épreuves. On dit que ces cours ne sont pas très fréquentés, ni ces épreuves très redoutables, mais en revanche l'assiduité aux audiences et le travail dans le cabinet du praticien sont les conditions essentielles de ce stage.

Le futur médecin, chirurgien ou pharmacien a dû longtemps, de même, se faire agréer par une corporation fermée et jalouse de son monopole. Depuis 1858, les études médicales sont organisées et les diplômes délivrés à la fois par les collèges royaux de médecins et de chirurgiens et par les grandes Universités. La possession d'un diplôme régulier donne aujourd'hui le droit d'être inscrit sur l'annuaire médical et d'exercer. Dans tout cela, l'Etat n'intervient pas et nul n'en souffre.

AMÉRIQUE

Les institutions scolaires de la Grande-Bretagne sont communes dans leurs traits essentiels à tous les pays anglo-saxons. Le champ de la liberté n'est pas moins vaste en Amérique.

Enseignement secondaire et supérieur.

Lorsqu'un Etat de l'Union consacre les ressources de son budget à la fondation d'un établissement d'instruction secondaire ou supérieure, il agit alors simplement comme un particulier pourrait le faire. Il crée un organisme autonome dont il assure l'existence, mais dont il ne retient pas pour lui la direction morale. D'ailleurs, les fondations privées ne sont pas moins nombreuses ni moins faciles aux Etats-Unis qu'en Angleterre. Les examens d'Etat, les clefs à toutes serrures, y sont également inconnus. Quiconque enseigne peut délivrer des certificats qui vaudront ce qu'ils pourront, tromperont quelquefois la confiance des naïfs, mais du moins n'engageront jamais envers leurs porteurs le crédit de la société.

Entre certaines Universités et les établissements secondaires voisins, il s'établit parfois des rapports plus ou moins étroits, mais toujours librement consentis. On rencontre ainsi de véritables ressorts universitaires. L'Université de New-York, par exemple, centralise les renseignements sur l'instruction distribuée dans toute l'étendue de l'Etat, et réussit à imprimer autour d'elle une impulsion féconde.

Universités de Québec et de Monréal.

De même au Canada, les deux Universités rivales de Québec et de Monréal, la première catholique et la seconde protestante, se sont partagé les établissements secondaires du Dominion, pour faire subir des examens et décerner des diplômes à leurs élèves. Mais, pas plus que l'Etat n'intervient dans l'enseignement des Universités, celles-ci n'interviennent elles-mêmes dans l'enseignement des collèges. Pourvu que les élèves subissent avec succès leurs examens, elles ne leur demandent pas compte des méthodes et des programmes qu'ils ont suivis [1].

Enseignement primaire

Seul, comme en Angleterre et plus encore peut-être, le domaine de l'instruction primaire est disputé à la liberté.

L'éducation primaire — ou plutôt, car ici le mot vraiment ne convient plus, l'éducation commune, depuis les classes élémentaires jusqu'aux classes supérieures, celle qui s'adresse à tous les enfants de la grande démocratie, — a de tout temps été la préoccupation essentielle des Américains.

Organisé par l'Etat aux Etats-Unis.

Deux siècles et demi se sont écoulés depuis que le peuple de Boston allouait trente acres de terre au premier maître d'école de la jeune colonie, depuis que la législation du Massachussets imposait des amendes de cinq livres aux villes naissantes qui n'établissaient pas d'écoles, et consacrait le produit de ces amendes à la propagation de l'enseignement.

Budget de l'Instruction primaire.

Aujourd'hui un budget de plus de *six cent millions de francs* est alloué aux écoles publiques. Taxes locales des cités et des comtés, taxes d'Etat votées par les différentes législatures, et taxes nationales votées par le Congrès, revenus de concessions territoriales cédées par le gouvernement fédéral, voilà les sources principales de ce budget où les libéralités privées ne comptent que pour la moindre part, en dépit des millions fastueusement distribués par quelques « rois de l'or ».

Quand l'Etat subventionne dans de telles proportions, il ne se contente plus de contrôler, il dirige. Fatalement, l'administration de cet enseignement commun devait être centralisée. Elle l'est effectivement, dans chaque Etat, sous la direction d'un haut fonctionnaire, le surintendant, et des inspecteurs placés sous ses ordres. Le surintendant est assisté d'un conseil élu,

(1) Voir sur les examens des études secondaires devant les universités du Canada, l'étude de M. Lehargou « Enseignement et Liberté », dans la *Revue de l'Enseignement secondaire*, 1er Février 1899.

d'un bureau analogue à ceux des paroisses anglaises, avec cette seule différence que la sphère de son action est beaucoup plus étendue.

Neutralité.

Dans ces écoles d'Etat, la neutralité confessionnelle s'est imposée en dépit du caractère profondément religieux de leurs premiers fondateurs, par la force des choses plutôt que par la volonté des hommes. Car, bien plus encore qu'en Angleterre, les religions sont juxtaposées en Amérique.

On a tenté là aussi de séparer les vérités professées par toutes les Communions chrétiennes des croyances qui les divisent, de retenir seulement les premières, et de donner pour base à la morale un enseignement « chrétien sans être sectaire. » Mais il a fallu reconnaître bientôt que c'était en vérité exclure le Christianisme lui-même.

Premières revendications des catholiques — la neutralité effective.

Les catholiques eurent plus que tous les autres à se plaindre de cette neutralité. La majorité protestante de certains bureaux excella à la changer contre eux en hostilité *déguisée*. Vers 1840, à New-York, sous la direction vigoureuse du grand évêque Hugues, les catholiques réclamèrent et obtinrent la suppression complète dans les écoles d'un enseignement religieux qui blessait leur conscience. Il peut paraître piquant que leur premier effort dans cette querelle ait été d'imposer le respect effectif de la neutralité.

Ecoles privées.

Ils ne devaient pas tarder à juger ce succès insuffisant. Par les livres profanes, en effet, par les leçons les plus simples de l'instituteur, l'hérésie, l'athéisme même et le matérialisme ne rentraient que trop facilement dans les écoles d'où l'on avait espérer les chasser avec les Bibles. L'indifférence absolue, d'ailleurs, n'est-elle pas par elle-même un danger pire que l'erreur pour l'âme de l'enfant? Et sa foi sera-t-elle suffisamment formée par quelques leçons du prêtre données hors de la classe, alors que pendant toute la durée des études scolaires le silence de ses maîtres habituels lui aura laissé croire à la superfluité de la religion ?

Aussi, depuis une vingtaine d'années, les évêques d'Amérique insistent dans leurs conciles pour l'ouverture d'écoles paroissiales libres catholiques. Sur toute la surface de l'Union, ces écoles se multiplient. Mais ce n'est pas assez pour des hommes habitués à répéter sans cesse la revendication de Saint Paul.

Les catholiques revendiquent leur part de subventions

Civis sum! Les catholiques ne peuvent accepter que l'Etat subventionne avec l'argent de tout le monde des écoles dont leur conscience les écarte, et laisse leurs écoles à eux tout entières à leur charge. Ce qu'ils réclament aujourd'hui, ce n'est plus le respect purement négatif de leurs croyances dans les écoles publiques, c'est l'égalité de traitement pour les écoles privées (1).

Arrangement de Mgr Ireland à Faribault et Stilwater

On connaît l'essai de transaction tenté par Mgr Ireland pour les écoles de Faribault et de Stilwater. Il y introduit le programme des écoles neutres pour les matières obligatoires ; il accepte le contrôle de l'Etat sur les études et les classes, sur les instituteurs et les institutrices formés et installés par lui. Il se réserve seulement de disposer du temps laissé libre pour faire donner, dans l'école même, l'enseignement religieux aux élèves. En échange de ces concessions, l'archevêque de Saint-Paul a pu obtenir de l'Etat du Minnesota les subventions qu'il réclamait.

Cet arrangement a provoqué de vives polémiques. Rome, consultée, a répondu : *Tolerari potest.*

(1) La constitution de l'Etat de Louisiane refondue, en 1879, porte encore l'interdiction d'affecter aux écoles religieuses aucune partie des deniers levés pour les écoles publiques de l'Etat. — On retrouve des prohibitions analogues dans la législation de plusieurs Etats.

Voir *Annuaire de la législation comparée*, 1880, p. 832, p. 866.

Ce n'est point encore la solution idéale et définitive du problème, Peut-être est-ce un acheminement vers elle. L'Eglise a fait les premières avances. Si les Etats veulent montrer une égale bonne volonté, l'entente sera bientôt faite (1).

*
* *

CANADA

Le Canada a devancé depuis longtemps les Etats-Unis dans cette voie libérale. La Constitution de 1867 reconnaît d'une manière formelle à tous les citoyens le droit de posséder des écoles primaires particulières à leur culte et subventionnées sur les fonds publics.

Enseignement primaire.

Egalité de traitement aux écoles catholiques et protestantes.

Sous ce régime, catholiques et protestants ont leurs écoles séparées, inspectées par leurs prêtres et leurs ministres. S'il arrive qu'un gouvernement provincial prenne des mesures attentatoires aux droits d'une minorité, la Constitution permet à celle-ci le recours au pouvoir fédéral.

Affaire du Manitoba.

C'est précisément ce qui est arrivé pour la province de Manitoba. En 1890 une législation hostile aux catholiques a décrété la suppression des écoles séparées et la constitution d'écoles publiques. En fait, c'est aux écoles protestantes que le titre d'écoles publiques fut exclusivement décerné. Les fondations appartenant aux catholiques étaient en même temps confisquées et attribuées aux nouvelles écoles officielles. L'enseignement *sectaire* était prohibé par la loi, mais l'enseignement religieux, théoriquement non confessionnel, était maintenu dans les écoles publiques, sous le contrôle d'un conseil pédagogique exclusivement protestant.

(1) Cf. *L'Eglise catholique et la liberté aux Etats-Unis*, par le Vicomte de Meaux.

Voir sur l'affaire des écoles de Faribault, *Le Pape Léon XIII*, par Mgr de T'Serclaes, Ch. XXXII, T. II, p. 249.

On comprend l'indignation des consciences catholiques devant cette lésion outrageante de la justice et du pacte constitutionnel. Le gouvernement d'Otawa laissa pourtant les protestations sans réponse. Les catholiques se pourvurent alors devant les tribunaux pour faire déclarer l'illégalité des lois *Greanway*. Ils furent déboutés en première instance, et le jugement qui méconnaissait leurs droits, un instant réformé par la Cour du Canada, fut confirmé par le Conseil privé d'Angleterre. Mais à la fin, cette dernière juridiction, saisie de nouveau et mieux informée, émit l'avis que les lois incriminées portaient atteinte aux privilèges de la minorité catholique et que le gouvernement fédéral était tenu de remédier à cet abus par les voies parlementaires.

Le ministère d'Ottawa, ouvertement favorable aux protestants, ne sut pas s'exécuter de bonne grâce. Lorsqu'il déposa enfin un projet réparateur, un *remedial order*, qui aurait dispensé à l'avenir les catholiques de contribuer à l'entretien des écoles publiques et leur aurait rendu le droit aux subventions pour leurs propres écoles, il était trop tard. Les élections du Parlement devaient intervenir avant que le projet ait pu être discuté. Le *leader* de la nouvelle majorité, français de race et catholique de religion, mais en coquetterie avec les protestants, M. Laurier, au lieu de reprendre purement et simplement ce projet, lui substitua le sien, d'esprit très différent. Il rendait l'enseignement religieux facultatif dans les écoles publiques : on le donnerait aux enfants, seulement sur la demande expresse des parents, en dehors des heures de classe ; et ce seraient les curés ou leurs délégués qui en seraient chargés, à l'exclusion absolue des instituteurs. Quant aux écoles privées, il n'en était plus question.

Cet arrangement boiteux ne serait qu'une duperie pour les catholiques canadiens. « L'accepter, dit un de leurs évêques, ce serait approuver le système des écoles mixtes et neutres, des écoles sans Dieu... Ce n'est pas une demi-heure d'instruction religieuse accolée à plusieurs heures de classe qui changera la nature de l'école. On a essayé par cette promesse de tromper tout un peuple (1).... »

Léon XIII a fait écho à ces énergiques paroles. Dans une Lettre aux évêques canadiens, il insiste sur « la nécessité d'avoir des maîtres catholiques, des livres de lecture et d'enseignement approuvés par les évêques, et la liberté d'organiser l'école de façon que l'enseignement y soit en plein accord avec la foi catholique ». Et le Pape, après avoir reconnu des intentions louables à la transaction Laurier, affirme cependant que « la loi qu'on a faite dans un but de réparation est défectueuse, imparfaite, insuffisante (2). »

On le voit, au Manitoba comme ailleurs, ce sont les catholiques qui revendiquent la liberté d'enseignement dans son intégrité.

II

Liberté d'enseignement chez les nations Latines

En quittant les nations de race britannique, nous quittons aussi les législations dont la liberté est la base et dans lesquelles le rôle de l'Etat est réduit aux cas exceptionnels.

Dans celles que nous allons désormais parcourir, l'État fait, au contraire, la règle de son intervention. Il a son enseignement, ses maîtres, ses diplômes ; et s'il permet aux maisons libres d'exister à côté des siennes, c'est en tant que rivales ou tout au plus d'auxiliaires.

Nous savons trop les dangers de cette concurrence. Ce qu'il nous importe de connaître, c'est de quelle manière les peuples qui la pratiquent comme nous, et souvent à notre instar, ont essayé de prévenir les conflits, et dans quelle mesure ils y ont réussi.

(1) L. de Crousaz-Crétet : *Bulletin de la Société Générale d'Education et d'Enseignement*, 15 Mai 1897.

(2) Encyclique *Affari vos* du 8 décembre 1897.

BELGIQUE

Nos voisins de Belgique n'ont pas souffert moins profondément que nous de ces rivalités. Ils ont eu, comme nous, à compter avec les passions politiques et antireligieuses. Mais ils ont le mérite d'avoir enfin trouvé une formule de pacification qui peut servir de modèle à ceux qui cherchent encore la leur.

Enseignement primaire

Les luttes les plus vives ont eu lieu sur le terrain de l'enseignement primaire.

Législation maçonnique

Il y a vingt ans, les francs-maçons, parvenus au pouvoir, s'étaient empressés d'enlever la direction des écoles aux communes pour la centraliser entre leurs mains et se livrer à leur aise à cette campagne de laïcisation dont le plus clair résultat devait être d'abaisser en deux ans le chiffre des élèves de l'enseignement officiel, de 597.624 à 337.352. En revanche, les catholiques multiplièrent à leurs frais les écoles privées et trouvèrent mauvais que l'impôt qu'ils payaient fût employé à l'enseignement dont ils ne voulaient pas.

La loi de 1884 restitue à la commune, « organe et représentant immédiat des familles », le service de l'enseignement primaire dont elle porte les charges. Elle lui permet, sous le contrôle des autorités provinciales et du Gouvernement, de supprimer l'école publique lorsqu'il existe une école libre satisfaisante qu'elle doit alors adopter. Ainsi, sans aller directement à l'encontre de la règle de laïcité des écoles publiques, la loi permet cependant aux communes de substituer à l'enseignement laïc l'enseignemement congréganiste. Dans les écoles publiques laïques, elle leur permet encore d'inscrire l'enseignement religieux en tête des programmes d'études. La loi de 1895, allant plus loin dans cette voie, rend cet enseignement obligatoire, avec cette réserve que les parents ont la faculté d'en faire dispenser leurs enfants. C'est la sauvegarde absolue de la liberté de conscience.

Les écoles publiques cependant ne satisfont ni les catholiques intransigeants, ni les fanatiques de la neutralité. Les premiers estiment que c'est trop peu pour leurs enfants d'une leçon de catéchisme reléguée au commencement ou à la fin des classes, extérieure par conséquent à l'éducation générale et trop souvent diluée dans l'enseignement contradictoire de l'instituteur. Ils accusent aussi quelques communes d'exercer à l'égard des parents une pression en vue de leur extorquer des demandes de dispense. De fait, en 1897, 142 écoles et 57.367 enfants restaient étrangers à tout enseignement religieux.

Aussi arrive-t-il ici, ce qui est arrivé aux Etats-Unis dans des circonstances qui n'étaient pas sans analogie : les catholiques réclament que l'Etat, les provinces et les communes, qui consacrent ensemble plus de 26 millions à l'entretien des écoles publiques, veuillent bien partager ce beau denier avec les écoles privées.

L'Etat, à la vérité, accorde déjà des subventions aux écoles libres *adoptées*. Pour être classées dans cette catégorie, il faut d'abord que les écoles libres s'engagent à recevoir gratuitement les enfants pauvres ; qu'elles enseignent les matières obligatoires dans les écoles primaires communales ; qu'elles aient enfin la moitié de leur personnel enseignant pourvu des diplômes ou des certificats d'instituteur primaire. Ces conditions sont des plus sages, mais elles ne sont pas les seules : il faut y ajouter encore la décision de la commune, et la ratification du conseil de la province et du gouvernement. Et c'est ici précisément que l'arbitraire de la majorité ou des pouvoirs publics reprend ses droits. — De plus, si la loi de 1895 statue que les écoles adoptées participeront aux subsides de l'Etat, il n'en est pas de même au point de vue de l'intervention de la province et de la commune. Voilà ce qui justifie les réclamations des catholiques.

L'honorable M. Wœste, catholique lui-même, et des plus respectés, mais peut-être un peu trop intéressé à défendre une loi à laquelle il a collaboré, réprouve cet appel aux deniers publics : « Quand les pouvoirs publics font tout, quand ils paient tout, l'homme finit par se déshabituer de toute action énergique et libre... Croyez-vous, ajoutait-il, que si l'Etat, la province et la commune payaient tout, vos écoles ne rentreraient pas dans le service de l'enseignement public et échapperaient à la direction absolue des pouvoirs publics ? »

Ce sont assurément des considérations dont on peut faire son profit ailleurs qu'en Belgique. Nous doutons cependant qu'elles semblent convaincantes à des gens conscients de leurs droits et confiants dans la liberté (1).

Enseignement secondaire.

Si nous nous élevons à l'enseignement secondaire et à l'enseignement supérieur, nous retrouvons, en Belgique, des collèges libres — laïques ou ecclésiastiques, il n'importe — à côté des athénées royaux, et des Universités libres — Bruxelles était libre-penseuse, Louvain est catholique — à côté des Universités d'Etat. Mais la clientèle de l'enseignement secondaire et de l'enseignement supérieur n'est plus de celles auxquelles on fasse l'aumône, et l'Etat, sans doute pour cette raison, ne subventionne pas les collèges et les Universités libres.

Question des subventions.

On pourrait alors demander pourquoi il paie si bien ceux qu'il reconnaît comme siens, aux frais de ceux-là mêmes, de ceux-là surtout qui n'en profitent pas ? Il s'est trouvé en effet des gens assez épris de la logique pour réclamer jusque dans l'enseignement moyen l'égalité de traitement entre les établissements libres et ceux de l'Etat. La question est posée. L'Etat paraît peu pressé d'y répondre.

Actuellement donc l'enseignement secondaire et supérieur libres ne sont pas mieux traités en Belgique, au point de vue des bourses et des subventions, qu'ils le sont chez nous.

(1) Voir de Crousaz-Crétet : *Bulletin de la Société d'Education et d'Enseignement*, 15 Septembre 1897.

Examens.

Mais au point de vue des diplômes et des examens, leur régime est tout différent.

Jusqu'en 1876, ils ont connu, sous le nom de *graduat*, un baccalauréat assez analogue au nôtre, sanction uniforme des études secondaires, exigé à l'entrée des études universitaires. L'examen était subi, à l'Université, devant un jury mixte. Voulant aller plus loin encore dans le sens libéral, une loi de 1876 abolit le graduat. La conséquence en fut un abaissement déplorable des études. Les Universités, dont l'accès n'était plus défendu par aucune barrière légale, rivalisaient de complaisance, et l'on citait le cas d'un mauvais élève de cinquième, déclaré incapable par ses maîtres de monter en quatrième, qui avait pu franchir les portes de l'Université. Cette fois on avait dépassé le but ; il fallut réagir.

Loi de 1890.

La loi de 1890 ne rétablit pas le *graduat*. Mais elle exige des étudiants qui réclameraient à l'avenir leur inscription dans une Faculté, un certificat d'études secondaires.

Certificats d'études donnés par les professeurs.

Mais au lieu que ce certificat dépende d'un jury universitaire, c'est aux chefs mêmes des établissements secondaires, athénées royaux ou collèges libres, qu'il appartient de le donner à leurs élèves.

Ces certificats doivent justifier de la durée des études, et des matières d'enseignement. Pour avoir le droit de les conférer, il faut et il suffit que les directeurs des établissements libres communiquent à l'État : 1° le programme des cours, pour faire la preuve que toutes les matières exigées par la loi sont enseignées chez eux ; 2° l'horaire de ces cours, pour établir qu'ils consacrent à chacune des matières d'enseignement le temps nécessaire ; et 3° la liste des professeurs, afin de témoigner qu'ils sont suffisamment pourvus de tous les organes d'enseignement.

Les certificats sont homologués ou entérinés par un jury d'Etat, le *jury d'homologation*, qui siège à Bruxelles. Ce jury se compose de deux membres de l'enseignement public et de deux membres de l'enseignement privé. Les deux derniers sont toujours un jésuite et un prêtre séculier attachés à un séminaire ou à un collège diocésain. Tous quatre sont nommés par le gouvernement, ainsi que leur président, un conseiller d'Etat. Leur rôle se borne à constater, d'après le libellé du certificat, que les conditions requises par la loi ont été exactement remplies. — L'homologation, on le voit, dépend en définitive de l'attestation, et l'attestation n'a d'autre garantie que la loyauté et la sincérité de son signataire.

On ne peut imaginer, ce semble, un régime plus libéral. Que si certains certificats sont un peu légèrement accordés, c'est tant pis pour les maisons qui envoient à l'Université des étudiants de qualité inférieure. C'est à la qualité des produits, qu'on me pardonne l'expression, que le public juge les différents établissements, et il ne tarde pas à faire lui-même le triage entre les collègues sérieux et les mauvaises pensions.

Mais il fallait encore permettre l'accès des Universités aux jeunes gens qui font leurs études dans leurs familles ou avec des maîtres particuliers. La loi de 1890 leur offre la ressource de passer un examen devant le jury d'homologation qui leur délivrera lui-même un certificat. Il y a bien, sans doute, quelques élèves des collèges ou des athénées qui, faute d'avoir mérité le certificat de leurs maîtres, profitent de cette voie détournée. Le mal n'est pas grand, et l'on n'évalue pas à plus de dix pour cent le nombre des étudiants entrés par cette porte de côté (1).

Diplômes de l'Enseignement supérieur.

Pour les grades de l'enseignement supérieur, le système des jurys mixtes a longtemps fonctionné. Depuis 1876, chaque Université possède la collation à l'égard de ses élèves. La

(1) Voir *Annuaire de législation comparée*, années 1877, 1882, 1885, 1891 et 1892. — Cf. LEHARGOU : *L'Enseignement chrétien*, 1er Février 1899.

commission d'entérinement des diplômes est composée cette fois non plus de membres de l'enseignement, mais, au contraire, exclusivement de personnes étrangères aux universités tant libres qu'officielles, c'est-à-dire de magistrats et de membres des académies de médecine, des sciences, des lettres et des beaux-arts.

La loi de 1890, à côté des Universités dont elle respecte le droit absolu, a créé des jurys spéciaux, composés de membres des deux enseignements, et seulement présidés par une personne étrangère au corps enseignant. C'est devant ces jurys spéciaux que subissent leurs épreuves les étudiants des différentes facultés isolées qui existent en Belgique et ne possèdent pas la collation des grades réservée aux seules Universités complètes.

Ce n'est donc pas, comme les Anglais et les Américains, dans la liberté des professions libérales que les Belges recherchent la garantie de la liberté de l'enseignement supérieur. Leur conception est analogue à la nôtre; ils ne tiennent pas le diplôme en moindre estime. Mais quand ils font tant que de reconnaître aux Universités libres l'existence, ils savent reconnaître en même temps leurs diplômes. Ils ont le respect de la règle : donner et retenir ne vaut.

Voilà comment et dans quelle large mesure la Belgique tient les promesses de sa Constitution, dont un article, dès 1830, proclamait la liberté de l'enseignement à tous les degrés.

*
* *

PAYS-BAS

Enseignement primaire. — Subventions.

La Constitution des Pays-Bas garantit aussi la liberté de l'enseignement, « sauf la surveillance de l'autorité et, pour ce qui regarde l'instruction secondaire et primaire, sauf les preuves à fournir de la capacité et de la moralité des instituteurs, conformément aux règles établies par la loi. »

Dans l'enseignement primaire, à côté des écoles officielles, entretenues par les communes, nous retrouvons des écoles libres. Pourvu que ces dernières présentent certaines garanties déterminées, elles peuvent recevoir les subventions de la commune et participer, dans la même mesure que les écoles publiques, aux subventions de l'Etat ; lesquelles ne sont, d'ailleurs, pour les unes comme pour les autres, qu'un complément aux ressources ordinaires, un léger supplément ajouté au traitement des instituteurs, par exemple, ou une partie des dépenses d'installation. La députation permanente de la province statue, sauf le droit d'appel au Conseil d'Etat, sur les demandes de subventions formulées par les écoles libres, et vérifie si ces établissements remplissent les conditions voulues. Ces conditions sont : des locaux hygiéniques, des instituteurs pourvus des certificats de moralité et de capacité, et la surveillance des inspecteurs royaux et des bourgmestres qui doivent veiller à ce qu'il ne soit rien enseigné de contraire aux lois ou aux mœurs. Une dernière condition, d'ordre purement juridique, est que l'école soit placée sous la direction d'une société douée de la responsabilité civile.

Enseignement secondaire.

Quant à l'enseignement secondaire, c'est, comme en Belgique, dans l'organisation de l'examen de fin d'études que le respect de la liberté est le plus nettement affirmé.

Jury mixte.

Les élèves des gymnases de l'Etat subissent leurs épreuves devant un jury composé de deux professeurs des Universités de l'Etat, délégués par le gouvernement, du curateur et des professeurs des gymnases. — Les élèves de l'enseignement libre sont interrogés sur le même programme ; mais ils ont le choix entre les jurys ordinaires dont nous venons de décrire l'organisation, et un jury mixte, dont le siège est à La Haye, et qui, sous la présidence d'un haut fonctionnaire universitaire, comprend, à côté des professeurs officiels, des professeurs de gymnases catholiques ou d'autres institutions privées.

Enseignement supérieur.

La garantie du jury mixte n'est pas encore, croyons-nous, accordée aux grades de l'enseignement supérieur. Les étudiants des Universités libres doivent demander leurs diplômes aux professeurs de l'Etat. Un seul établissement indépendant, le vieil *Athenæmm illustre* d'Amsterdam, doit à sa possession d'Etat deux fois centenaire le privilège de conférer lui-même des diplômes équivalents à ceux des Universités officielles.

*
* *

La législation du Brésil mérite encore d'être signalée pour son libéralisme. Un décret de 1879 y édicte la liberté complète de l'enseignement primaire et secondaire dans la capitale et de l'enseignement supérieur dans tout l'empire.

Les certificats d'études secondaires sont également distribués dans les établissements libres et dans les établissements publics.

Les facultés libres, fondées par des associations ou des particuliers, sont reconnues par l'Etat après sept ans d'exercice, si elles ont pu pendant ce temps faire obtenir devant les jurys de l'Etat les grades académiques à quarante de leurs élèves. Dès lors elles ont elles-mêmes la collation des grades. En 1894, notamment, trois facultés libres ont reçu conformément à cette règle la reconnaissance de l'Etat.

L'Etat regarde seulement comme un corollaire nécessaire de l'équivalence qu'il attribue aux diplômes des facultés libres, le droit de leur imposer ses programmes (1).

Mais la proscription des ordres religieux par le gouvernement républicain a singulièrement restreint, en fait, la liberté d'enseignement, l'un des derniers legs du régime impérial au Brésil.

*
* *

Il n'est point nécessaire d'allonger cette liste. On pourrait encore glaner ici et là quelques parcelles de liberté, noter par exemple la faculté distribuée plus ou moins arbitrairement en

Allemagne ou en Norvège à certains établissements privés de conférer des grades à leurs élèves. Mais on ne trouve plus de système vraiment libéral et différent du nôtre. Là même où, comme en Autriche et en Italie, les établissements libres apparaissent le plus nombreux et le plus florissants, l'Etat s'est réservé, par la collation des grades et l'usage exclusif du budget, la part du lion.

En somme, en Europe comme en France, la liberté d'enseignement a encore devant elle un vaste champ à conquérir. Mais la voie est déjà suffisamment jalonnée, les exemples abondent, l'expérience, pour être limitée sur quelques points, n'en semble pas moins concluante. On peut déclarer, sans être téméraire, qu'elle est le couronnement logique et nécessaire de l'œuvre colossale entreprise par la société contemporaine pour développer l'instruction et la mettre à la portée de tous.

Car ce n'est que par la liberté d'enseignement que les peuples modernes, privés de l'Unité religieuse qui simplifiait autrefois tant de problèmes, pourront concilier les exigences de la conscience individuelle avec le progrès si avidement recherché, et si légitime, après tout, de la culture scientifique.

P. du Magny,

Avocat

Licencié ès-lettres, Docteur en droit,

Maître de Conférences à la faculté catholique de droit de Lyon.

(1) *Annuaire de législation comparée*, 1891, p. 908.

L'ENSEIGNEMENT

LE DROIT ET LE DEVOIR DE LA FAMILLE

RAPPORT DE M. JUST GUIGOU

Ancien doyen de la Faculté libre de droit de Marseille.

Messieurs,

En 1885, sur la montagne de Fourvière, les jurisconsultes catholiques, réunis dans leur 10e congrès, ont traité les questions qui font l'objet du congrès actuel ; des travaux dus à des plumes autorisées y ont été produits, notre revue catholique des institutions et du droit, les a publiés dans ses tomes XXV et XXVI. Je signale ces travaux à votre attention, ils sont de nature à faciliter votre œuvre.

Votre congrès, en étudiant à nouveau la question de la liberté d'enseignement, répond à une utilité certaine, à ce besoin de vulgarisation des bonnes idées, qui est incontestable dans l'agitation, la mobilité, l'inconstance des esprits à notre époque. La réclame commerciale, qui ne se lasse jamais pour placer ses produits, nous donne un exemple à suivre ; à côté des fausses idées, tous les jours répandues par la presse et la parole, ne cessons pas, nous aussi, de proclamer et d'affirmer la vérité.

Dans un de ces mémorables discours d'ouverture de nos réunions, notre éminent et regretté président, M. Lucien Brun, posa d'une façon nette, précise et éloquente, les principes de la matière. Ces principes furent ensuite développés par divers congressistes, aux écrits desquels nous avons emprunté tout ce que ce travail pourra vous donner de bon.

I

Deux affirmations absolument contradictoires se produisent en notre matière et amènent fatalement, forcément, des solutions différentes.

L'école révolutionnaire affirme que l'enseignement est une fonction de l'État. Lui seul doit élever l'enfant pour en faire un citoyen, tel que les besoins, l'intérêt de l'État le veulent. Son intelligence, son corps, ses biens, quand il en aura, appartiennent à l'État.

Cette théorie, comme la Révolution elle-même, ne date point de 1789, vous le savez. L'école philosophique, qui a précédé et préparé la Révolution, avait déjà posé en principe que l'État devait être l'instituteur des jeunes générations, pour les arracher à l'influence de l'Église et les soustraire à la puissance paternelle, à l'atavisme familial. Les attaques dirigées par Voltaire et ses émules contre les Jésuites, et les religieux en général, visaient surtout l'enseignement donné par eux et préparaient l'avènement du monopole, revendiqué plus tard au profit de l'État.

En 1763, La Chalotais, procureur général du roi au parlement de Rennes, présentait aux chambres réunies son *Essai de l'éducation nationale*, dans lequel il écrivait :

« Je prétends revendiquer, pour la nation, une éducation qui « ne dépende que de l'État, parce qu'une nation a un droit inaliénable et imprescriptible d'instruire ses membres, etc. »

Cet écrit de La Chalotais, communiqué à Voltaire, recevait son approbation et ses éloges, et, dans sa réponse, il demandait qu'on envoyât sur ses terres les frères ignorantins, pour conduire ses charrues, et au besoin y être attelés.

Les écrits et les discours de la période révolutionnaire sont remplis des mêmes sentiments, des mêmes affirmations.

Condorcet, en 1792, dans un projet de loi soumis à l'Assemblée nationale, écrivait un article ainsi conçu : « L'Assemblée « nationale met tous ceux qui remplissent les fonctions de pro-

« fesseur ou d'instituteur au nombre des fonctionnaires publics. »

Danton, à la Convention nationale (12 décembre 1793), disait : « Il est temps de rétablir ce grand principe, qu'on semble « méconnaître, que les enfants appartiennent à la République, « avant d'appartenir à leurs parents et, expliquant sa pensée, il « montrait le danger de laisser les enfants sous l'influence de « leurs parents, qui pouvaient leur inspirer des sentiments hos- « tiles à la République. »

Robespierre pensait de même : « La patrie seule, dit-il, a le « droit d'élever les enfants ; elle ne peut confier ce dépôt à « l'orgueil des familles, ni aux préjugés des particuliers. »

Grégoire ajoute : « Il faut que l'éducation s'empare de la « génération qui naît, qu'elle aille trouver l'enfant sur le sein « de sa mère, dans les bras de son père. »

Le Bon, plus explicite encore, dit : « Il faut remplacer les « pères et les mères par une éducation commune obligée. »

Je remarque, en passant, la répétition dans ces citations du mot *éducation*, ce n'est pas l'*enseignement* seul dont il s'agit, remarquez-le bien ; le mot *obligé* y est aussi, il deviendra plus tard *obligatoire*.

En 1808 Napoléon, nourri des mêmes principes, crée l'Université à laquelle il donne le monopole de l'enseignement. Il destine cette institution d'État à façonner dans un moule uniforme l'esprit des jeunes générations en attendant que le recrutement, s'emparant de tous les adultes de la nation, confie à la caserne le soin de continuer cette œuvre. Son insatiable ambition trouvera alors mise en état cette chair à canon qui arrosera de son sang tous les champs de bataille d'Europe et d'Egypte, pour donner à son orgueil la satisfaction de ces immenses et éphémères conquêtes qui devaient, après Waterloo, laisser la France ruinée et l'Empereur déchu prisonnier à Sainte-Hélène.

La Restauration ne sut pas ou crut ne pas pouvoir s'affranchir des idées qui avaient envahi presque tous les esprits sous les régimes antérieurs ; elle ne voulut point détruire l'Université, elle chercha à la transformer, elle n'y réussit point et fut victime de son erreur. La révolution de 1830, survenue au lendemain de la glorieuse prise d'Alger, fut en effet la revanche, contre la monarchie, des opinions les plus diverses, républicaines, impériales et libérales, que n'avaient cessé de propager et d'exalter l'enseignement universitaire de 1814 à 1830.

La monarchie de 1830 était impuissante à combattre cet enseignement, par le fait même de son origine; aussi jouit-il durant son existence d'une faveur nouvelle et des lois antilibérales vinrent en fortifier le monopole. Le certificat d'étude exigé des jeunes candidats aux examens porta un rude coup à la liberté et aux droits du père de famille en matière d'enseignement.

Les écrits et les discours officiels de cette époque sont pleins des idées rappelées plus haut, et, si elles sont émises avec une modération apparente, elles ne diffèrent en rien au fond de celles de Danton et de Robespierre.

Le 26 janvier 1884, M. Dupin disait à la Chambre des députés: « L'enseignement est une fonction publique; même quand on « est à la tête d'une institution privée, c'est une fonction qu'on « remplit dans l'intérêt de la société. » La société est certainement intéressée à avoir de bons citoyens instruits et vertueux, mais il ne s'ensuit pas que ce résultat ne puisse être obtenu que par délégation des pouvoirs publics.

M. Cousin disait dans le même ordre d'idées : « L'État a le droit de confier le pouvoir d'enseigner; car enseigner n'est pas un droit naturel, c'est un pouvoir public et social. » Rien de plus clair, la négation du droit du père de famille, l'omnipotence de l'État sont nettement indiquées, l'erreur s'étale ici en pleine lumière et ne peut être formulée d'une façon plus déplorable. Si le père enseigne lui-même ou fait enseigner par un maître de son choix, il agit non comme père, mais comme délégué de l'État. Avouez que c'est trop fort! Aussi la lutte des droits de la famille contre les prétentions de l'État, fut-elle vivement menée pendant cette période par les hommes que nous devons considérer comme nos modèles; citons parmi eux les noms illustres de Montalembert et de Lacordaire.

Après la chute de la monarchie, cette lutte ne se ralentit

point, la loi de 1850 fut une victoire remportée par la vérité sur l'erreur et la première récompense des nobles champions de la liberté d'enseignement. Cette loi n'a cessé d'être, depuis son apparition, battue en brèche par ceux que l'on appelle les libéraux. Pourquoi ce nom? Serait-ce parce qu'ils aiment tellement la liberté qu'ils la veulent tout entière pour eux seuls, sans rien en laisser à leurs adversaires?

La loi de 1875 fut une seconde victoire de la liberté, obtenue avec peine et incomplète encore. Cette loi n'a cessé d'être visée par les républicains de gouvernement et par les autres. J. Ferry et les francs-maçons sont parvenus à en diminuer l'importance et, aujourd'hui encore, on peut constater que son abrogation est poursuivie avec acharnement et sans trêve. Elle était à peine promulguée que Gambetta, dont les brocards sont devenus des formules intangibles pour ses adeptes, niait qu'elle fût une loi de liberté et disait un jour : « En France, la liberté c'est l'État », comme il devait dire plus tard à Valence : « Le cléricalisme, « voilà l'ennemi. » Déjà, il avait dit à la Ferté-sous-Jouarre : « En « matière d'éducation, il faut que la souveraineté nationale soit « seule maîtresse. » Que de mots funestes dans ces lignes! Que d'esprits empoisonnés, d'intelligences dévoyées par ces paroles! Que de ruines à relever pour nous! Tout cela, en effet, se réduit à proclamer la tyrannie de l'État en matière d'enseignement et en toutes matières ne relevant en réalité que de la conscience individuelle.

La façon dont nos gouvernants entendent la neutralité de l'école organisée par eux nous montre le but poursuivi : destruction de la religion, désorganisation de la famille. Le divorce rétabli aidera à atteindre ce but, il le dépassera peut-être, car l'union libre suivra de près. Il est vrai que le mariage devenant alors l'exception, les pères inconnus seront légion, les enfants délaissés seront la masse, et l'État, qui ne peut prétendre à la maternité, exercera la paternité universelle et fera, de tous ces bâtards, des citoyens comme il les veut, sans attaches familiales, sans préjugés, comme on dit, mais peut-être aussi sans beaucoup de dévouement et de vertu, et assurément sans cœur.

Cette année encore, nous sommes témoins de la persistance de nos adversaires qui luttent partout pour rendre plus entière et absolue l'omnipotence de l'État en notre matière. Quand la clientèle des lycées diminue, on crée des bourses à nos frais, on paye les maîtres et les élèves; ce n'est point suffisant encore; on veut interdire l'accès des concours pour les écoles de l'État et pour les fonctions publiques aux élèves des établissements d'enseignement libre; enfin, dans les conseils généraux et autres lieux aussi mal fréquentés, on dénonce les fonctionnaires dont les fils ou même les filles ne sont point élevés dans les écoles de l'État.

Tout cela, Messieurs, est insensé, mais, par cela même, pourra réussir, dans un moment aussi troublé que celui que nous traversons. Nous ne devons pas, cependant, nous en effrayer outre mesure, l'erreur n'a qu'un temps, mais nous devons lutter vigoureusement, nous devons répandre partout la vérité en matière d'enseignement, comme en toute autre matière.

Nous allons essayer d'exposer sommairement, dans la deuxième partie de ce rapport, les principes vrais sur le droit d'enseignement.

II

En opposition à l'affirmation révolutionnaire du droit de l'État, de son omnipotence en matière d'enseignement s'élève l'affirmation contraire des droits du père de famille.

Nous pensons avec tous les catholiques, avec tous les amis de la vraie liberté, avec tous les hommes respectueux des traditions et des enseignements de l'histoire, depuis les premiers jours de la création jusqu'à nos jours, que le père de famille ou celui qui a la puissance paternelle, a seul le droit et la charge de l'éducation des enfants appartenant à la famille; et nous comprenons dans le devoir et le droit d'*éducation* le droit et le devoir d'*enseignement* tout entier que nous ne saurions en distraire; nous dirons plus loin pourquoi.

Ce droit est inhérent à la puissance paternelle et fait partie de la mission divine donnée au premier homme. Dieu a créé l'homme et l'a instruit de tout ce qu'il avait besoin de savoir, dès le jour de son existence, pour assurer sa vie, satisfaire ses besoins, et parer à toutes les éventualités qui pouvaient survenir. Dieu a confié à l'homme la mission de procréer des êtres semblables à lui, de multiplier sa race, et de couvrir la terre de ses descendants, il a reçu implicitement et nécessairement le droit et le devoir d'instruire ses descendants de tout ce que Dieu lui avait appris, de tout ce que la pratique de la vie lui apprendrait encore. Il a dû leur apprendre de qui ils tenaient l'être, la mission donnée par Dieu, le but que l'homme devait se proposer en cette vie, les moyens d'atteindre ce but et aussi quel était le sort réservé à l'homme qui suivrait ou violerait les préceptes de la loi naturelle, déposés par le créateur dans sa conscience. La connaissance des choses de la vie matérielle aussi bien que les principes de la vie morale étaient nécessaires aux générations futures, le père, le chef de la famille devaient en assurer la transmission; de là, la tradition confiée au père seul, chef naturel et religieux, en absence de toute église.

Ce devoir et ce droit du père de famille de donner ou d'assurer l'enseignement de ses descendants est resté intégral, a compris toutes les matières, jusqu'au jour où Dieu a parlé de nouveau par la bouche du Christ donnant à ses disciples cet ordre formel : « Ite et docete. »

Ce jour-là, les préceptes de la religion et toutes les matières qui s'y rattachent ont été confiées à un corps enseignant spécial, à l'Église instituée de Dieu pour être la mère spirituelle du genre humain et conduire l'homme plus sûrement vers ses destinées éternelles. Le père de famille n'a point cependant été exclu de cet enseignement, il doit rester le coadjuteur de l'Église, recevant ses instructions et ses avis et la secondant dans sa mission divine. Nous laissons le soin d'exposer et d'établir le droit de l'Église à celui de nos collègues qui est chargé de cette matière importante.

L'État est apparu sous les formes diverses que les siècles nous montrent, trop longtemps après la puissance paternelle, pour qu'il puisse lui contester le droit à l'enseignement et revendiquer ce droit pour lui seul ; il ne pourrait le faire avec raison que si ses défenseurs établissaient que le monde était plongé dans l'ignorance absolue, lorsqu'il a pris en mains l'éducation des générations nouvelles. La mission donnée par le Christ à son Église a précédé, elle aussi, l'État enseignant de nombreux siècles. De quel droit est-elle contestée par l'État?

Saint Thomas d'Aquin (partie 3ᵉ, q. 41ᵉ, a. 1) résume, en quelques mots, la mission du père de famille et les raisons de son droit. « Nous recevons de nos parents, dit-il, trois dons : l'être, « la nourriture, l'enseignement. » Ces trois termes s'enchaînent, que serait l'être sans la nourriture ultérieure, que seraient l'un et l'autre sans l'enseignement qui apprend à utiliser les deux premiers dons? Ce sont là des titres que l'État doit reconnaître et dont il ne peut montrer l'équivalent.

Le père de famille est plus apte que nul autre à juger ce que demande la situation sociale, de fortune ou de famille de son fils, ce qui est le plus adapté à ses besoins d'avenir. L'État, au contraire, ne voit dans l'enfant qu'un futur soldat, un futur contribuable, un futur électeur. Pour lui l'enseignement, l'éducation, la formation doivent être identiques pour tous, et tous seront mis dans le même moule qu'il leur réserve; les enfants ne sont point des êtres distincts, ce sont des numéros de diverses séries, selon leur âge. Les besoins, l'intérêt de la collectivité, tels que les comprend le gouvernement du moment, seront les seules règles de l'enseignement de l'État. Cet intérêt politique inspirera l'éducateur, le maître, et la vérité ou l'erreur, selon les besoins, seront indifféremment enseignées. L'individu, ses aptitudes, son avenir ne seront nullement considérés.

Le père de famille voudra, au contraire, élever son fils pour lui-même, pour assurer son avenir, pour qu'il discerne la vérité de l'erreur; il resserrera par son éducation les liens de famille, lui inspirera l'amour de la vertu, le nourrira des doctrines que sa prudence et son expérience lui font juger vraies et bonnes; il voudra en faire un fils respectueux, pour qu'il devienne un bon père de famille à son tour, et aussi un bon citoyen. L'État aura tout à gagner à laisser au père le soin d'élever et d'instruire ses enfants.

Une objection nous arrête ici; vous confondez, disent certains de nos adversaires, l'enseignement et l'éducation. L'éducation doit rester aux soins du père et l'enseignement doit revenir à l'État. La religion, la morale sont du domaine de l'éducation; les sciences, les langues, la littérature, l'histoire, etc., du domaine de l'enseignement; il est facile de faire entre le père et l'État la part qui revient à chacun.

Ce raisonnement est erroné et cependant il séduit des esprits justes ordinairement, mais entraînés par faiblesse et par le désir d'apaiser nos adversaires par quelques concessions.

Cormenin, le mordant pamphlétaire, qui, dans ses premiers écrits, frappait si juste et si fort sur le monopole de l'État, se rallia lui-même, en 1847, à l'erreur que nous dénonçons ici. Dans son opuscule *l'Éducation et l'Enseignement dans l'instruction secondaire*, il dit : « Laisser l'éducation aux pères de famille ou « à leurs représentants et l'enseignement à l'État, voilà, si nous « ne nous trompons, le vrai principe de la matière. »

Eh bien, Messieurs, Timon se trompe et se trompe grossièrement : l'éducation et l'enseignement ne peuvent émaner de deux autorités différentes; nous l'avons dit, elles sont intimement unies et non divisibles, voici pourquoi :

L'éducation a pour objet de diriger la volonté, de former le cœur de l'enfant, de régler ses mœurs, de lui donner les règles à suivre dans ses relations de famille et du dehors. L'enseignement développe, orne son esprit, lui apprend à raisonner, à écrire sa langue, lui donne en un mot les notions générales qui font dire de lui que c'est un homme instruit, et aussi les notions particulières qui en feront un historien, un linguiste, un médecin, un philosophe, etc., etc.

Pensez-vous que les deux choses ne soient pas une seule chose en réalité. Voyons, par un rapide examen, si la division est possible. Le père est catholique, il croit donc en Dieu, il veut que son fils rapporte au Créateur la gloire et le bienfait de la création et de sa propre existence; le professeur de l'État lui apprend que le monde n'a pas eu de créateur, que la matière, dans ses évolutions inexpliquées et certes inexplicables, a produit le monde tel que nous le voyons et que l'homme ne relève d'aucune autorité supérieure parce qu'il est le produit de cette même matière incréée qui, par transformation, a produit des êtres animés qui se sont élevés par sélection au degré de perfection de l'animal qui est l'homme de nos jours. Il est donc matière; son âme n'est qu'un mot, elle ne vient point du souffle de Dieu, le mot Dieu est un vain son qui n'a pas de sens. L'homme ne lui doit donc rien, il n'a rien à attendre ni à craindre de lui. Que fera, que croira l'enfant entre l'éducation du père et l'enseignement du maître? De là, contradiction, renversement de l'enseignement paternel. Donc, le système de la séparation est inadmissible.

Le père apprend à son fils la charité envers les malheureux, l'égalité entre les hommes des classes diverses, la pureté des mœurs. Le professeur d'histoire lui montre la république romaine, dominant le monde, attelant à ses chars de triomphe des milliers d'esclaves, qu'elle vend, qu'elle tue, qu'elle laisse mourir de misère ou de la dent des fauves; il lui peint cette société romaine se livrant à tous les débordements des vices de tous genres, faisant mourir les premiers chrétiens dans les tourments, et il peut ne pas ajouter un mot de blâme pour ces monstruosités. Que pensera l'enfant?

Si nous passons à notre histoire nationale. Les croisades, la Réforme, les guerres de religion, Henri IV, l'Édit de Nantes concédé et puis révoqué; Louis XV, Louis XVI, la Révolution, la Terreur, les régimes divers qui se sont succédé depuis; tous ces faits historiques seront appréciés par le professeur : les conclusions qu'il en tirera répondront-elles à celles que le père désire faire accepter par son enfant? Sinon que deviendra l'éducation donnée par le père?

Enfin un mot encore sur l'étude des lettres : pensez-vous que les mœurs, l'éducation n'ait rien à gagner ou à perdre dans cet enseignement, selon la façon dont le maître commentera tel ou tel auteur poète ou prosateur, soit de la Grèce ou de Rome? soit aussi de nos temps modernes?

N'en est-il pas de même, et *à fortiori*, de la médecine, de la philosophie, du droit et de toutes les sciences?

Le père catholique mettra toujours Dieu et l'âme humaine au sommet de son éducation, le maître pourra les nier dans son enseignement, le père dira que la justice fonde le droit : « *Jus a Justicia* ». Le maître dira la loi fonde le droit : « *Jus quod Jussum* » Et qui croira l'enfant?!!

Nous en avons dit assez pour montrer la grossièreté de cette erreur, consistant à vouloir séparer et à croire qu'on peut séparer l'éducation de l'enseignement et les confier l'une au père, l'autre à l'État.

Cette reconnaissance partielle des droits du père de famille, comme toutes les transactions sur les principes, n'est d'ailleurs acceptée que par ceux que nous appellerons les centre-gauche en notre matière, elle est repoussée par nous et aussi par nos adversaires franchement partisans de l'enseignement d'État, de l'enseignement universitaire. Cette distinction entre l'éducation et l'enseignement est repousséé par nos maîtres du jour, ils veulent tout pour l'État seul. Ils acceptent l'opinion intégrale des grands ancêtres : Voltaire, Danton, Robespierre, etc., et des hommes qui ont fait école et font autorité dans notre république actuelle, comme nous l'avons indiqué.

Francisque Sarcey lui-même, qui, en certaines occurrences, prend l'air bonhomme, a écrit dans le *Siècle :* « Il faut tenir « strictement la main à la neutralité de l'école. Pourquoi ? « Parce que là on agit sur la foi même ; ce n'est pas qu'on la « combatte directement, puisque l'essence de la neutralité est « au contraire de s'abstenir de toute attaque ; mais on habitue « les esprits à s'en passer... on les détache par là doucement, « lentement de la foi, c'est l'*essentiel.* » Admirez, Messieurs, cette neutralité : elle ne combat pas la foi, elle la supprime ; elle n'emploie pas les moyens violents, elle l'empoisonne et la fait mourir. Quelle duplicité, quelle fourberie, quelle admirable description de la neutralité scolaire ! Tartufe est dépassé, Sarcey et son école attendent, appellent un nouveau Molière

Rien à ajouter; la démonstration est faite, il ne nous reste qu'à combattre partout et toujours l'enseignement par l'État, car il nie l'autorité du père de famille et cherche à extirper la foi de l'âme de l'enfant ouvertement ou par insinuation.

Du droit qu'a le père de famille d'enseigner ses enfants découle pour lui le droit indiscutable de se faire suppléer dans l'accomplissement de ce devoir, dans l'exercice de ce droit, par telles personnes qu'il jugera dignes de sa confiance. Qui oserait le contester? Ce droit n'est point reconnu au père en raison de sa science, de ses loisirs, de la fixité de sa résidence; il est reconnu et appartient au père peu instruit, très occupé ou voyageant pour ses affaires, marin, diplomate ou militaire, comme à tous les pères, sinon son droit serait nié en réalité. Le père, dans ces diverses situations, ne pourra pas par lui-même instruire, surveiller et élever son fils. Il aura donc recours à des maîtres de son choix; comme il choisit le médecin qui soignera son fils, qu'il ne veut point envoyer à l'hôpital; comme il choisit les domestiques qui lui donnent les soins matériels, de même il choisira les maîtres. Ces maîtres seront ses mandataires, ses suppléants. Il les choisira à son gré, ils pourront être laïques ou religieux, séculiers ou congréganistes, diplômés ou non diplômés; en un mot, son choix fera leur titre et on ne pourra sous aucune forme lui imposer des conditions, sous peine de nier sa liberté et son droit.

Le père est donc bien le vrai maître de son fils, il n'est point le suppléant de l'Etat, comme l'ont écrit quelques auteurs. Lorsqu'il lui convient de confier son fils aux institutions congréganistes, laïques, universitaires, ce sont ces institutions qui le suppléent lui-même.

Du droit du père ainsi établi résulte encore, pour lui, le droit de limiter ou d'étendre le temps d'étude, les matières et la forme de l'enseignement; l'Etat ne peut le forcer à maintenir son enfant à l'école de tel âge à tel âge, ni même à lui donner un minimum d'instruction. Qui, mieux que le père, sait ce qui convient à son enfant, selon le plan de vie, d'avenir qu'il considère comme le meilleur? L'État pourrait-il prétendre qu'il aime plus les enfants que leur père?

Ces dernières considérations nous amènent à noter des faits indéniables et connus de tous. Les partisans de l'enseignement par l'État le sont ou paraissent l'être par des raisons bien diverses. Les uns parce que l'État actuel donne un enseignement qui leur convient. La direction donnée par l'État à son enseignement changerait, deviendrait, par exemple, religieuse ou cléricale, comme ils disent, il réclamerait comme nous la liberté, crieraient plus fort que nous à la tyrannie et retireraient leurs enfants des écoles publiques.

Les autres soutiennent le monopole de l'État, par esprit politique, par intérêt électoral, par désir de jouir des faveurs du gouvernement, d'autres enfin parce qu'ils n'ont pas d'enfants.

Ajoutons que les hypocrites sont très nombreux parmi les partisans du monopole, un grand nombre d'entre eux votent dans un sens dans les réunions publiques à la Chambre ou dans les conseils élus, et envoient ensuite leurs enfants dans des institutions congréganistes, cela est presque général pour les jeunes filles surtout.

Nous vous proposons d'adopter comme conclusion, les deux propositions suivantes que nous empruntons textuellement au remarquable travail lu par le R. P. Dumas au congrès de 1885.

1° « Dans l'ordre naturel, c'est-à-dire en ce qui concerne uni-
« quement les intérêts matériels et moraux de la vie présente,
« procurer à l'enfant l'instruction convenable et choisir celle
« qui semblera le mieux répondre à ses goûts, à son état de for-
« tune, à ses espérances d'avenir, à la position sociale de ses
« parents, est le droit souverain, inviolable et imprescriptible
« du père de famille, à l'exclusion de tout autre. »

2° « Dans l'ordre spirituel, c'est-à-dire en ce qui concerne les
« intérêts de la vie future, en ce qui concerne la foi et les mœurs,
« l'Église a sur l'enseignement, même profane, de tous les
« enfants qu'elle a régénérés par le baptême, une autorité sou-
« veraine et inviolable. »

Nous n'avons pas à développer le rôle de l'Église en notre

matière, c'est l'objet d'un travail particulier, comme nous l'avons indiqué déjà; mais nous avons tenu à exposer nettement notre sentiment sur ce point : nous pensons, en effet, que l'union des deux autorités naturelle et spirituelle formera le concert harmonieux de la grâce et de la nature, qui assurera l'œuvre de l'éducation de l'enfant dans une unité admirable, voulue par le Créateur pour le bien de l'homme et de la société.

Bien que nous contestions absolument le droit de l'État à enseigner, nous ne prétendons pas soutenir qu'il n'a aucun rôle à remplir en cette matière. Nous pensons, au contraire, qu'il peut faire beaucoup pour développer et faciliter l'expansion, la diffusion de l'enseignement. Il doit, en effet, l'encourager, le protéger, l'aider par tous les moyens dont il dispose et qui sont hors de la portée de chaque particulier; il doit ouvrir et entretenir des bibliothèques, des musées de toute nature, des laboratoires, des muséums, des collections; il doit récompenser les élèves qui, par leur zèle ou leur intelligence lui sont signalés par leurs maîtres, il doit honorer et récompenser aussi les maîtres les plus méritants. C'est à lui qu'incombe le soin d'assurer, par une bonne législation, l'essor de l'enseignement.

Cette législation devrait n'encourager, ne tolérer que la vérité et refréner l'erreur ou l'immoralité dans l'enseignement. Mais, hélas! la vérité telle que nous l'entendons ne peut être proclamée, reconnue, que par les jugements de l'Église, et l'État actuel ne veut plus déférer à ses jugements. Son autorité n'est plus reconnue par lui. Ce n'est donc qu'un vœu d'avenir que nous formulons.

Ajoutons encore que l'État ayant besoin de fonctionnaires, de serviteurs possédant des qualités, des aptitudes spéciales, des connaissances techniques, peut avoir, pour former les candidats à ces fonctions, des écoles spéciales, telles que Saint-Cyr, Polytechnique, des Mines, etc.; mais là encore son enseignement devra être respectueux des croyances et des opinions des élèves, auxquels ne seront enseignées que les matières spéciales adaptées au but à atteindre.

DROIT ET ROLE

DE L'ÉGLISE ET DE L'ÉTAT EN MATIÈRE D'ENSEIGNEMENT

LIMITES DU ROLE DE L'ÉTAT
LA LIBERTÉ D'ENSEIGNEMENT — DROIT ABSOLU

RAPPORT DE M. TAUDIÈRE

Professeur à l'Institut catholique de Paris.

« Le droit d'enseigner est-il un droit naturel ou un pouvoir public ? Est-ce un droit naturel, comme la propriété que la loi reconnaît, mais qu'elle ne fait pas ? Ou bien est-ce un pouvoir public que la loi seule peut conférer, comme le pouvoir de plaider pour un autre devant un tribunal ou le pouvoir de rendre la justice. » C'est en ces termes que M. Cousin, le 21 avril 1844, posait la question devant la Chambre des pairs, et pour l'éloquent philosophe la réponse n'était pas douteuse : il reconnaissait à l'État non seulement le droit d'enseigner lui-même, mais aussi celui de donner ou de refuser à autrui la permission d'enseigner. « L'industrie privée, disait-il, ne doit jamais être considérée que comme un accident et par conséquent comme un luxe ; l'État ne doit pas plus se reposer sur les particuliers de l'accomplissement de ses propres devoirs en matière d'instruction que dans toute autre matière d'intérêt public et général. » C'était, en termes modérés mais formels, adhérer à la thèse césarienne qui proclame l'omnipotence de la Cité, de l'État, pour la formation de la jeunesse. Dans la même discussion parlementaire, cependant, le duc Victor de Broglie avait tout autrement défini le rôle pédagogique de l'État : « Le droit d'enseigner, avait-il dit, n'est point en ses mains l'un de ces attributs du pouvoir suprême qui ne souffrent aucun partage. Tout au contraire, en matière d'enseignement, si l'État intervient, ce n'est point à titre de souverain, c'est à titre de protecteur et de guide ; il n'intervient qu'à défaut des familles, il n'intervient que pour suppléer à l'insuffisance des établissements particuliers, pour les remplacer, pour les susciter,... pour les seconder. » Entre ces deux opinions contraires, les représentants de la France finirent par céder à une heureuse inspiration et, pour l'enseignement secondaire, seul en cause à cette époque, adoptèrent la loi libérale du 15 mars 1850 : le monopole de l'État prenait fin ; l'enseignement libre obtenait des garanties vraies et sérieuses, sinon complètes, et il en a largement profité.

Mais voici qu'après 50 ans de ce régime de paix et de liberté, la lutte recommence, le monopole de l'État est revendiqué avec une âpreté et une violence nouvelles, le terrain naguère conquis par nos pères groupés autour de Montalembert et de Mgr Dupanloup est de nouveau disputé et a besoin d'être défendu. Comment expliquer un tel mouvement rétrograde sous un régime se réclamant à chaque heure de la liberté et du progrès? Comment concevoir une tendance à diminuer les établissements d'instruction chez des esprits prétendant faire de la science la maîtresse et la souveraine du monde (1)? Au fond, rien de plus simple : c'est une nouvelle phase de la lutte séculaire entre l'Église et l'État césarien sur le terrain de l'éducation.

Cet antagonisme est relativement moderne. Tant que les peuples demeurèrent chrétiens et que le pouvoir civil ne fut pas enivré de sa puissance, la question ne se posa pas, l'instruction était libre sous la maternelle direction de l'Église et la protection toujours assurée de l'État ; c'était le temps heureux où, suivant l'expression de M. Bonet-Maury (2), « les universités d'Europe formaient comme une grande république des lettres dont le pape était le président ». Mais, à partir du XVIIIe siècle,

(1) GAMBETTA, disc. à la Ferté-sous-Jouarre, 14 juillet 1872.
(2) *Revue des Deux Mondes*, 1er août 1897, p. 663.

l'action enseignante de l'Église est battue en brèche et le lien étroit qui unit tous ses adversaires systématiques, depuis les philosophes et encyclopédistes, dont « la sécularisation nécessaire de l'instruction (1) » est l'idée dominante, jusqu'à MM. Levraud et Rabier signalant l'enseignement libre comme « une arme de combat aux mains de fanatiques ou de sceptiques intéressés », c'est la haine antireligieuse. MM. Henri Martin et Challemel-Lacour ne l'ont-ils pas reconnu dans les travaux préparatoires de la loi de 1875 sur l'enseignement supérieur : s'ils repoussaient le régime de la concurrence, ce n'était pas à raison de son incorrection doctrinale, mais parce qu'il devait profiter à l'enseignement catholique. Très souvent, ceux qui redoutent tant l'autorité ecclésiastique se livrent à merci aux mains du pouvoir civil : pour soustraire l'éducation à la surintendance de l'Église, on a offert la direction à l'État qui n'a eu garde de refuser pareille fonction lui permettant de façonner les citoyens sur un type commun, conforme à ses intérêts politiques et à ses passions. Napoléon fonda l'Université « pour enlever l'éducation aux prêtres ». « Les prêtres ne considèrent ce monde que comme une diligence pour conduire à l'autre. Je veux qu'on remplisse la diligence de bons soldats pour mes armées. » Une pensée sectaire et l'ambition du pouvoir despotique, telles sont les idées mères du monopole de l'État en matière scolaire et ce n'est peut-être pas chose inutile à rappeler en ce temps aux fidèles de la religion et de la liberté.

Quelles ont été au XIXe siècle les diverses étapes de cette lutte entre César, homme ou assemblée, et l'Église sur le terrain de l'enseignement : on vous l'a dit éloquemment. Les droits des consciences religieuses, d'abord méconnus, furent consacrés progressivement par le législateur : 1833, 1850, 1875, trois dates heureuses qui marquent les brèches faites, dans les divers ordres d'enseignement, au régime du monopole. Non que l'État ait jamais complètement désarmé. Au lendemain même de la loi de 1850, le décret du 1er mars 1852 n'est-il pas venu modifier la

(1) Compayré, *Histoire critique des doctrines de l'éducation*, p. 233.

composition du Conseil supérieur de l'instruction publique et transformer en conseil de gouvernement l'assemblée dont le législateur avait voulu faire la représentation de la France tout entière? Le développement des établissements d'instruction secondaire dirigés par des congrégations d'hommes n'a-t-il pas été arrêté en 1860 par une décision arbitraire du Gouvernement? Cependant la fin du siècle nous réservait de plus mauvais jours encore. Depuis 1880, l'enseignement libre à tous les degrés n'en est plus à compter ses ruines et ses deuils. L'enseignement supérieur est mutilé, les écoles primaires sont laïcisées, aujourd'hui le danger menace les maisons d'instruction secondaire. La liberté a profité surtout à l'Église, périsse la liberté si l'Église doit en souffrir; rétablissons donc le monopole de l'État, seul remède efficace contre l'extension de l'influence religieuse. Telle est la thèse hautement proclamée par quelques-uns, dont beaucoup d'autres poursuivent plus discrètement la réalisation dans les faits. Le conflit a pris un caractère aigu; le problème est grave et s'impose aux réflexions de tous. Examinons donc, en pure théorie d'abord, puis en nous plaçant dans les conditions de la société moderne, quel doit être, en matière d'enseignement le rôle respectif de l'Église et de l'État pour en déduire l'attitude à prendre par nous dans la lutte. C'est ce que je vais m'efforcer de faire brièvement.

I

Certes, instruction et éducation ne sont pas deux termes synonymes. L'instruction met des connaissances dans l'esprit; l'éducation élève l'âme, met des habitudes dans tout l'être et prépare à l'action : or l'action est la perfection de la puissance, le but même de la vie. « L'instruction forme des savants, l'éducation fournit des hommes (1) ». L'éducation, c'est le but. L'instruction n'est qu'un moyen. Mais c'est un moyen singulièrement puissant; c'est une partie de l'éducation, la moindre en droit

(1) BONALD.

strict, mais en fait trop souvent la plus influente. Tout enseignement, en effet, doit être éducateur : il est bon sans doute de préparer l'enfant à une carrière spéciale, mais il faut surtout le préparer à la carrière universelle, c'est-à-dire à la vie (1), il faut développer en ce sens ses facultés ; sinon l'œuvre est manquée. En fait aussi tout enseignement influe grandement, en mal ou en bien, sur l'éducation. Et voilà qui justifie l'intérêt capital pris par l'Église aux questions d'instruction : l'éducation de la jeunesse en dépend, c'est-à-dire la formation des hommes de demain. Voilà surtout qui explique son désaccord persistant avec l'État irréligieux et césarien.

Sans doute, la famille est éducatrice de droit divin naturel ; le père est, par nature, le premier instituteur de son fils, tous les autres étant pour lui des auxiliaires qu'il choisit librement à la condition stricte de ne pas donner à l'enfant une éducation mauvaise, nuisible à lui-même et aux autres (2). Mais, pratiquement, surtout dans une société comme la nôtre, le père devra presque toujours faire appel à des tiers, car une certaine science devient moralement nécessaire pour les individus et il sera bien rare qu'il la puisse donner intégralement à ses enfants. N'est-il pas d'ailleurs avantageux pour les jeunes hommes de faire un apprentissage de la vie publique qui, impossible dans la famille, est tout naturellement fourni par l'éducation en commun. Cette aide, indispensable aux parents, leur pourra être donnée par deux sociétés, fort intéressées elles-mêmes à l'œuvre de l'éducation, ayant le moyen d'influer sur elle, l'Église et l'État. Dans quelle mesure et de quel droit chacune y va-t-elle contribuer ?

L'Église, société parfaite, a pour l'éducation une mission et une aptitude surnaturelles. Une aptitude surnaturelle, car elle a et seule elle a la vérité certaine, nécessaire et suffisante en elle-même d'où procèdent toutes les autres ; seule aussi, par la grâce et les sacrements, elle a la puissance de créer les habi-

(1) Stuart Mill, en 1867, discours prononcé à l'ouverture des travaux de l'Université de Saint-André.

(2) Léon XIII, Encycl. *Sapientiæ christianæ* de 1890.

tudes et de former les mœurs; elle a enfin l'autorité souveraine et l'amour surnaturel des hommes, l'infaillibilité et la charité; c'est la mère et la maîtresse du genre humain. Une mission surnaturelle aussi, Jésus-Christ a dit à ses apôtres : « *Euntes docete.* » L'Église ne représente-t-elle pas, d'ailleurs, la fin dernière, terme suprême de l'éducation de l'homme? Ne possède-t-elle pas Jésus-Christ sur le type duquel doit se faire cette éducation ? Directement, elle doit enseigner la foi, la morale chrétienne, et rien de plus, c'est là son domaine propre : « *docentes eos servare omnia quæcumque mandavi vobis* ». Mais, par là-même, aujourd'hui elle a aussi le droit et le devoir de défendre autant que de besoin la foi dans l'âme des baptisés, ses sujets et ses enfants. Dépositaire d'une vérité indéfectible, elle a dans tous les ordres de sciences une certitude indirecte, mais supérieure; elle est qualifiée, comme gardienne de la foi, pour signaler et condamner les erreurs incompatibles avec la vraie doctrine. Loin qu'il y ait là, du reste, pour l'esprit humain dans sa marche une entrave funeste, ce lui est un secours précieux qui le garde contre toute défaillance et l'encourage dans la recherche de la vérité.

L'État, lui aussi, c'est-à-dire le Gouvernement, l'homme ou le groupe d'hommes chargé d'assurer l'unité politique du pays et très distinct de la société positive qu'il représente sans s'identifier avec elle, l'État, dis-je, est grandement intéressé à ce que l'éducation et l'instruction de la jeunesse soient bonnes, saines, favorables au bon ordre et au maintien des grands principes sociaux; cela est d'évidence surtout pour un Gouvernement issu de l'opinion. L'enfant d'aujourd'hui sera le citoyen de demain; la formation intellectuelle et morale qu'il aura reçue aura son contrecoup nécessaire sur les destinées du pays. Dès lors, l'Etat gouvernement a le droit vrai et le devoir de se préoccuper de l'instruction et de l'éducation publiques, de les surveiller à ce point de vue, d'en suppléer les lacunes; son droit de haute inspection est indéniable. Ses ressources financières puissantes lui permettront de rendre en la matière de très grands services. Qu'il mette son influence au service des deux missions éducatrices, celle de la famille et celle de l'Église, qu'il les aide et les favorise, l'éducation et l'instruction seront assurées. — Mais, faut-il aller plus loin et conclure de ces prémisses que l'État a mission pour enseigner, surtout pour enseigner seul? Non, répondrons-nous sans hésiter. L'État n'a pour l'éducation ni mission surnaturelle, cela est évident, ni mission naturelle puisque la sienne est la conservation de l'ordre public et ne touche qu'indirectement l'éducation. Où sont au reste ses aptitudes? Je sais bien qu'à notre époque, de nombreux esprits, constatant la nécessité d'une intervention collective en une foule de matières, ont admis que ce devait être une intervention de l'État. Mais cette conception me paraît dangereuse et funeste : nous souffrons déjà de la centralisation administrative, la centralisation ne serait-elle pas plus insupportable encore en matière économique et surtout appliquée à l'éducation? Supposons même à l'État pleine capacité pour réglementer impérativement les rapports d'ordre privé entre ses administrés ; où trouvera-t-il l'autorité suffisante pour garantir la vérité de son enseignement? Soumis à de perpétuels changements et transformations, comment créera-t-il les habitudes et les mœurs?

Si donc nous nous en tenions aux purs principes, nous pourrions réclamer pour l'Église, non pas un monopole auquel elle n'a jamais prétendu, c'est-à-dire la faculté d'instruire réservée aux seuls ecclésiastiques, mais un droit de surveillance sur tout enseignement donné aux jeunes catholiques pour assurer l'intégrité de leur foi religieuse. Une telle solution, si juste qu'elle soit en théorie, n'est pas pratiquement applicable à une société dont l'esprit chrétien ne forme plus la base et dont les membres ne sont pas tous unis par la même foi religieuse, nous le reconnaissons volontiers. Du moins, comme catholiques et comme citoyens français, nous demandons pour nous comme pour les autres la liberté d'enseignement et nous en avons le droit indiscutable. Qu'on ne nous prête pas le secret espoir de confisquer cette liberté à notre profit si jamais nous arrivions au pouvoir, car nous sommes et resterons les adversaires convaincus de la tyrannie; notre désir est seulement d'amener par la persuasion et l'exemple tout le monde à vouloir en user comme nous, nous prétendons travailler pacifiquement et sans contrainte au développement de la foi dans les âmes. La liberté, une liberté large et franche consacrée par la loi et respectée par l'administration, tel est notre programme, l'objet de nos revendications.

II

Sur le terrain de la liberté, nous sommes, semble-t-il, inattaquables, étant couverts par les principes mêmes du droit public français que nos adversaires déclarent fondamentaux et intangibles. Parler, écrire, enseigner, leur dirons-nous, sont les trois formes essentielles de la manifestation de la pensée; que ne leur assurez-vous à toutes trois le même traitement? Vous consacrez la liberté presque illimitée de la presse parce que, selon vous, la presse a une mission éducatrice; nous ne discutons pas ici la règle et le motif qui vous l'a fait établir, mais pourquoi restreignez-vous la liberté de l'enseignement dont le but est le même? Pourquoi, surtout, prétendez-vous modifier l'état de choses actuel? Aujourd'hui, l'Université, c'est-à-dire l'enseignement officiel, est maîtresse des grades, des examens et des programmes, d'où entre elle et les établissements libres la différence ne porte pas sur l'objet de l'enseignement, fatalement identique dans ses grandes lignes au moins. Il y a seulement concurrence, cette concurrence bienfaisante à laquelle MM. Saint-Marc Girardin et Guizot faisaient appel en 1837, car « sans rivalité, on s'endort. » Cette rivalité, vous la voulez supprimer; arrachant à l'enseignement libre le dernier lambeau de liberté qui lui reste, vous prétendez rétablir le monopole de l'État, au mépris de vos principes mêmes, sans songer davantage aux sacrifices à imposer de ce chef au budget de l'État déjà trop obéré, sans tenir compte des droits acquis ni du caractère oppressif d'une telle mesure à l'égard des consciences. Une telle attitude paraît odieuse et, au premier coup d'œil du moins, inexplicable.

L'explication ne s'en trouverait-elle pas dans ce fait que les établissements officiels diffèrent des établissements libres, sinon, nous l'avons dit, par l'objet, du moins par l'esprit de l'enseignement, chrétien ici, là neutre ou incroyant? L'admettre est d'autant plus permis que les chefs du parti maçonnique insistent sur cette différence et la voudraient accentuer encore en proscrivant toute idée religieuse de l'enseignement de l'État. C'est d'ailleurs le seul motif plausible en faveur du monopole universitaire. On dit bien, il est vrai, avec M. Jules Ferry, que la liberté de l'enseignement a nécessairement pour effet de « créer deux Frances » là où il n'en faut qu'une, ou, avec M. Goblet, que « l'enseignement libre ne peut fournir de bons Français, du moins des Français animés de l'esprit moderne », ou encore que, sous peine de laisser affaiblir et énerver son influence légitime, l'Etat doit prendre en mains la formation de la jeunesse, interdire toute manifestation d'opinions et de doctrines contraires aux siennes. Dût la liberté de quelques-uns en souffrir, elle devrait être sacrifiée à l'intérêt général, à l'intérêt de la vie sociale ! Ces divers arguments nous semblent d'une réfutation facile.

On ne saurait trop s'élever d'abord contre cette idée d'une expropriation pour cause d'utilité publique du droit d'enseigner. Au profit de qui aurait donc lieu cette expropriation ? Au profit de l'État : or l'État, c'est-à-dire le Gouvernement du jour, malgré de belles paroles en faveur du développement de l'instruction, poursuit énergiquement la destruction de l'éducation qui fait les hommes et les libres citoyens. Et pourquoi serait-elle faite ? A raison de l'intérêt de l'État à la bonne instruction publique. Mais les conséquences d'une semblable argumentation sont effroyables; elle conduit tout droit à l'omnipotence reconnue, à la déification du Pouvoir civil. L'État est intéressé à l'agriculture, à l'industrie, au commerce, à la gestion non seulement honnête mais habile des fortunes particulières. Va-t-il donc devenir le maître souverain de tout ce qui l'intéresse, être seul agriculteur, seul industriel, seul négociant, seul gérant de tous les patrimoines privés, seul propriétaire même, les individus étant ses fermiers, ses commis, ses pensionnaires et ses salariés. Pour être chère au socialisme, une telle perspective ne saurait nous séduire; ce serait l'établissement d'un despotisme légal et universel. Et cependant, à aller au fond des choses, cette intrusion oppressive de l'État serait encore moins grave, moins insupportable, dans ces divers ordres d'idées qu'à l'égard de l'éducation. Que l'État ait ses professeurs et leur témoigne une grande confiance, cela se conçoit et nul plus que moi ne rend à ces maîtres un hommage mérité pour leur haute valeur intellectuelle, pour la largeur d'esprit et l'indépendance de caractère dont en général ils font preuve. Mais que l'État, s'attribuant juridiction sur les intelligences et sur les âmes, prétende imposer à tous, maîtres et élèves, une doctrine et une croyance, voilà ce que nous n'admettrons jamais, sûrs de nous trouver d'accord avec tous les esprits libéraux et indépendants. Nous ne voulons pas d'un État père de famille universel, chargé de former les jeunes intelligences, fût-ce en opposition avec la volonté des familles.

Nier que l'enseignement libre puisse donner de bons Français et soit un enseignement national, c'est affirmer que l'esprit chrétien est en soi antinational et antifrançais, qu'on ne peut être à la fois bon Français et bon catholique. Les faits se chargent de répondre. Au jour du danger, la France a vu les élèves des établissements libres accourir à son appel, combattre et mourir au besoin pour elle, sans arrière-pensée personnelle, sans même examiner entre quelles mains ses destinées étaient remises; il ne paraît pas, écrit loyalement M. A. Duruy, que ces jeunes gens « aient fait mauvaise figure à l'ennemi ni fourni beaucoup de chefs à l'émeute ». Si tel a été le passé, tel est encore le présent. Est ce aux catholiques qu'il faut reprocher de saper ou, suivant un triste euphémisme, de « transformer » (1) l'idée de patrie? Est-ce parmi eux que se recrutent les adversaires systématiques de toutes les grandeurs de la France et de ses institutions les plus nécessaires? Assez de déclamations sonores et de vagues accusations : qu'on apporte des preuves ! Les catholiques en France sont des citoyens comme les autres ; si l'on veut leur faire une condition inférieure, qu'on justifie, qu'on

(1) *Rev. des Deux Mondes*, 1870, Les transformations de l'idée de patrie.

explique au moins une telle mesure! Or je mets nos adversaires au défi d'indiquer un établissement d'enseignement quelconque, où, sous l'étiquette catholique, on tende à énerver le sentiment patriotique, voire à combattre la forme constitutionnelle établie. Sans doute entre les jeunes hommes des différences d'opinion subsistent. Croit-on donc les faire disparaître avec le monopole de l'État en matière d'instruction? Pour supprimer ces différences, ou du moins, la chose étant impossible, pour en empêcher les manifestations extérieures, il faudrait au Pouvoir plus qu'une main de fer, il lui faudrait un personnel enseignant servile et ce personnel, je le dis à l'honneur de l'Université, il ne le trouverait pas parmi ses professeurs; il ne suffirait pas d'ailleurs de bâillonner l'enseignement, la liberté des cultes et la liberté de la presse devraient également succomber. Ou bien l'État laisserait pleine liberté à son corps professoral et ce serait le chaos peut-être, mais en aucun cas l'unité de doctrine en religion et en morale. Ou bien il aurait sa propre doctrine qu'il imposerait aux maîtres et aux élèves et ce serait une oppression injuste, une humiliante servitude pour les intelligences. Quoi qu'il fît du reste, l'unification des opinions ne serait pas obtenue, l'enseignement recevant le contrecoup de tous les mouvements du baromètre politique dans ses perpétuelles oscillations entre l'anarchie et le despotisme. Chaque ministre voudrait frapper la jeunesse à l'effigie non de la république, mais de son parti. Le corps professoral regretterait certes alors son indépendance d'antan, qu'il doit, plus qu'il ne le croit peut-être, à l'existence d'établissements libres concurrents. Les patriotes et les fidèles de la liberté s'affligeraient plus encore d'une telle situation. Dans tous les cas, l'unité des esprits ne serait pas assurée.

Il y a deux Frances, c'est vrai, mais la disparition de l'enseignement libre n'empêcherait pas cette dualité et Montalembert opposait déjà les fils des croisés aux fils de Voltaire. Il y a la France sectaire et la France croyante, les adversaires et les partisans de Dieu. En ce sens et en ce sens seulement, on peut constater un désaccord persistant entre l'enseignement libre et l'esprit moderne si l'on veut entendre par ce mot un esprit incroyant, antichrétien; car avec l'esprit libéral, avec l'esprit démocratique, l'enseignement libre et chrétien n'a rien d'incompatible. Oui, il y a deux Frances, et c'est chose triste, j'en conviens; mais qui donc, si ce n'est le Gouvernement dominé par une secte haineuse, s'est employé, depuis vingt ans surtout, à élargir le fossé qui les sépare? Et voici que, pour refaire l'unité morale de la nation, on propose la destruction de l'enseignement libre, l'exclusion de l'esprit religieux! Comme chrétiens et comme Français, nous protestons. Sans doute, nous aussi, tout en restant convaincus que la diversité des opinions est inhérente à la nature humaine, nous souhaiterions ramener l'unité dans les esprits, mais nous y voulons travailler par la persuasion. Nous sommes respectueux de la liberté d'autrui, on doit respecter la nôtre.

III

Il faut défendre la liberté de l'enseignement, non pas seulement comme l'a dit un illustre écrivain, car c'est bien rabaisser le débat, « parce qu'elle est en ce moment le dernier rempart des études classiques (1), » mais pour un motif plus élevé, parce qu'elle constitue pour les pères de famille et les maîtres chrétiens un droit certain, parce qu'aussi il y a là une nécessité pour l'avenir de la France. Tous les principes fondamentaux sont aujourd'hui contestés, battus en brèche; à une jeunesse avide de trouver des remèdes aux maux contre lesquels sa générosité s'indigne, portée par tempérament aux solutions les plus téméraires, il importe plus que jamais de donner des principes solides la protégeant contre les sophismes matérialistes et utilitaires. Les catholiques ont le devoir de veiller au développement intellectuel de ces jeunes hommes, de les confirmer dans la religion qui seule peut fournir la clef de la question sociale. Luttons donc sur le terrain de la liberté sans écouter

(1) BRUNETIÈRE, Les réformes universitaires, *Rev. des Deux Mondes*, 1er février 1896.

les fallacieux appels à une conciliation aussi dangereuse qu'impossible. L'amour de la paix, pour louable qu'il est toujours, ne doit pas entraîner à de regrettables compromissions et l'énergique constance d'un Montalembert souffrirait cruellement à la pensée que certains catholiques feraient, peut-être sans trop de regrets, le sacrifice d'une liberté à laquelle il avait consacré sa vie. On nous parle de pacification ; mais la paix est-elle donc possible entre l'enseignement chrétien et l'enseignement officiel naturaliste sur une autre base acceptable que celle de la liberté ? Certes, il est des croyants parmi les professeurs de l'État, nous souhaitons de tout cœur que leur nombre s'augmente et que l'Université soit reconquise à la foi ; mais, pour le moment, il est incontestable que, pris dans son ensemble, l'enseignement universitaire est naturaliste, que l'idée de formation intellectuelle et morale de la jeunesse y est reléguée au second plan, ce sont les universitaires eux-mêmes qui nous l'apprennent. Et c'est alors que certains esprits, d'ailleurs bien intentionnés, accepteraient avec résignation le monopole de l'enseignement par l'État et proposent un partage ; l'éducation à l'Église, l'instruction à l'Université, tel est leur idéal. Idéal bien pauvre, il faut le reconnaître ! Autant vaudrait presque avouer que l'Église est incapable de donner l'instruction. Idéal dont les conséquences, s'il était ramené en pratique, seraient singulièrement injustes et funestes. Dieu veut l'homme tout entier ; comment donc songer à partager chez les jeunes gens le cœur et l'esprit ? Puis l'éducation confiée à l'Église serait, en fait, la maison de famille où la santé et les mœurs de l'enfance seraient protégées. L'instruction à l'Université, ce serait le collège avec un professeur, qui, revêtu aux yeux des élèves d'une auréole de science, dispenserait le savoir, enseignerait le doute ou se renfermerait dans une neutralité équivalant à une négation. Peut-on croire que les théories tombées d'une bouche aussi autorisée ne porteraient pas leurs fruits, que les idées ne se traduiraient pas en actes ? Presque fatalement, avec une telle méthode, l'enfant devenu homme opposerait la science à la foi et, gonflé de son léger bagage intellectuel, prétendrait abandonner aux femmes et aux ignorants les croyances religieuses, si précieuses pourtant, si fortifiantes, si nécessaires dans la vie. Un tel partage serait un leurre, l'accepter nous déshonorerait.

Non, si lassés que soient les bras, l'heure de déposer les armes n'est pas encore sonnée. Tant que l'enseignement de l'État ne sera pas certainement chrétien, tout catholique reste tenu de combattre pour la liberté de l'enseignement. Cette lutte, c'est pour nous le devoir et l'honneur, car tout recul serait une abdication, une défection honteuse; c'est aussi la victoire assurée, car la vérité peut s'obscurcir, la justice se voiler pour un temps, mais la justice et la vérité ne sauraient mourir. Nos adversaires ne sont forts du reste que de nos défaillances ; la masse des indécis est prête à suivre ceux qui ne se laisseront pas abattre. C'est une question de volonté pour nous. Ah! Messieurs, essayons donc de vouloir, et permettez-moi, pour conclure, de livrer à vos méditations ce cri superbe de Montalembert : « Si vous l'aviez voulu, évêques de France et vous, pères de famille catholiques, il y a longtemps déjà que nous serions libres, et le jour où vous le voudrez sérieusement et énergiquement, nous le serons (1). »

(1) Du devoir des catholiques dans la question de la liberté d'enseignement.

L'ÉDUCATION, ŒUVRE D'AUTORITÉ

RAPPORT DE MONSEIGNEUR DADOLLE

Recteur des Facultés catholiques de Lyon.

MESSIEURS,

L'énoncé du thème sur lequel je viens rapporter a l'air d'une définition : au fait, c'en est une, et c'est pourquoi il faut que je l'explique. Il faut que premièrement, d'un mot, je la justifie, en tant qu'elle diffère de la définition usuelle, qui donne l'éducation pour une œuvre « d'autorité et de respect ».

En écourtant la définition reçue, et en ne retenant que l'autorité comme facteur dans l'œuvre éducatrice, on veut faire entendre une vérité évidente, à savoir que l'autorité qui ne respecte pas — soit qu'elle abuse ou qu'elle abdique — est déchue de la noblesse du nom qu'elle porte. Ce n'est donc pas accuser de pléonasme une formule plus analytique que de venir dire la même chose en moins de mots, et de ramener toute l'éducation à l' « œuvre d'autorité ».

*
* *

L'étymologie l'enseigne, *autorité* signifie certaine fonction et un droit d'auteur.

Comment et en quel sens l'éducateur est auteur, vous l'auriez appris, au besoin, en entendant, ce matin, les belles études qui ont été présentées au Congrès sur le rôle, sur les devoirs et les droits de la famille, de l'Église et de l'État en matière d'éducation.

Quoi qu'on fasse, Messieurs, la philosophie du sujet ne sera jamais poussée beaucoup plus avant qu'elle ne l'a été par Thomas d'Aquin. Le saint docteur envisage l'éducation comme un achèvement, l'achèvement de l'enfant : et, en conséquence, très naturellement, le problème des droits sur cet achèvement se résout pour lui par cette considération simple, qu'il appartient d'achever à celui qui a commencé. Car on ne saurait douter que le commencement et la suite ne soient la même œuvre. C'est à l'auteur de l'ébauche qu'incombe le soin et la charge de la développer : ce qui prouve que le développement est aussi fonction d'auteur et que cette fonction doit être attribuée à l'*autorité*.

Il pourra arriver que des éducateurs qui ne furent pas les auteurs du « commencement » soient appelés à concourir à l' « achèvement », afin d'aider ou de suppléer la famille, impuissante ou empêchée. Ces auxiliaires, en ce cas, entreront dans les travaux de la famille, de laquelle seule ils tiendront mandat. Ils succèdent à son autorité qu'elle leur délègue, et ils font, en ses lieu et place, l'œuvre qu'elle a seule naturellement qualité pour faire, parce qu'elle est auteur.

Voilà pour l'autorité considérée *in actu primo*, antérieurement à tout exercice, et en quelque sorte dans son fondement et sa racine.

Il faut ensuite la considérer agissante et en fonction. Or la source d'où elle coule explique pourquoi elle coule. L'autorité est dans les auteurs immédiats de la vie de l'enfant; elle n'est même nulle part ailleurs, selon le droit naturel, et elle représente la suite indispensable du pouvoir que Dieu leur a donné de transmettre la vie. Si les parents sont investis d'autorité, c'est afin de continuer — ils en ont le devoir — et de parfaire par l'éducation leur première œuvre imparfaite. Il faut *élever* l'enfant : ce mot *élever* a la vertu de tout dire, et bien.

Élever l'enfant, l'amener, comme parle saint Thomas, *ad perfectum statum hominis*, en faire un homme, c'est le but pour lequel existe l'autorité. Peut-être pourrait-on observer ici que la célèbre formule « faire des hommes », prônée à l'envi par les réformateurs des deux mondes, comme le mot d'ordre d'une sorte de renaissance, ou plutôt de révolution pédagogique, cette formule, dis-je, n'est que la traduction élémentaire de l'idée d'éducation. Le moyen âge ne l'a pas ignorée; il est permis de penser qu'il a même su la mettre en pratique.

L'autorité élève l'enfant, et elle fait l'homme.

Si elle le fait, c'est qu'elle le suppose en celui qui la représente.

Il faut être homme pour personnifier l'autorité qui élève, c'est-à-dire qu'il faut avoir atteint le développement normal de tout son être, physique, intellectuel et moral. L'homme, adulte de corps, d'intelligence, de caractère et de cœur, est un fort en regard de l'enfant, dont toutes les puissances, au contraire, sont encore en croissance et en effort. La force de l'homme constitue son autorité, et le don que fait de lui-même l'homme ou l'être fort à l'être faible, l'enfant, c'est l'éducation en acte. Ce fort est capable d'être, pour l'esprit de ce faible, auteur de lumières, pour sa volonté, auteur de vertu, auteur enfin de discipline pour son caractère. Qu'il exerce son autorité par droit naturel, s'il est père, par délégation ou mandat, s'il ne l'est pas : en l'un et l'autre cas, il fera fonction d'*élever*.

Ne vous semble-t-il pas, Messieurs, que la série des propositions que nous venons de rappeler — d'autres les ayant développées avant nous, — établissent surabondamment la thèse générale de l'*éducation, œuvre d'autorité?* C'est aux corollaires de cette doctrine, en raison de leur importance considérable, en raison aussi de l'intérêt d'actualité qu'ils offrent, que j'ai dû réserver la meilleure place dans ce Rapport.

*
* *

De ce que l'éducation est « œuvre d'autorité », il suit d'abord que l'éducateur doit être pourvu des qualités naturelles et acquises qui fondent et assurent l'autorité. Il est *maître*, au grand sens traditionnel de ce mot : ce mot signifie l'homme capable, en élevant l'âme, l'esprit, les sentiments et les pensées, le caractère d'un disciple, de le faire monter jusqu'à lui; car lui-même, pour porter dignement ce beau nom de maître, doit réaliser le plus possible en sa personne, la perfection et l'idéal de sa nature. A ce prix, il est maître et il a autorité.

Ma profonde conviction est qu'on a trop distingué en ces derniers temps — distingué au point de les séparer — entre les éléments dont l'*autorité* se compose : d'une part, la valeur intellectuelle et le savoir, et, d'autre part, la valeur morale et la vie; au savoir, on attribue l'instruction, et à la vie, l'éducation. On va jusqu'à appeler compétence professionnelle le seul savoir, comme s'il pouvait y avoir une profession qui ne consistât qu'à instruire et comme s'il y avait des sujets qui ne fussent que des intelligences !

Ces distinctions peuvent sans doute se faire dans le domaine de l'abstraction; mais si elles sortent de ce domaine et si on les porte dans celui de la réalité, alors elles deviennent un véritable danger.

Qu'il me soit permis d'appeler l'attention du Congrès et de la retenir, un court instant, sur une ou deux formes que le danger que je signale a revêtues récemment et, pour ainsi dire, sous nos yeux.

Je viens d'avoir l'heureuse fortune de parcourir les bonnes feuilles d'un troisième volume de ce pur chef-d'œuvre que M. l'abbé Planus, vicaire général d'Autun, publie sur ce grand sujet : *Le Prêtre*. Je suis allé droit au chapitre, qui traite de l'*Education*, et j'ai trouvé la page que je vais lire : « Que se sont proposé, Messieurs, les vaillants initiateurs de la loi de 1850 ? Qu'ont-ils voulu obtenir ? Une liberté ? Une liberté à laquelle ils prétendaient avoir un droit sacré, et que le gouvernement ne pouvait, sans injustice, leur refuser, refuser aux familles, refuser à des milliers et des milliers de citoyens français ? Sans doute. Ont-ils voulu, dans leur fierté légitime, montrer aux hommes du siècle que, pour être prêtre, on n'était pas un ilote, et qu'on avait de quoi mener à bien l'enseignement de la jeunesse ? Oui encore; et l'événement a justifié le bien-fondé de leurs réclamations. Toutefois le but principal a été d'offrir à la jeunesse chrétienne du pays l'avantage inestimable d'une éducation vraiment religieuse, combinée avec toutes les exigences de l'instruction proprement dite... Nous sommes des prêtres appliqués à l'enseignement avant tout, au-dessus de tout, pour aimer les âmes qui viennent à nous, et pour exercer, envers elles, *sous le couvert de l'instruction que nous leur promettons, que nous leur donnons aussi complète que possible, notre ministère sacerdotal, notre zèle d'apôtres.* »

Donc, Messieurs, l'intention des promoteurs de la loi de 1850 fut de rendre à la jeunesse française le bienfait de l'éducation chrétienne. Et, pour atteindre ce but, ils réclamèrent, ils furent assez heureux pour obtenir la liberté d'enseignement : liberté de droit commun, assurément, mais dont le sacerdoce catholique a été, en pratique, presque seul à faire emploi. Et ainsi, vous le voyez, la fonction d'enseigner, d'instruire, que la loi nous permet, n'était pas le but de la campagne de tribune et de presse, alors si vaillamment conduite; mais elle était, aux yeux des intrépides champions de la cause catholique française, le moyen réputé nécessaire de la fonction d'élever : l'enseignement par l'éducation, tel fut le sens de tant de nobles efforts, dont nous avons depuis cueilli les fruits.

Or, à en croire une jeune école que je me garderai de désigner d'une manière plus explicite, la route prise par nos pères se trouverait d'être fausse. Non, il ne serait pas nécessaire à l'Église en France, ou à la France religieuse, d'avoir la liberté de l'enseignement. D'abord, si cette liberté se suffit, si elle fait ses frais dans l'ordre de l'enseignement secondaire, elle impose, au contraire, des sacrifices énormes pour les deux autres ordres de l'enseignement, primaire et supérieur. Mais surtout, encore une fois, ces sacrifices ne répondraient pas à une nécessité véritable de défense religieuse. L'intérêt religieux ne demande que la liberté d'éducation, laquelle ne suppose point, comme on l'a cru à tort, la liberté de l'enseignement. Que l'école soit, sur toute l'échelle, officielle et d'État : que la culture de l'esprit, par l'enseignement des lettres et des sciences, soit fonction laïque, non point, nécessairement, quant à la personne qui l'exerce, mais quant à l'esprit dans lequel elle s'exercera, et aussi par le caractère de l'État qui la confie et qui la rétribue. A l'Église restera l'âme des disciples, si la famille lui demande qu'elle s'en occupe. A l'Église, par conséquent, revient et suffit l'éducation, par le moyen des catéchismes gradués, des cours de religion, des conférences d'apologétique, des œuvres moralisatrices, telles que patronages, cercles, et toutes autres œuvres semblables.

A l'État l'instruction, à l'Église l'éducation : telle serait la formule des nouvelles aspirations et des sages revendications des temps nouveaux. Ce n'est pas dans l'air seulement, en certains milieux, que l'on trouve le contenu de cette formule ; c'est dans des livres, dans des articles de journaux et revues, dont les auteurs, nous n'en doutons pas, sont personnellement dignes de toute considération.

Si ces soldats combattent pour leurs foyers, tout catholiques qu'ils soient, ce ne sont certainement pas nos autels qui auraient à faire profit de leur victoire.

Il m'a paru que l'occasion, offerte par un congrès de l'enseignement libre, était à souhait pour faire entendre une protestation contre l'une des plus dangereuses utopies. J'appelle utopie la prétention de partager ainsi les rôles entre l'État qui enseigne et l'Église qui fait l'éducation. Les facultés de l'âme humaine ne sont pas ordonnées entre elles comme des compartiments, qui se meublent successivement. Quoi donc ! L'intelligence existe-t-elle à part de la volonté et du cœur ? Peut-on former au bien la volonté libre, sans faire passer par l'esprit les influences dont elle s'informe ? Je ne sais ce que penserait le professeur officiel du rôle qui lui serait dévolu, dans la théorie que j'examine : s'il s'en contentait, il lui faudrait renoncer à porter le nom de maître, car, a-t-on dit heureusement : « L'esprit fait le savant, mais le cœur fait le maître. » Pour nous, maîtres chrétiens, si nous devions ne plus être professeurs, ne plus être chargés de cultiver les intelligences, nous nous sentirions dépouillés du plus efficace moyen que nous ayons *d'élever;* n'étant plus professeurs, nous resterions des éducateurs très amoindris, et éducateurs de quelle clientèle ? Car, très résolument, nous n'acceptons pas, comme normale et correcte, la juxtaposition de l'éducateur au professeur. Dans nos chaires de littérature, d'histoire, de grammaire, de sciences exactes, de philosophie, sans doute nous ne prêchons pas; nous sommes là des professeurs très préoccupés d'instruire, de beaucoup et de bien instruire; mais il arrive aussi à chaque instant que notre foi, comme un feu caché dont on sent le voisinage, se trahit par une remarque, un aperçu, un simple mot, je ne sais quel rayonnement discret de lumière et de chaleur. Chaque objet d'enseignement nous suggère des inspirations, des vues, des idées de l'ordre éducatif, dont profitent nos élèves (1). Et enfin, si nous n'instruisions pas, sommes-nous sûrs que nos collaborateurs, pour la formation de l'enfant, travailleraient dans le même sens que nous-mêmes et que nos efforts d'éducateurs séparés ne seraient pas rendus inutiles par le fait d'un enseignement historique, scientifique, littéraire ou philosophique, en opposition avec les immuables principes de l'éducation chrétienne?

Pour conclure, je déclare que la distinction entre le professeur et l'éducateur est inadmissible dans l'ordre réel. Le premier, si véritablement il se tenait au simple rôle de fournisseur de l'esprit, devrait manquer d'autorité à ses propres yeux; le second, j'en suis sûr, en manquera aux yeux de ses disciples : il essaiera d'atteindre une fin, sans être outillé des moyens convenables, et, probablement, avec la perspective d'avoir à combattre des obstacles là où il devrait, au contraire, trouver des secours.

En ces derniers temps, il s'est créé, dans quelques grands centres de population, des établissements qui représentent, à peu de chose près, le « connubium » de l'Etat qui enseigne et de l'Eglise qui fait l'éducation. Je n'ai pas qualité pour juger de la valeur pédagogique de ces institutions. Cependant ce n'est pas manquer au sentiment de respect ou même d'estime qu'elles peuvent mériter, que de dire : l'idéal est ailleurs. Ces institutions rendent des services à une clientèle spéciale, au profit de

(1) Cf. abbé Planus, *op. cit.*

laquelle je veux croire qu'elles atténuent le mal de l'éducation non confessionnelle. Soit. Mais, dans l'hypothèse, nullement chimérique, d'un conflit d'influences entre les deux forces qui agissent là séparément sur l'enfant ou le jeune homme, je sais bien qu'en définitive la victoire devra appartenir au maître de l'esprit, car c'est l'idée qui gouverne la vie.

Nous féliciterons donc les institutions dont je parle, pour le bien qu'elles veulent faire et pour celui que sans doute elles font. Mais nous prendrons garde que le système éducateur qu'elles incarnent ne vienne à passer aux yeux de l'opinion pour une forme du progrès, quand, en réalité, il ne représente qu'un diminutif du système chrétien.

La vérité et le salut se trouvent là où nos pères les avaient vus, je veux dire dans la liberté d'enseignement, parce que là l'autorité a toute sa force, en ce qu'elle agit sur tout l'enfant.

*
* *

De ce que l'éducation est œuvre d'autorité, ne suivra-t-il pas encore cette autre conséquence que, si quelqu'un est plus indiqué que personne, pour faire, dans le droit commun, cette œuvre, celui-là c'est le mieux pourvu de ce qui donne autorité : le savoir assurément, mais aussi et plus encore la vertu et le caractère : pourquoi donc ne nommerais-je pas, parmi les facteurs de l'autorité, la religion et le sacerdoce ?

Je disais tout à l'heure que nous n'accepterons pas la déchéance à laquelle tâchent de nous condamner, par persuasion, ceux qui nous conseillent de nous installer seulement à la porte de l'école : nous repoussons ce conseil, d'abord parce qu'en le suivant, nous compromettrions gravement et sûrement l'œuvre spéciale de l'éducation, pour laquelle on ne refuse point de nous reconnaître quelque compétence. Ensuite, accepter le poste de la porte de l'école équivaudrait à faire l'aveu que nous manquons de ce qu'il faut pour y entrer. Or, Dieu merci, la preuve d'une telle insuffisance ou d'une telle impuissance est encore à faire.

Mais, d'autre part, à l'école et en vue de l'œuvre totale qui doit s'y accomplir, — œuvre qui ne distingue pas, je le répète, entre l'enseignement et la formation morale, attendu que le sujet de cette œuvre est une vivante unité, l'enfant, — il n'est pas même besoin d'être soi-même un *confessionnel*, il suffit d'être une conscience libre, pour comprendre qu'à l'Ecole la foi sera une force, et le sacerdoce un principe d'autorité. Qu'il demeure loisible à la famille de soumettre ou de soustraire à l'influence de cette force l'enfant qui lui appartient. Mais le législateur, lui, où prendrait-il le droit de décréter que l'*autorité* n'est admise à faire œuvre d'éducation que dans la limite qui exclut la foi et le sacerdoce?

*
* *

J'énoncerai un peu scolastiquement un nouveau corollaire de la définition donnée de l'éducation.

Si celle ci est œuvre d'*autorité*, elle suppose la relation de tout le disciple à tout le maître.

Tout le disciple : encore une fois, ce n'est pas son intelligence, qui n'existe pas séparée : ce sont toutes ses facultés, physiques, intellectuelles, morales et religieuses, à cultiver, fortifier, polir et développer.

Tout le maître : ce n'est pas un esprit qui sait et qui instruit; ce n'est pas non plus quelqu'un qui agit bien et qui donne à ses leçons de conduite l'autorité de ses exemples. *Tout le maître* est une synthèse. Platon a dit avec sagesse qu'il faut aller à la vérité avec l'âme entière : eh bien! c'est de la même sorte que le maître va au disciple, sous peine de faire porter à l'éducation les conséquences d'une autorité amoindrie.

On ne fait du reste rien à fond qu'en mettant dans son action toute son âme.

Et voilà un corollaire qu'il n'a fallu qu'indiquer, de crainte de tomber dans l'homélie, en le développant.

*
* *

Enfin, Messieurs, pour finir ce rapport, je rassurerai ceux à qui notre définition de l'éducation aurait pu donner à penser qu'avec cette définition nous sommes bien... comment dire? « vieille école ».

L'éducation, œuvre d'autorité ! Mais, en effet, l'éducation a été cela dans le passé : son tort aurait même beaucoup consisté à être *cela*... car c'est pourquoi elle n'a développé ni la spontanéité, ni l'énergie individuelle, ni l'esprit d'initiative... elle a fait chez nous... des Latins, tandis qu'ailleurs, opérant avec d'autres méthodes, elle produisait des Anglo-Saxons.

Voilà ce qu'on dit.

Répondons que, parlant ainsi, ce n'est pas à nous qu'on parle. Je ne sache pas un ouvrage écrit sur l'éducation, où ne soient très expressément recommandés le soin et la préoccupation de *faire agir* l'enfant. Nul éducateur, jamais, n'a voulu avoir entre les mains une matière inerte ou molle.

Ecoutez Mgr Dupanloup, un représentant autorisé de la tradition en pédagogie : « L'enfant, dit-il, doit travailler lui-même à la grande œuvre de son éducation, par un concours personnel, par une action libre, spontanée, généreuse...

« Ce concours de l'enfant est si nécessaire qu'aucune éducation ne peut s'en passer, et que nul secours, nulle puissance étrangère, nul instituteur, si habile et si dévoué qu'il soit, n'y suppléera jamais...

« Quoi qu'on fasse, on n'élèvera jamais un enfant sans lui ou malgré lui... Ce que fait l'instituteur est peu de chose ; ce qu'il fait faire est tout : j'entends ce qu'il fait faire librement. »

Est-ce clair? Je veux dire que ceux qui ont tiré du vocabulaire de la pédagogie un petit nombre de mots, tels que spontanéité, initiative, et quelques autres, pour leur donner un relief marqué parmi l'ensemble, qui comprend aussi les termes d'obéissance et de docilité, ceux-là ont plus effacé qu'ils n'ont écrit, et moins inventé qu'ils n'ont oublié.

« En éducation, ce que le maître fait faire au disciple, ce qu'il lui fait vouloir, vouloir et faire librement, cela est tout », dit Mgr Dupanloup.

Retenons cette leçon, et ajoutons qu'au maître, pour faire beaucoup faire à l'enfant, son disciple, il faut beaucoup d'autorité.

L'autorité du maître n'est pas la force qui opprime, mais la vertu qui délivre : elle délivre l'enfant de la servitude des sens, de l'ignorance de l'esprit, des incertitudes de la volonté.

Et c'est pourquoi l'éducation se ramène à une *œuvre d'autorité.*

P. Dadolle.

LA

PRATIQUE LOYALE DE LA LIBERTÉ

L'ÉCOLE GRATUITE ET L'ÉCOLE PAYANTE — DES SUBVENTIONS DES BOURSES COMMENT ELLES DEVRAIENT ÊTRE ACCORDÉES

RAPPORT DE M. AUGUSTE RIVET

Professeur à la Faculté catholique de Droit de Lyon.

Il peut paraître téméraire, à une heure où la liberté d'enseignement si péniblement acquise est de nouveau menacée, de venir demander non pas seulement le *statu quo*, mais quelque chose de plus, c'est-à-dire une reconnaissance plus effective et une pratique plus loyale de cette liberté. Certes, nous n'entendons aucunement jeter des causes d'irritation dans le débat, nous désirons par-dessus tout la paix, mais une paix qui ne soit pas l'écrasement et la servitude. Voilà pourquoi, au risque d'être accusé de nous heurter, par certains côtés, aux lois dites intangibles, nous croyons utile de signaler quelques atteintes graves à la liberté qui se dissimulent sous le couvert de combinaisons budgétaires. Dans cet ordre d'idées, l'application du principe de la gratuité absolue à l'enseignement primaire, la restriction des droits des conseils généraux et municipaux dans l'allocation de subventions, enfin la manière dont aux divers degrés d'enseignement sont allouées les bourses d'études, soulèvent des observations qui doivent retenir l'attention de tous les esprits vraiment libéraux, sans distinction de parti ou de religion.

I

En notre temps, plus peut-être qu'en tout autre, certaines connaissances élémentaires sont devenues presque indispensables à chaque individu pour lui permettre d'assurer son existence par le travail. C'est faire œuvre sociale utile que de lui faciliter les moyens d'acquérir ces notions. Si donc l'initiative privée ne suffit point à créer assez largement ces foyers d'instruction, l'État, sans sortir de son rôle, a qualité pour intervenir. De même, si les ressources pécuniaires manquent aux enfants, l'État devra se préoccuper de leur ouvrir néanmoins la porte des écoles.

Il ne rentre point dans le cadre de ce travail de rechercher quelles sont ces conditions précises dans lesquelles incombe à l'État la mission d'ouvrir des écoles ou de faire donner l'instruction. Notre rôle, beaucoup plus modeste, consistera simplement à examiner l'opportunité et la légitimité des subsides pécuniaires qu'il consacre à l'instruction.

II

Depuis la loi du 16 juin 1881, la gratuité forme l'une des bases de la législation de l'enseignement primaire. Avant cette époque, les enfants indigents étaient seuls exemptés de la rétribution scolaire, grâce à laquelle le budget de l'instruction publique se trouvait allégé de 18 à 20 millions. L'ancien système a été radicalement changé; actuellement, tout enfant, quelle que soit la fortune de ses parents, a le droit d'être reçu gratuitement à la salle d'asile ou à l'école primaire.

Une pareille conception ne peut manquer de séduire à première vue. Rien de plus agréable que de bénéficier d'un service sans avoir à fournir d'équivalent. Le jour où l'on décréterait la gratuité des places de chemin de fer, l'enthousiasme serait grand. Ajoutons que cela répond à merveille au courant des idées modernes : c'est la tendance et l'écueil de toutes les démocraties de tourner toujours les yeux et les bras vers l'État, et de s'écrier presque instinctivement : Dieu État, payez pour nous !

Seulement, cette gratuité générale et absolue qui ne tient aucun compte de la fortune des familles est-elle légitime ?

Il y a une vraie et une fausse gratuité.

La vraie gratuité est celle qui, résultant de dons particuliers ou de fondations privées, ne coûte rien au public et dispense le pauvre de subvenir aux frais de l'instruction de ses enfants. Cette gratuité a toujours été mise en pratique par la charité de l'Église ; on en retrouve la preuve en France, notamment depuis le VIIIe siècle, dans une longue série d'ordonnances épiscopales et de conciles. A cet égard, l'ancien régime a eu le mérite de faciliter largement ce genre de fondation. Dans son rapport à la Constituante, Talleyrand reconnaissait que nos anciennes écoles étaient « ouvertes gratuitement à tout le monde », et dans son rapport de 1843, M. Villemain n'a point dissimulé son admiration pour « un état de choses qui n'était pas un don du gouvernement, mais l'ouvrage des libéralités de plusieurs siècles ». Malgré la disparition regrettable de presque toutes les fondations, la rétribution ne paraît point avoir pesé abusivement sur les familles puisqu'en fait plus de la moitié de celles-ci en était dispensée (1).

Par contre, il est une fausse gratuité, celle qui résultant d'impôts pesant sur tous les citoyens ne diminue en aucune façon les charges de l'État, profite au riche plus qu'au pauvre, et n'a de la générosité que l'apparence. Il y a quelque chose d'étrange à conférer indistinctement à tout individu cette lettre de créance sur le budget, et à lui reconnaître des droits, sans tenir compte de ses besoins ou de ses mérites.

Au point de vue financier, cette gratuité est un leurre ; autrefois, l'indigent ne payait rien pour l'instruction de ses

(1) D'après le rapport de M. Bardoux, ministre de l'instruction publique, inséré au *Journal officiel* du 19 décembre 1878, il y avait en France, en décembre 1876, 2.193.047 enfants bénéficiant de la gratuité dans les écoles publiques sur un total de 3.878.151 enfants.

enfants; aujourd'hui, il supporte sa part des impôts aggravés par les dépenses des écoles publiques. — Au point de vue pédagogique de graves objections peuvent être faites au système; l'enquête faite en 1864, sur les ordres du ministre, Victor Duruy, et plus récemment l'enquête de 1873, ont donné, en ce sens, des résultats caractéristiques et enregistré les critiques de la grande majorité des départements ; moins d'assiduité, moins de travail, moins d'émulation, moins de discipline, déclarent les rapports des inspecteurs. — Insistons sur une considération d'ordre moral; la gratuité reconnue comme un droit habitue les parents à se désintéresser d'un devoir et à se relâcher d'une surveillance obligatoire; elle supprime la satisfaction que ressent le père quand au prix d'un effort il a accompli un grand devoir, et en même temps la reconnaissance qu'éprouve l'enfant pour ceux auxquels il doit tout ce qu'il a appris. L'enfant élevé gratuitement à la salle d'asile et à l'école trouvera tout simple, devenu homme d'envoyer son père mourir à l'hôpital.

Seulement, il faut avoir la franchise de l'avouer ; ces considérations financières ou morales ont peu préoccupé les auteurs de la loi de 1881 ; ils n'ont édicté la gratuité que pour combattre l'enseignement libre qui n'a pas à sa disposition le budget de l'État. A ce titre, la gratuité telle qu'elle a été établie est devenue une arme de guerre contre la liberté de l'enseignement.

III

Le mirage est trop séduisant pour qu'il soit de longtemps possible de revenir à une vision plus exacte. Sous le bénéfice de ces réserves, admettons donc, sans le contester, le principe de la gratuité, et tablons en conséquence sur ces nouvelles données.

L'État, disons-nous, a le droit, d'offrir un enseignement dont le budget partage la charge avec les familles qui en profitent. Soit! mais il n'a pas le droit en puisant des ressources dans un budget alimenté par tous les contribuables, d'en profiter pour imposer son enseignement. A côté de ses écoles dans lesquelles il fait donner un enseignement frappé d'une certaine estampille, d'autres écoles, si elles sont réclamées par les parents, devraient être admises à bénéficier des mêmes ressources. La justice et l'égalité commanderaient que toute école régulièrement établie, sous des conditions de contrôle et d'inspection raisonnablement établies pour prévenir les abus, pût participer aux crédits que le législateur estime utile d'affecter chaque année au service de l'instruction. Si la liberté n'est pas un vain mot, l'indigent qui supporte sa part dans les impôts doit pouvoir trouver les moyens de faire donner à son enfant non pas seulement l'instruction telle que l'État la lui offre, mais telle que la lui procurera telle autre école qui a conquis ses préférences.

L'idée n'aurait point le mérite de la nouveauté : d'autres législations la pratiquent à la satisfaction générale. Ainsi, en Belgique, la loi de 1895 a mis les écoles primaires libres et les écoles officielles sur le même pied au point de vue des subsides de l'État.

En Angleterre, le bill de 1897 admet également les écoles libres à se fédérer entre elles pour participer aux allocations de l'État.

Pourquoi ce système vers lequel tendent de plus en plus les divers États ne ferait-il point l'objet d'une expérience loyale? Cette répartition des ressources du budget entre les diverses écoles au prorata du nombre des élèves constituerait un acte de justice singulièrement pacificateur.

IV

Certes, ce serait là un bouleversement du système sur lequel est aujourd'hui établi notre instruction publique. Au contraire, il est une réclamation dont le bien fondé est tellement évident, qu'on ne peut s'expliquer comment elle peut rencontrer des oppositions.

Un assez grand nombre de conseils municipaux et plusieurs conseils généraux, après avoir rempli envers l'État et ses nouvelles exigences scolaires toutes leurs obligations ont voulu, il y a quelques années, pour répondre aux vœux des populations, inscrire à leurs budgets des allocations pour des écoles libres. Étant donnés les pouvoirs de gestion financière qui leur sont attribués par les lois de 1884 et de 1871, cette opération paraissait d'une légalité rigoureuse; d'autre part la justice y trouvait une satisfaction. Le Conseil d'État s'y est opposé : grâce à une interprétation qui témoigne d'une inventive subtilité, il a décidé que le législateur de 1886 avait implicitement par son silence, refusé aux départements et aux communes le droit de venir en aide d'une manière quelconque aux écoles libres. Ce n'est point ici le lieu de discuter le caractère scientifique de cette jurisprudence (1) : le fait brutal, c'est qu'à l'heure actuelle les communes, maîtresses souveraines de leurs excédents de recettes, peuvent à leur gré subventionner des théâtres, des concerts et des cirques, mais que leur droit est réputé disparaître s'il a la prétention de s'exercer au profit d'une école primaire libre.

Il y a quelque chose d'exorbitant dans cette méconnaissance du droit des communes. Peut-être eût-il été sage, de la part de toutes les municipalités libérales, de persister dans cette revendication; toute atteinte injustifiée à un droit devient un danger pour les autres. Il ne semble point cependant qu'elles aient cherché à déterminer par une vigoureuse résistance un revirement de jurisprudence. C'est sur une question connexe qu'un vaste mouvement d'opinion a commencé à se dessiner. Non contentes d'attirer les enfants par l'attrait de la gratuité, un certain nombre de municipalités ont cherché à peupler leurs écoles par l'appât de secours aux indigents : des secours en vêtements, en fournitures, en aliments furent votés aux enfants nécessiteux, mais déclarés réservés à ceux-là seuls qui seraient inscrits aux écoles publiques. Mieux vaut ne pas qualifier cette manière d'appliquer le budget. Dès 1889, le Conseil municipal de Nantes, puis celui d'Angers protestèrent en décidant que les secours par eux votés seraient répartis aussi bien aux enfants des écoles privées qu'à ceux des écoles publiques. Un arrêt du Conseil d'État du 20 février 1891 dut reconnaître la légalité incontestable

(1) Voir sur ce point notre traité sur *La législation de l'enseignement primaire libre*, p. 224 à 248. Lyon, Vitte, 1891.

de cette disposition. L'exemple ainsi donné a porté des fruits. Sous ce titre « justice-égalité » l'idée est maintenant vigoureusement poussée et gagne tous les jours du terrain. Plus de 500 conseils municipaux paraissent déjà entrés dans cette voie, et ce nombre s'accroît tous les jours. Ce résultat est bon ; mais il faut plus : il est nécessaire que les Conseils municipaux puissent librement accorder des subventions.

Qu'on y songe bien : chaque année le Conseil municipal de Paris vote d'énormes subsides à des écoles, libres, il est vrai, mais athées et maçonniques, qui ont ses sympathies ; il n'a garde de se préoccuper du Conseil d'État, et le Conseil d'État n'a garde d'intervenir. Pourquoi toutes les municipalités libérales n'imiteraient-elles point un exemple venu de si haut ? Le jour où quelques centaines de Conseils municipaux voteront résolument des subventions aux écoles libres, il est fort probable qu'une loi ne sera point jugée nécessaire pour reconnaître la légitimité de pareilles délibérations : le Conseil d'État, dont la jurisprudence suit avec sagacité les fluctuations de l'opinion, sera sans doute le premier à s'apercevoir que le silence de la loi de 1886 n'est point une négation suffisante des droits conférés par les lois de 1871 et 1884.

V

Le régime de l'enseignement secondaire et de l'enseignement supérieur diffère naturellement de celui de l'enseignement primaire. Il est clair qu'il ne saurait plus s'agir d'obligation. Quant à la gratuité, l'imposer eût été une insanité devant laquelle les lois de finances ont reculé ; il y aurait eu, au surplus, disproportion entre le nombre des électeurs à satisfaire et la somme des impôts à faire accepter. L'État a des lycées et les communes des collèges qui émargent largement aux divers budgets, mais les élèves apportent une rétribution scolaire.

Seulement, depuis quelques années surtout, on recourt, pour peupler ces établissements, à une manœuvre qui, en même temps qu'elle obère nos finances, conduit à des conséquences sociales désastreuses : nous voulons parler de la collation abusive des bourses.

En soi, l'institution des bourses est essentiellement légitime : donner aux enfants chez lesquels on a démêlé des aptitudes spéciales le moyen de faire des études dont ils seraient empêchés, par le défaut de fortune, ce peut être chose juste et sage : la société y trouvera quelque jour son intérêt.

Ce n'est donc point le principe lui même qu'il y a lieu de critiquer, mais uniquement l'abus qu'on en peut faire. Or, depuis 1880, le nombre des bourses a pris un développement invraisemblable. Dans son rapport à la Chambre des députés sur le budget de 1897, M. Bouge en a adressé une liste interminable. Il y a des bourses proprement dites ; — puis des bourses d'essai dont la durée est limitée, mais qui peuvent être renouvelées ; — des bourses de mérite dont la durée est égale à celle des études ; — des remises universitaires, dites remises d'ordre créées par la circulaire du 30 juin 1890 ; — des remises dites de principe concédées par la circulaire du 18 mars 1896 aux familles qui ont plusieurs enfants dans les lycées ; — des remises de pure faveur ; — enfin ce qu'on appelle, par un euphémisme curieux, « radiations de créance ». M. Bouge a même eu la franchise d'avouer qu'il n'était point sûr d'avoir épuisé la liste, car, ajoutait-il, « en vérité, on s'y perd. » D'après les déclarations par lui faites à la Chambre le 23 novembre 1896, le nombre des bénéficiaires de ces bourses et *remises* était alors dans les lycées de 8.500 sur 53.000 élèves, et dans les collèges de 12.117 sur 32.000. En d'autres termes, sur 85.000 élèves de l'enseignement secondaire, 20.617 étaient privilégiés. De ce chef la dépense supportée par le seul budget de l'Etat atteignait 3.860.000 francs.

Ces chiffres ne paraissent point avoir sensiblement varié; dans les statistiques actuelles, on tend bien parfois à jouer sur les mots : on affecte de ne tenir compte que des boursiers proprement dits en passant sous silence les *bénéficiaires de remises* ; on ne voit pas non plus figurer dans les données budgétaires trace des remises faites aux externes : ce sont des créances qui s'éteignent en même temps qu'elles naissent, mais ce ne sont point des dettes de bourses mises à la charge de l'Etat. Il faut tenir compte de ces observations essentielles pour lire les statistiques. Sous le bénéfice de ces remarques, il y a lieu de noter que les crédits accordés sur le budget de l'Etat, non compris bien entendu les crédits énormes votés par les départements et les communes, se chiffraient ainsi en 1898 :

Bourses d'enseignement supérieur..........	484.000 francs
Bourses dans les lycées et les collèges.........	3.300.000 —
Bourses d'enseignement primaire supérieur...	776.000 —

soit un total de 4.560.000 francs.

Toutefois ces crédits, si élevés qu'ils soient, sont trouvés notoirement insuffisants par quelques membres de l'extrême gauche. M. Carnaud, auquel le dépôt d'un projet enlevant le droit d'enseigner à toute personne ayant fait vœu de chasteté a obtenu une juste notoriété, s'est fait l'interprète de ces réclamations à la séance de la Chambre des députés du 27 février 1899 :

« Il y a à peine 7 1/2 p. 100 des enfants d'ouvriers admis au « bénéfice des bourses. Je vous propose d'admettre dans vos ly« cées un élève sur cent pris dans vos écoles primaires. Pourriez« vous soutenir que cet élève que vous choisiriez parmi cent « de ses camarades serait indigne de recevoir l'enseignement « secondaire de l'Etat? Ce serait faire injure à ces jeunes in« telligences, aux parents de ces jeunes enfants qui confient à « l'Etat, à la République l'éducation de ce qu'ils ont de plus « cher. Je dis qu'il y a dans chaque classe de vos écoles pri« maires au moins le tiers des enfants qui pourraient suivre « utilement les cours de notre enseignement secondaire. » (Très « bien ! très bien ! à l'extrême gauche.)

A quelles conséquences financières conduirait ce système ? M. Leygues, ministre de l'Instruction publique, n'a point cherché à le dissimuler :

« Avec le projet de M. Carnaud, vous ferez entrer d'un seul « coup 22.000 boursiers dans nos lycées et nos collèges. Où les « logerait-on ? Et même si on les logeait, à quelles carrières se« raient-ils réservés ?

« Ce n'est pas tout. Vous aurez 22.000 élèves garçons de plus

« dans nos établissements secondaires. Mais bientôt il faudra « prendre dans les lycées de filles 22.000 élèves. On vous de- « mandera la même faveur pour elles et vous ne la pourrez pas « refuser.

« 44.000 élèves boursiers ou boursières ! C'est fort bien. « Mais il reste un point à régler. La plupart de ces bourses ne « pourront être que des bourses d'internat. Mettez-les à 500 « francs l'une en moyenne, et calculez le chiffre auquel vous « arrivez ! J'aime mieux ne pas le dire, car il est formidable ! »

Ce calcul est, en effet, singulièrement suggestif. C'est 22 millions qu'il faudrait encore trouver, chaque année, sans parler des sommes accessoires qu'entraînerait la nécessité d'augmenter le nombre des professeurs et les constructions de nouveaux locaux. On en est à se demander comment on ose défendre une telle proposition au lendemain de Fachoda, alors que le budget est tellement obéré qu'il empêche de commander les cuirassés nécessaires pour défendre l'honneur national.

Certains membres du Parlement semblent croire à la vérité qu'il y a des nécessités plus pressantes. M. Carnaud a déclaré qu'on avait négligé « la question principale, le danger imminent résultant du développement considérable des écoles congréganistes ».

« Toute la question est là : y a-t-il actuellement, oui ou non, « danger pour la société républicaine, pour l'état républicain, « à ce que les établissements d'enseignement secondaire con- « gréganistes forment plus d'hommes instruits que n'en for- « ment les nôtres? »

Et le rapporteur du budget de 1899, M. Maurice Faure, a défendu les bourses par des considérations de même nature :

« Si, suivant la crainte exprimée tout à l'heure, une certaine « bourgeoisie mal avisée, oubliant les traditions de ses pères « qui raillaient avec Voltaire l'enseignement clérical ou le « chansonnaient avec Béranger, si une certaine partie de la « bourgeoisie reniant ses origines déserte nos lycées et nos « collèges, eh bien ! Messieurs, comme le conseillait l'un de « mes plus éminents prédécesseurs, faisons-y entrer en foule,

« par la multiplication des bourses, les enfants du peuple mieux « dotés par la nature que par la fortune, les meilleurs des fils « de nos paysans, de nos ouvriers, de nos instituteurs, de nos « petits fonctionnaires, toute cette fleur de la France démocra- « tique. » (Vifs applaudissements à gauche.) (Chambre, 27 février 1899. *J. O.*, p. 520.)

Ainsi, l'institution des bourses cesse d'être le moyen accordé à des enfants bien doués de faire des études dont les priverait leur manque de fortune : elle a uniquement pour objectif de procurer à tout prix des élèves à des établissements qui en manquent. Il est clair qu'on aura toujours des élèves quand on aura des bourses à leur offrir et quand l'envoi d'un enfant au collège, loin d'être une charge, deviendra un profit pour les familles. C'est là, on ne peut en disconvenir, un des grands attraits de l'enseignement d'Etat.

Cette manière de comprendre les bourses est déplorable. L'argent n'est utilement consacré que si, employé avec discernement et mesure, il permet de proportionner l'instruction aux besoins et aux facultés de ceux auxquels il doit être distribué. On l'a souvent répété, les bourses sont instituées en faveur de la société beaucoup plus qu'en faveur des individus : elles ne doivent être prélevées sur les finances publiques qu'au profit de ceux dont les aptitudes soigneusement établies par un examen impartial sembleront promettre à l'Etat des serviteurs utiles.

Mais la question présente un autre côté sur la gravité duquel il est indispensable d'attirer l'attention. Il est insensé de pousser dans les études secondaires des milliers d'enfants qui ne pourront forcer l'entrée des carrières libérales déjà encombrées et qui iront inévitablement grossir les rangs de l'armée des déclassés. Déjà l'Université elle-même souffre et se plaint de cette situation. « Tous les boursiers de licence sont des candidats éventuels aux fonctions enseignantes, » écrivait en 1891 M. Charles Dupuy dans son rapport sur le budget de l'Instruction publique. Quant à M. Bouge, il n'hésitait point à déclarer le 23 novembre 1897 : « On ne réagira jamais assez contre cette

« opinion générale qui constitue, suivant la parole d'un ancien « ministre de l'instruction publique, le baccalauréat et la licence « comme des lettres de change tirées à vue sur les fonctions « publiques (1). »

Ses déclarations méritent d'être relevées : « Il existe aujour-« d'hui dans les sciences 419 répétiteurs pourvus d'une ou de « deux licences actuellement sans emploi, 419 licenciés qui « attendent depuis de longues années une nomination de pro-« fesseur qui devient chaque jour plus problématique. L'admi-« nistration n'a plus le placement de ses agrégés et de ses licen-« ciés; les élèves de l'École normale eux-mêmes doivent attendre « ou se contenter de postes inférieurs. »

« Les inconvénients, les obstacles, les dangers résultant de « cet état de choses sont trop nombreux et trop manifestes pour « que j'aie besoin d'insister. Quel remède à cela? »

« Il n'en est qu'un : la diminution du nombre des bourses de « licence (2). »

On reconnaît donc que cette multiplicité de bourses paralyse les progrès de l'Université; on ne peut se faire illusion sur les ferments de révolution qu'elle engendre; les charges financières qu'elle entraîne sont de nature à effrayer les plus incrédules; pourquoi ne pas renoncer loyalement à un système qui paraît, en définitive, n'avoir d'autre raison d'être que de servir d'appât pour procurer des élèves aux établissements publics, pour lutter contre les établissements libres ?

VI

Il est temps de conclure.

Nos revendications sont fort simples : elles s'inspirent exclusivement du respect sincère de la liberté des pères de famille et de leur égalité devant la loi.

Dans l'enseignement primaire, tant que le législateur croira

(1) Chambre des Députés, séance du 23 novembre 1897.
(2) Chambre des Députés, séance du 22 novembre 1897.

devoir maintenir les principes de l'obligation et de la gratuité absolue, nous demandons qu'à l'exemple de ce qui se fait en Belgique et en Angleterre, les écoles libres, à condition de justifier de garanties raisonnables, soient admises au prorata du nombre de leurs élèves, à participer aux ressources d'un budget constitué par les impôts prélevés sur tous les contribuables.

Craint-on d'imposer une nouvelle et trop lourde charge à un budget en toute autre circonstance jugé indéfiniment extensible? Qu'on commence du moins par reconnaître expressément aux Conseils généraux et aux Conseils municipaux le droit de voter librement et sans entraves des subventions aux établissements libres désignés par la confiance des familles.

Dans l'enseignement secondaire et dans l'enseignement supérieur, que les bourses jugées méritées, au lieu d'être attribuées à un établissement, soient la propriété de ceux qui les obtiennent.

Sont-ce là vraiment des prétentions exagérées? Si oui, il ne faut plus parler de liberté et d'égalité; ce sont là des mots qu'on dénature.

Auguste Rivet,

Avocat à la Cour de Lyon,
Professeur à la Faculté catholique de Droit.

DEUXIÈME JOURNÉE

La deuxième journée du Congrès s'est ouverte comme la première par la sainte messe à Saint-Martin d'Ainay. C'est Mgr de Cabrières, évêque de Montpellier, qui l'a dite, assisté de M. Vindry, vicaire général de Lyon, et de M. Audier, vicaire général de Montpellier.

A l'Évangile, Sa Grandeur a prononcé une magnifique allocution sur l'enseignement catholique, devant un auditoire nombreux et choisi.

En applaudissant la veille les orateurs qui l'avaient charmé, Mgr de Cabrières remontait jusqu'au principe de cette liberté de l'enseignement, pour laquelle il faut lutter, et il le trouvait dans ces paroles de Notre-Seigneur : « Si vous ne devenez pas semblables à un petit enfant, vous n'entrerez pas dans le royaume des cieux. »

L'Évangile donne en même temps la synthèse des devoirs que nous impose l'éducation chrétienne vis-à-vis des enfants. Ils se ramènent à trois : les aimer, les aider et les défendre.

Les *aimer* d'abord, parce que le divin Maître les aimait, quand il disait avec tant de cœur : « Laissez venir à moi les petits enfants ; » parce que rien n'est plus beau, plus frais et plus séduisant que l'enfance et la jeunesse, dans leur grâce naïve et leur pureté rayonnante.

Les *aider* ensuite dans le développement, dans l'épanouissement de toutes leurs facultés, fleurs célestes et divines qui ont besoin de la rosée et de la lumière d'en haut. « Celui qui élève un petit enfant en mon nom, disait le Sauveur, m'élève moi-même. » Sublime mission de l'enseignement chrétien !

Les *défendre* enfin, dans leur corps et leur santé, dans leur intelligence faite pour la vérité, et dans leur cœur qui doit s'ouvrir à tous les nobles amours, à toutes les saintes tendresses de la famille, du devoir et de la vertu.

Mgr de Cabrières demande alors à l'enseignement qui n'est pas chrétien ce qu'il fait pour la santé, l'intelligence et le cœur de l'enfance et de la jeunesse.

La santé? Il l'entoure des plus minutieuses précautions de l'hygiène, mais il oublie les dangers plus terribles, qui font trembler les mères pour l'innocence de leurs enfants.

L'intelligence? Il ne prend pas garde qu'il y a des secrets qu'il faut réserver pour plus tard, de peur de flétrir les jeunes âmes.

Le cœur? Il ne lui apprend pas ce qui l'élève, le grandit, le porte vers le ciel et vers Dieu. Il lui parle, comme naguère un libre-penseur à ses enfants, de tourner les regards vers leurs grands-pères et des aïeux qu'ils n'ont pas connus! Ah! tout autre est l'enseignement catholique, qui nous fait voir Dieu lui-même dans la personne de nos chers enfants.

L'éloquent orateur termine cette superbe instruction en appelant les bénédictions d'en haut sur les congressistes, qu'ils appartiennent depuis longtemps aux œuvres catholiques, ou qu'ils se glorifient de leur titre de jeunes (1).

SÉANCE DU MATIN

L'assistance est encore plus nombreuse que la veille.

Mgr de Cabrières, qui honore le Congrès de sa présence, récite le *Veni sancte*.

M. Chavent donne lecture d'une dépêche envoyée la veille au cardinal Rampolla par MM. le comte de Mun, Reverdy et Chavent, au nom de l'Association de la Jeunesse catholique et de tout le Congrès.

« Membres Association Jeunesse catholique réunis en Congrès à Lyon pour la défense de la liberté d'Enseignement déposent au pied de Sa Sainteté l'hommage de leur fidèle et respectueuse soumission. Forts de sa bénédiction, ils ne laisseront pas périr le plus essentiel de leurs droits. »

M. Chavent demande si l'on a des remarques à faire sur les rapports de la veille.

Mgr Péchenard désirerait qu'on formulât un vœu pratique pour organiser la résistance aux projets de loi liberticides qui nous menacent.

M. Rivet lui répond que ce vœu est à l'étude et sera soumis incessamment au Congrès.

(1) *Nouvelliste de Lyon.*

M. le comte Nicolay présente des observations sur l'esprit de famille qu'il faut réformer en France, pour qu'il soit plus énergique et plus religieux.

M. le comte de Mun donne la parole au P. Dublanchy, mariste, supérieur de l'école Saint-Martial de Limoges. Il répond excellemment à cette question : « De quel profit a été pour la France la liberté accordée depuis 1850 ? »

DE QUEL PROFIT A ÉTÉ
POUR LA FRANCE
LA LIBERTÉ D'ENSEIGNEMENT
ACCORDÉE EN 1850

RAPPORT DU R. P. DUBLANCHY

Supérieur de l'école Saint-Martial de Limoges.

En 1850, les catholiques français étaient unanimes à proclamer l'existence, à demander la reconnaissance des droits sacrés que n'avait pas respectés le décret impérial organisant l'Université :

Droit de l'Église à donner un enseignement conforme aux grands principes dont elle a la sauvegarde ;

Droit du père de famille à confier l'éducation de ses enfants à des maîtres de son choix ;

Droit de tout citoyen à concourir, par l'exercice d'une profession noble entre toutes, à la diffusion des saines idées, à la formation de la jeunesse, et par conséquent à l'apaisement social, au relèvement du pays ;

Droit de l'enfant à être placé dans des conditions qui assurent le développement de tous les germes que Dieu a déposés dans son âme au jour où il l'a appelé à la vie.

D'accord aussi longtemps qu'ils purent rester dans la région élevée des principes, ils ne le furent plus quand il s'agit de se grouper autour d'un texte de loi.

Les uns trouvèrent le projet de Falloux inacceptable. Ne voulant pas d'une liberté tronquée, ils réclamaient la séparation absolue de l'Église et de l'Université. Les autres entrevirent le profit que l'Église et la France tireraient d'une loi qui permettrait d'introduire la liberté et, avec elle, l'élément religieux dans l'éducation secondaire; ils luttèrent avec une intrépidité qui n'eut d'égale que leur persévérance obstinée. Ils remportèrent la victoire.

On aurait pu croire leur conquête définitive. Elle nous est disputée aujourd'hui. Comme il y a cinquante ans, la question de la liberté de l'enseignement est posée devant le pays, avec cette différence que les pouvoirs publics sont moins bien disposés peut-être qu'ils ne l'étaient alors.

En revanche l'accord se fait mieux parmi les catholiques. Car l'expérience a justifié dans une large mesure les espérances de Montalembert, de Mgr Dupanloup, et de ceux qui combattirent avec eux. Nous devons à la loi de 1850 une grande partie du bien qui s'est fait en France pendant la seconde partie de ce siècle. Et, toute mutilée qu'elle est par des retouches successives, elle nous semble destinée à être l'instrument de bienfaits beaucoup plus considérables encore. C'est ce que je voudrais exposer, en bornant mon rapide examen à ce qui concerne l'enseignement secondaire.

La tâche que j'entreprends est délicate. Au milieu de la complexité des causes de tout genre qui agissent autour de nous, il est difficile de distinguer et de suivre l'action d'une cause particulière, quand surtout cette action n'a pu être constante, et que, nulle au début, faible pendant une période assez longue, elle ne s'est fait sentir que peu à peu et d'une manière inégale suivant les circonstances.

Et cependant il est bon que cette question soit traitée dans un Congrès comme celui-ci. Il est bon que nous répondions aux critiques dont nous sommes l'objet de la part de gens qui devraient être avec nous, et qui, soit dit en passant, seraient mieux inspirés s'ils nous aidaient à combattre l'action des causes qui paralysent une partie de nos efforts.

Ces reproches, vous les connaissez, pour les avoir souvent

rencontrés dans les revues et les livres à sensation, pour les avoir entendu formuler dans des réunions et des congrès. Ils se ramènent à deux principaux :

Et d'abord le rendement de l'enseignement libre n'est pas en rapport avec les espoirs annoncés, avec les sacrifices consentis. La formation religieuse qu'il donne est toute en surface ; elle ne réussit qu'à exalter le sentiment, sans asseoir solidement les convictions. Au premier choc tout disparaît, et les malheureux jeunes gens se trouvent dans une condition pire que s'ils avaient été élevés en dehors de l'influence directe des prêtres. On ne les prépare pas à l'action. Chez eux, pas d'initiative, peu de générosité, peu de valeur morale sérieuse. Ce qui se développe surtout dans les collèges libres, c'est l'esprit de caste et de privilège, l'esprit qui « achemine un pays vers les guerres de religion », disait-on récemment du haut d'une tribune retentissante. Il n'en peut d'ailleurs être autrement, car les maisons d'enseignement libre n'ont pas su s'organiser de manière à devenir des instruments capables de créer la force, l'énergie, les qualités nécessaires aujourd'hui. La discipline des collèges catholiques déprime les caractères, une surveillance inquiète empêche les enfants de faire l'apprentissage de la liberté, le milieu formé par tous ces fils des privilégiés n'est pas favorable à l'éclosion des mâles vertus. J'abrège, car je n'ai rien à vous apprendre que vous ne connaissiez depuis longtemps.

Est-il vrai que l'enseignement libre ait fait faillite à ses promesses, qu'il n'ait pas donné les résultats attendus ?

Si l'on ne prend conseil que de la tournure propre de son esprit, on peut hasarder toutes les réponses imaginables avec un semblant de vérité. Les pessimistes trouveront qu'on n'a rien obtenu qui soit de nature à faire espérer une modification sérieuse de notre état social, et si l'on s'en tient à une observation superficielle de ce qui se passe sous nos yeux, on sera porté à leur donner raison. Les hommes qui ne conçoivent pas le progrès en dehors du triomphe d'une idée particulière — ils sont nombreux — répèteront à qui voudra les entendre que l'enseignement libre n'a rien fait, tout simplement parce qu'il n'a pas inscrit en tête de ses programmes telle théorie, telle revendication qui leur est chère. Les optimistes penseront que tout va aussi bien que possible.

Pour nous, interrogeons les faits, sans nous laisser influencer par des idées préconçues.

Or voici un fait évident, indiscutable ; Depuis un demi-siècle, il s'est produit au point de vue religieux un changement considérable dans les classes qui nous confient leurs enfants. Le nombre des hommes qui pratiquent les devoirs essentiels de la religion s'est très notablement accru et continue à s'accroître. Aux vacances dernières, l'Alliance des maisons d'éducation chrétienne, tenait à Montpellier son Congrès annuel. De nombreux membres de l'enseignement libre étaient accourus de tous les points de la France. Tous, à l'unanimité, ont reconnu l'existence de ce fait, qu'il est impossible de nier, pour peu qu'on sache ce qui se passe à notre époque.

Sans aucun doute ce progrès est dû à bien des causes. Dans le monde moral comme dans le monde physique, les effets un peu généraux sont toujours des résultantes. Mais parmi ces causes partielles il en est une qui domine toutes les autres : c'est l'action des collèges libres créés depuis 1850. Car l'accroissement du nombre des pratiquants est dû à l'entrée des jeunes générations dans la vie beaucoup plus qu'au retour des hommes faits à des pratiques oubliées depuis longtemps. Et si nous constatons que plusieurs de ces recrues ne sortent pas de nos collèges, il faut admettre cependant que la plupart en viennent. C'est chez nous que ces jeunes gens ont subi une grande partie des influences qui leur ont permis d'arriver à l'âge d'homme sans cesser d'être fidèles aux engagements de leur baptême.

D'ailleurs le progrès dont nous parlons est parallèle à celui de l'enseignement libre : il s'est généralement accentué là où les écoles secondaires catholiques se sont le mieux organisées, il est moindre dans les villes où il en a été différemment.

Enfin il est impossible d'expliquer autrement la renaissance religieuse à laquelle nous assistons. Car si l'influence de la famille, l'action du clergé, celle de la presse religieuse, la répercussion des événements contemporains sur la pensée des individus et d'autres causes encore ont pu la hâter, aucune n'est capable d'en rendre complètement raison. Ou plutôt, si toutes ces causes secondaires ont favorisé le mouvement dont nous sommes les témoins, elles le doivent en grande partie aux collèges libres dont l'influence bienfaisante a commencé à pénétrer les divers organismes sociaux.

A côté de ce fait, nous pouvons en constater un autre. Si dans les classes dont nous élevons les enfants, les hommes pratiquants sont encore la minorité, les dispositions de ceux qui restent loin du catholicisme se sont généralement modifiées. La religion ne passe plus parmi eux pour une chose ridicule ; ils ne la traitent plus guère comme si elle était malfaisante. Là où l'esprit sectaire et franchement hostile régnait en maître absolu, nous trouvons surtout des indifférents, souvent imbus de préjugés dangereux, souvent aussi inclinés à une certaine bienveillance, et portés à reconnaître le mérite et la vertu des idées que nous représentons. Est-ce un progrès? Il est permis de le croire. Et si c'en est un, il faut admettre qu'il est dû en grande partie à l'influence qu'ont exercée autour d'eux les chrétiens pratiquants devenus plus nombreux. Les deux faits ont donc la même cause principale, l'éducation chrétienne donnée par les collèges libres.

En vous parlant des progrès incontestables accomplis chez nous par l'idée religieuse, je ne perds pas de vue les termes de la question qui m'a été posée : « De quel profit a été pour la France la liberté accordée depuis 1850? » Car ce qui profite à la religion catholique sert les intérêts de la France. M. Brunetière le proclamait naguère à Lille, avec une autorité d'autant plus irrécusable qu'il s'arrête au seuil de la croyance. De même qu'en fait et dans l'histoire, « l'Angleterre, c'est le protestantisme, et l'orthodoxie c'est la Russie, ainsi le catholicisme, c'est la France. »

Ces résultats qui nous réjouissent peuvent-ils laisser indifférents les hommes qui, sans partager nos convictions, ont au cœur l'amour de la France? Non, car quelle que soit la valeur intrinsèque qu'ils attribuent à l'idée religieuse, ils ne peuvent pas refuser de lui reconnaître une vertu moralisatrice considérable. Qu'ils rêvent d'une morale séparée de toute religion positive, qu'ils croient à la supériorité de cette morale purement rationnelle, cela importe peu pour le moment. S'ils sont de bonne foi, ils doivent admettre que la morale catholique contient d'abord toute la morale rationnelle et quelque chose de plus, et que, pour conformer sa conduite aux règles des mœurs, le catholique dispose de tous les moyens fournis par la nature humaine, et en plus d'un certain nombre d'autres que lui donne sa religion.

Dès lors tout homme qui estime comme il convient la valeur morale des individus et des nations doit être heureux de constater que la religion catholique reprend sur les classes élevées de la nation une partie de l'influence qu'elle avait autrefois.

De fait s'est-il produit dans notre pays un progrès moral en rapport avec le progrès religieux que nous avons constaté? On ne peut répondre d'une manière précise en ce qui concerne la morale individuelle. Il serait d'ailleurs compréhensible que les mœurs ne se soient pas améliorées dans la même proportion que les croyances : *video meliora proboque, deteriora sequor*. Mais la vie sociale se laisse plus facilement pénétrer par l'observation. Or, s'il est vrai que les règles les plus élémentaires de la morale sociale sont méconnues au point d'être totalement ignorées par un grand nombre de nos concitoyens, nous voyons clairement que les catholiques prennent plus nettement conscience de leurs devoirs sociaux. Ils ne sont pas seuls, je le sais, à comprendre l'étendue des ravages causés par l'individualisme contemporain. Mais, malgré certaines divergences, ils sont au premier rang parmi ceux qui veulent réaliser une vie sociale digne de ce nom, une vie sociale basée sur l'exercice de toutes les vertus et le respect de tous les droits. Et cela suffit à prouver que le progrès de l'idée catholique amené par le jeu de la loi de 1850 a été la cause d'un progrès considérable, avant-coureur de bien d'autres, dans notre vie nationale.

Et parmi les catholiques, quels sont ceux qui forment le gros de cette armée grandissante, toute dévouée à la cause des réformes sociales? Ce sont nos jeunes gens. Je me reprocherais toutefois de ne pas saluer à côté d'eux ceux qui, élevés dans des conditions moins favorables, ont su non seulement conserver dans leurs âmes le germe sacré de la foi, mais encore lui faire produire le fruit précieux de l'apostolat social.

On a souvent répété que l'enseignement libre doit nécessairement perpétuer nos divisions, creuser un abîme toujours plus profond entre ce qu'on veut appeler les deux France. Et s'il devait y avoir deux France, serait-ce bien notre faute? N'est-ce pas nous qui sommes dans les vraies traditions de la France? Mais écartons cette vision d'une patrie à tout jamais divisée. Nos jeunes gens comprennent chaque jour davantage combien il est nécessaire qu'ils s'élèvent au-dessus de toutes les querelles contemporaines, qu'ils travaillent courageusement à ramener l'union, qu'ils consentent à faire tous les sacrifices exigés par la paix sociale. C'est encore un profit. Il deviendra plus sensible à mesure que, par la force des choses, disparaîtront les obstacles que rencontrent ces idées d'apaisement dans notre société si profondément troublée. On me trouvera bien optimiste peut-être. Comment ne pas l'être un peu quand on a toujours vécu au milieu des jeunes gens, quand on se rend compte de la transformation profonde qui s'est opérée dans les goûts et les aspirations d'un grand nombre d'entre eux?

Il est donc certain que l'action des collèges libres a produit dans la société des résultats considérables, en favorisant le progrès religieux et moral, l'apaisement social, la marche vers l'union des esprits et des cœurs, toutes ces grandes choses vers lesquelles nous croyons voir s'acheminer la génération de demain. Mais avons-nous profité de la liberté pour modifier les procédés en usage avant nous dans les établissements d'instruction? Nos écoles ont-elles fait faire des progrès à ce que j'appellerai la technique de l'éducation? En particulier, après les incertitudes et les tâtonnements inévitables des débuts sont-elles devenues des organismes capables de fournir un concours vraiment efficace en vue de la formation des hommes dont notre époque a besoin? Nous allons voir ce qu'il en est. Et si je puis montrer que, surmontant des obstacles de tout genre, elles sont parvenues à se mettre mieux que toutes les autres à la hauteur de leur difficile mission, il faudra conclure que la loi de 1850 a permis d'accomplir une grande œuvre, source de profits incalculables, que nous verrons croître de plus en plus.

Si nous voulons apprécier sainement ce que valent et ce que peuvent nos maisons, il est deux choses qu'il ne faut pas oublier, auxquelles pourtant semblent ne pas songer les juges sévères qui nous font tant de reproches.

D'abord l'école n'est qu'un des agents de l'éducation. Elle aurait donc beau adapter son action propre aux besoins d'aujourd'hui : si les autres forces éducatrices n'en font pas autant, l'éducation souffrira, sans que l'école puisse combler toutes les lacunes résultant de leur insuffisance.

Bien plus, et c'est ma seconde remarque, tout se tient dans la société, et les diverses institutions y réagissent, parfois heureusement, souvent d'une manière fâcheuse, les unes sur les autres. L'école subit donc le contre-coup des défectuosités qui l'entourent. Fatalement elle se façonne un peu à l'image de la famille actuelle et du milieu social contemporain. Il est bon qu'on s'en souvienne, il est à désirer que l'on en tienne compte si l'on veut nous juger. Et, disons-le, au lieu de se répandre en critiques véhémentes, au lieu de chercher à déterminer une transformation incompatible avec l'état général de la société, il vaudrait mieux s'évertuer à tirer bon parti de ce qui existe, cela se peut, et suppléer dans les cas particuliers à ce qu'il n'est pas encore possible à l'école de donner.

L'une des choses qui doivent faire l'homme de demain, c'est la culture physique. On ne s'élèvera jamais assez fortement contre un régime scolaire qui dédaigne de former le corps et le laisse s'étioler dans une inertie fatale à l'âme elle-même, contre un régime qui condamne l'enfant aux troubles physiques et l'adolescent aux fréquentations malsaines, qui prépare l'impuissance de l'homme fait, et voue la nation entière à l'infériorité. Aussi convient-il de louer hautement tous ceux qui se sont faits les champions de l'éducation physique, ceux du moins qui ont su garder une sage mesure et ne réclamer que des choses raisonnables. D'autres plus modestes ont encore mieux mérité de la patrie; ce sont les humbles éducateurs qui ont payé de leurs personnes sur les cours de récréation de nos collèges libres, ce sont les professeurs et les surveillants qui ont relevé leurs soutanes pour entraîner au jeu ces adolescents toujours enclins à imiter leurs aînés, à trouver le jeu ennuyeux parce qu'il ne répond à rien de ce qui est en dehors du collège. Ce qu'il a fallu dépenser de patience, de courage, de véritable force d'âme pour soutenir cette lutte, et triompher de l'inertie des uns, de la mauvaise volonté des autres, ceux-là seuls le savent qui ont eu à combattre l'étonnante aversion de la jeunesse française pour les exercices du corps. Que de santés ont été conservées à ce prix! Que de défaillances morales prévenues! Que de vertus sauvées! Aujourd'hui la cause est gagnée, la tradition est établie, les exercices physiques sont en honneur dans nos maisons, qui sont ainsi à même de rendre à la jeunesse l'inappréciable service de la soustraire aux dangers de la promenade monotone entre les murs élevés des étroites cours de récréation. Et j'ai à peine besoin de le dire : nous sommes incontestablement au premier rang sous ce rapport, personne ne peut songer à nous disputer cette supériorité.

Bien que très importante, l'éducation physique n'est pas une fin, mais simplement un moyen. Elle a pour but principal de mettre un organisme vigoureux au service d'une volonté énergique et d'un cœur généreux. Elle s'arrête là, et c'est à l'*éducation morale* qu'il appartient de former le cœur et la volonté.

En dehors de ceux qui versent dans un utilitarisme peu éclairé et ne songent qu'aux intérêts matériels immédiats, les hommes qui dénoncent les insuffisances et les lacunes de l'éducation contemporaine, se préoccupent surtout de ce qui manque à l'éducation morale. Que demandent-ils en effet? Que l'on arme les jeunes gens pour la vie, qu'on en fasse des hommes de devoir, des êtres capables d'opposer une action vigoureuse à celle des causes qui désagrègent la société, qu'on les prépare à devenir les soldats de la bonne cause, les apôtres du bien. Ils veulent donc que l'on crée de l'énergie, que l'on façonne des âmes fortes, généreuses et bien trempées.

Et pour cela il faut d'abord que la vie morale de l'enfant ne se flétrisse pas dans sa source au contact du mal. C'est avant tout l'œuvre de la surveillance, de cette surveillance dont on médit si étrangement, et que l'on veut rendre responsable de tant de méfaits. On a beau s'élever contre elle. Aussi longtemps que l'enfant ne sera pas parfait, il faudra le protéger contre ses propres défauts. Et s'il arrive à n'en plus avoir, on devra le préserver de la contagion de ceux d'autrui. Dans les deux cas il sera nécessaire de l'entourer d'une surveillance attentive, mais paternelle, exercée avec autorité, tact et discernement, dès lors exempte des inconvénients que l'on redoute. Est-il besoin d'ajouter que ce problème de la surveillance, insoluble dans certains établissements, est résolu chez nous? Nous avons en abondance des surveillants dont l'ascendant sur les élèves égale le zèle, le dévouement, la sollicitude et l'habileté professionnelle.

La surveillance, de quelque façon qu'elle soit comprise, ne serait pas un agent efficace de préservation si le milieu dans lequel vit l'enfant n'était pas suffisamment choisi. L'éducation, disait Thomas Arnold, est une œuvre de sélection. Elle doit d'autant moins hésiter à sacrifier les indignes qu'elle vise davantage à former des hommes libres, qu'elle se propose de laisser plus d'initiative à l'élève. La sévérité prudente qui doit présider à cette sélection, l'indépendance qu'elle suppose chez le chef de l'école, sont-elles facilement conciliables avec le caractère des établissements officiels ? Je vous laisse le soin de répondre. Et vous n'aurez pas de peine à conclure que nos collèges libres ont plus que tous les autres le très grand mérite de placer l'enfant dans un milieu où l'on s'efforce de ne pas conserver ceux qui seraient un danger pour lui.

Il ne faudrait pas croire que tout est gagné quand, par la surveillance et la sélection, on a préservé l'enfant de l'atteinte du mal. Il se trouve alors dans de bonnes conditions pour acquérir la force, l'énergie, les qualités dont nous avons parlé. Comment les acquerra-t-il réellement?

Nous nous trouvons ici en présence de deux erreurs également funestes, diamétralement opposées comme toujours. La première découle de l'exagération d'un principe vrai; l'éducation morale est une œuvre d'autorité. Le maître qu'elle inspire régit, réglemente, s'impose, exige l'obéissance sans jamais se demander si, sous prétexte de discipline, il n'arrive pas à la compression, à la contrainte, à l'étouffement de toute spontanéité. La seconde dénature ce que l'on peut considérer comme un axiome. L'éducation ne vaut que par l'effort personnel provoqué chez l'enfant. Sous son influence exclusive, croyant obtenir la formation de l'initiative, pensant faciliter l'apprentissage de la liberté, on laisse à l'enfant une indépendance qui rend inutile tout secours extérieur.

Pour nous, la vérité se trouve à égale distance de ces deux erreurs ou plutôt elle est dans la fusion des deux principes dont elles sont des déviations. L'éclosion et le développement de la vie morale doivent, selon nous, provenir de l'union intime de deux concours, celui du maître et celui de l'enfant, tout comme la vie matérielle résulte de l'union de deux éléments, comme la vie surnaturelle est produite en nous par la collaboration de Dieu avec nous. Cette fusion de l'acte qui dirige et de l'acte qui exécute doit être telle que rien ne soit sacrifié ni d'un côté ni de l'autre, pas plus l'autorité du maître que la spontanéité et la liberté de l'enfant. Voyons donc comment le régime de nos maisons assure le jeu complet de ces deux actions, toutes deux indispensables à la formation morale.

L'éducation est avant tout une œuvre commune, elle prépare d'ailleurs à la vie commune dans la société. L'enfant est donc guidé par une règle générale, commune elle aussi, à laquelle nous cherchons à obtenir qu'il donne l'adhésion de son intelligence, en même temps que la soumission de sa volonté.

L'éducation est aussi une œuvre individuelle. Tous ceux qui, dans nos collèges, ont à s'occuper de l'enfant, s'efforcent de l'atteindre par une action vraiment personnelle, adaptée à la connaissance qu'ils ont de son tempérament, de ses dispositions, de ses besoins particuliers. Soustraits par état à une foule de préoccupations, ils n'ont rien qui les distraie de ce ce qu'ils regardent comme un ministère sacré. De plus, l'enfant est dirigé plus intimement encore par quelqu'un qu'il choisit librement, à qui il donne toute sa confiance et peut s'ouvrir complètement. C'est ainsi que les prescriptions du devoir sont appliquées à son état présent. C'est ainsi qu'il sait toujours, s'il le veut, sur quel point précis il doit à chaque instant faire porter les efforts que l'on obtient facilement de lui quand on le traite de cette façon. Et tout ceci, vous le comprenez, est d'autant plus efficace que nous réussissons mieux à établir entre la famille et nous une entente complète.

Trouvant dans le milieu où il vit une règle de conduite à laquelle il ne peut guère se soustraire, et que l'on se préoccupe de faire accepter par son intelligence, de telle sorte que sa conscience s'en fasse l'interprète, l'enfant s'habitue à entendre sortir des profondeurs de son être une voix qui proclame le devoir et il lui obéit facilement.

A mesure qu'il devient plus capable de réflexion, cette voix se fait entendre plus distinctement. Ce travail intérieur par lequel la règle morale prend corps en lui est favorisé par les exhortations, les lectures, les méditations, l'examen de conscience, les retraites périodiques, les grandes retraites de fin d'études, toutes choses qui placent l'enfant en face de lui-même et des difficultés de la vie. Le voilà éclairé, fortifié, et en même temps prévenu, mis en garde. Il est capable de supporter des doses plus considérables de liberté. On s'ingénie à les lui accorder : sans secousse, par des degrés insensibles, il arrive à pouvoir se diriger lui-même; les énergies qui étaient en lui à l'état latent se sont développées, et si les circonstances lui sont favorables, vous pourrez compter sur lui : il aura la force, l'initiative, le pouvoir d'agir, parce que l'on aura suivi dans sa formation la marche indiquée par la nature.

Ce que je viens de dire n'est pas, je l'avoue, l'histoire de tous nos élèves. Il y a tant d'influences qui viennent contrarier notre action! Et assez souvent, hélas! nous obtenons relativement peu. Il n'en reste pas moins vrai que nos maisons possèdent tous les éléments d'une forte éducation morale. Et c'est la seule chose que j'aie à mettre en lumière pour le moment. Est-il d'autres établissements qui offrent à l'enfant des secours analogues? Lisez les derniers numéros de l'*Enseignement secondaire*. Vous y trouverez le compte rendu de plusieurs séances de la *Société pour l'étude des questions d'enseignement secondaire* et du Congrès des professeurs de l'Université. Vous verrez à quelles difficultés se heurtent ceux qui songent à organiser sérieusement l'éducation morale dans les collèges autres que les nôtres.

L'éducation morale serait incomplète si elle ne dépassait pas la sphère des devoirs individuels. Être social, l'homme doit remplir des devoirs sociaux très importants, à la pratique desquels il faut qu'on l'habitue dès l'enfance. Pour s'appliquer à cette formation, les collèges catholiques n'ont pas attendu que notre siècle ait été amené par la force des choses à reconnaître que la plupart de ses maux ont leur source dans l'individualisme. Dès leur fondation, nos écoles ont affilié leurs grands élèves à ces admirables conférences de Saint-Vincent de Paul, dont les membres ont été les initiateurs de tant de nobles entreprises. Nombreuses sont les œuvres de bienfaisance auxquelles on s'est ingénié à faire participer nos jeunes gens; et on a cherché à les rapprocher du peuple et de ses enfants par les catéchismes, les patronages et de cent autres façons. A la pratique, on a joint l'étude, d'autant plus indispensable que la matière est difficile, obscurcie par des préjugés de toute sorte. Aujourd'hui, il est peu de collèges catholiques importants qui n'aient une conférence d'études sociales. Et vous savez avec quelle ardeur on y travaille, avec quelle conviction on s'y pénètre de l'importance de la mission qui incombe à tout jeune homme appartenant aux classes privilégiées. Il y a là des éléments d'éducation dont on chercherait vainement l'équivalent ailleurs.

Je me suis longuement étendu sur ce qui concerne l'éducation morale.. C'est que trop de gens semblent ne pas se douter de ce qui se passe chez nous. On s'imagine facilement que par éducation nous entendons surtout la tenue extérieure. Sans doute, nous attachons une très grande importance à la distinction des manières. La France a toujours été le pays du bon ton, et nous sommes heureux d'offrir aux enfants des familles qui tiennent à ne pas rompre avec des traditions séculaires un milieu composé de camarades bien élevés. Mais nous ne nous bornons pas à cela, et je pense avoir montré que nous sommes outillés pour former tout l'homme.

Les mêmes personnes croient, ou affectent de croire, que nos maisons sont vouées à l'infériorité, en ce qui concerne l'éducation intellectuelle. Dans certains milieux, cette opinion ne se discute pas, on l'impose. Pourquoi ? Quand nos élèves composent ou concourent avec les autres, ils ne leur sont cependant pas inférieurs. A cela, il est vrai, on répond que nos succès ne prouvent rien, ou plutôt qu'ils prouvent contre nous, car nous avons, paraît-il, une façon de préparer aux examens qui nuit au développement des qualités personnelles du jeune homme. Ce n'est peut-être pas très sérieux. Passons outre.

On nous reproche d'avoir moins de diplômes que nos concurrents. Si c'est un défaut, il faut convenir que nous nous en corrigeons tous les ans. Lorsque nous approcherons de l'âge respectable qu'a aujourd'hui l'Université, nous n'aurons probablement plus rien à lui envier sous ce rapport.

Mais examinons ce grief d'un peu plus près. A quelles conditions doit répondre un professeur capable de contribuer à une bonne éducation intellectuelle ?

Avant tout, il doit avoir les connaissances techniques nécessaires à l'enseignement dont il est chargé. Le diplôme constate qu'il les a, sans d'ailleurs garantir qu'il a su se tenir au courant des progrès accomplis depuis qu'il a subi son examen.

Mais ces connaissances ne sont pas tout ; il s'en faut même qu'elles soient ce qu'il y a de plus important. De ce que nous avons déjà dit, il est facile de conclure que la vie intellectuelle, pour s'épanouir pleinement dans l'âme de l'enfant, a besoin d'être soumise à l'influence immédiate, constante, pénétrante d'une autre âme douée d'une vitalité profonde. Tous les maîtres ne possèdent pas cette vitalité de l'intelligence, et l'érudition ne suffit pas à la donner. Car elle suppose un développement harmonieux de toutes les puissances intellectuelles; et ce développement ne va pas sans des études parfaitement équilibrées qui assurent l'assimilation des connaissances ingérées, et avec elle la croissance normale de toutes les énergies de l'esprit. Qui ne voit dès lors que la préparation de certains diplômes, quand surtout elle est menée de front avec des occupations professionnelles absorbantes peut nuire à la vraie vie intellectuelle? En face de programmes très difficiles et très chargés, on n'a souvent ni le temps ni le goût nécessaires aux études désintéressées. Vous trouveriez facilement la preuve de ce que je dis dans des rapports officiels régulièrement adressés au ministre. De là des lacunes profondes qui rendent incapables de donner à l'intelligence de l'élève cette formation complète sans laquelle il est impossible de saisir les vrais rapports qui doivent exister entre l'homme, l'ensemble des autres êtres et Dieu. Car telle est bien la fonction de l'intelligence dans la vie humaine; et Frœbel a eu raison de dire que le but de l'éducation intellectuelle est de donner à l'homme une vue claire de l'unité que Dieu a établie entre les divers éléments de son œuvre, et de lui faire comprendre que tout ici-bas n'existe et ne vit qu'en participant à l'être et à la vie de Dieu. S'il en est ainsi, il faut conclure que c'est uniquement à la condition de mettre l'idée religieuse à la base de l'éducation intellectuelle que l'on pourra orienter l'intelligence de l'enfant dans sa vraie direction et assurer son développement régulier. Je suis obligé de me presser, et de me borner à une simple esquisse de ce que je voudrais dire. J'ajouterai cependant que si tout cela exige l'union intime de tous les concours, et, de la part de chaque maître, un dévouement sans bornes, une sollicitude de tous les instants, une persévérance infatigable, il faudrait être aveugle pour persister à croire que nous ne sommes pas aussi bien que d'autres à même de travailler efficacement à la formation intellectuelle du jeune homme. Je ne voudrais faire aucune allusion aux événements qui préoccupent l'opinion. Mais, quand les allures de tant d'intellectuels troublent et inquiètent la France, n'est-il pas permis de se demander si ces hommes ont reçu en temps opportun l'éducation solide et complète qui les eût rendus capables de discerner en toute occasion ce que demandent les intérêts véritables du pays?

Nos écoles se sont donc organisées de façon à pouvoir exercer, chacune dans sa sphère propre, une influence vraiment féconde. Leur action s'est-elle étendue plus loin? S'est-elle exercée sur l'ensemble du régime secondaire français? La loi de 1850 a créé une concurrence qui a été bienfaisante et salutaire pour l'Université elle-même. Je ne puis comparer en détail ce qu'étaient les établissements officiels pendant la première partie du siècle avec ce qu'ils sont aujourd'hui. Mais nous en savons tous assez pour reconnaître avec joie que bien des choses se sont heureusement modifiées depuis que le monopole n'existe plus. Et le moment serait bien mal choisi pour le rétablir. Car pour élever virilement la jeunesse d'aujourd'hui, il est plus que jamais nécessaire de lutter contre les tendances de l'époque. Et on ne lutte guère quand on ne se trouve pas en face de la concurrence.

Il n'est personne qui ne voie dans les défectuosités et l'encombrement des programmes, plusieurs causes du malaise qui pèse aujourd'hui sur l'enseignement secondaire. La liberté qui nous permet de vivre nous a été mesurée trop parcimonieusement pour que nous ayons pu introduire dans nos plans d'études des innovations importantes, ou même des modifications considérables. Je signalerai cependant quelques points sur lesquels nous nous félicitons à bon droit de nous être écartés de ce qui se fait ailleurs.

L'enseignement moderne, tel qu'il a été institué en 1890, est condamné à peu près par toutes les personnes compétentes. Le clergé enseignant n'a pas attendu pour se prononcer sur sa valeur l'expérience que l'on en a faite au détriment de plusieurs générations d'enfants. Dans l'ensemble, il s'est toujours nettement refusé à le favoriser, et presque partout où il l'a établi, il a plutôt cherché à lui donner le caractère plus spécialement pratique qu'on semble actuellement porté à désirer pour lui.

L'Université a établi une distinction profonde entre les basses classes des lycées et les autres, à tel point que les premières ont les programmes et les maîtres de l'enseignement primaire. Le 2 mars dernier, *la Société pour l'étude des questions d'enseignement secondaire* adoptait presque à l'unanimité la proposition suivante : « Il est désirable que dans les classes élémentaires des lycées et collèges, les méthodes d'enseignement soient dès le début combinées en vue des études ultérieures que doivent faire les enfants. » Oui, c'est vraiment désirable, car de ce défaut de coordination résultent des tâtonnements fâcheux, une perte de temps considérable et souvent des lacunes qu'on ne comblera pas dans les classes suivantes. Chez nous l'unité n'a pas été rompue de cette façon, il est facile de comprendre que c'est très heureux.

Comme conséquence de la mesure que je viens de signaler, l'Université fait commencer le latin en sixième. Le même jour, un membre très influent de la même Société constatait « qu'un très grand nombre de professeurs de lettres et de grammaire (de l'Université) pensent qu'un moyen sûr de raffermir les études latines serait de reporter l'étude du latin dans les classes élémentaires. » Grâce à la liberté, la plupart des écoles libres sont demeurées fidèles aux anciennes habitudes, et n'ont pas aujourd'hui à déclarer qu'elles se sont trompées.

Ce n'est un mystère pour personne que l'on n'apprend plus guère de grec dans les établissements où l'on suit le programme officiel, parce que l'élève est obligé de traduire des textes compliqués, sans avoir une connaissance suffisante des éléments. Quelques-unes de nos maisons ont profité de la liberté pour organiser l'enseignement du grec d'une façon plus rationnelle; elles ont ainsi obtenu de bons résultats.

L'enseignement scientifique des classes de lettres des lycées a, depuis une quarantaine d'années, passé par les plus étonnantes péripéties. Il a été plusieurs fois bouleversé de fond en comble, sans aucun résultat, puisqu'on est sans cesse revenu à des combinaisons précédemment abandonnées. De nouvelles suppressions sont actuellement réclamées par l'Université elle-même. Quelles perturbations ne doivent pas produire ces changements perpétuels! Nos écoles ont presque toujours soustrait leurs élèves à l'influence désastreuse de ces remaniements.

J'abrège. Ces exemples suffisent à montrer que nous avons empêché nos enfants d'être victimes d'un certain nombre d'essais plus ou moins heureux, auxquels il faut renoncer aujourd'hui. Vivons-nous à une époque où la France puisse être assurée que l'on risquera pas des expériences plus dangereuses encore? Non certes. Bien au contraire, d'un moment à l'autre, l'enseignement officiel peut être lancé dans la voie des aventures. Des hasards d'une séance parlementaire peut dépendre l'orientation qui sera donnée à l'éducation de la jeunesse pendant la période qui va suivre. Le correctif nécessaire, la liberté est donc plus indispensable que jamais.

La Commission de l'Enseignement l'a compris. Quand elle s'est trouvée en face d'une des responsabilités les plus lourdes qui aient jamais pesé sur les représentants d'un pays, elle a institué une vaste enquête. Elle a interrogé l'Université, comme elle le devait; mais elle ne s'est pas bornée à cela, parce qu'une corporation unique, si bien composée soit-elle, ne peut avoir les lumières nécessaires pour donner une réponse complète à cette question troublante: Quels sont les moyens à employer pour que l'éducation contemporaine réponde aux nécessités de l'époque? On a donc fait appel à toutes les compétences, et chacun a pu donner son avis.

L'enquête aboutira-t-elle à renseigner le Parlement sur les vrais besoins de notre temps et sur la valeur des solutions proposées de différents côtés? L'avenir nous le dira. Mais un point semble définitivement acquis: C'est que, s'il est si difficile de se mettre théoriquement d'accord sur la nature du mal dont nous souffrons et d'en déterminer les remèdes, il doit l'être beaucoup plus encore de réaliser les réformes urgentes qui s'imposent. Et si l'on avoue qu'il faut recourir aux lumières de tous pour diagnostiquer la maladie, il serait au moins téméraire de vouloir se passer de leur concours pour la guérir.

Il est d'ailleurs à remarquer que les pouvoirs publics eux-mêmes se sont rencontrés avec l'initiative privée en matière d'enseignement, par conséqnent avec la liberté, sur des terrains où l'entente a été facile, parce que personne n'a songé à éveiller des susceptibilités malheureuses. C'est ainsi que de nombreuses écoles ont été fondées sur tous les points de la France par des particuliers ou par des collectivités qui ont voulu donner satisfaction aux besoins très spéciaux d'une contrée ou d'une profession. Écoles des sciences politiques, écoles supérieures ou pratiques de commerce, écoles industrielles, écoles d'ingénieurs, d'électricité, de physique et de chimie industrielles, d'arts et métiers, instituts agricoles, écoles d'agriculture, de sylviculture, d'hydrographie, de navigation, des pêches maritimes; écoles d'architecture, de dessin, de musiques; écoles techniques et professionnelles de toute sorte; institutions pour les enfants délicats, pour les indisciplinés, pour les sourds-muets, les aveugles, etc. Là, où des écoles proprement dites ont été jugées inutiles ou trop coûteuses, on a établi des cours ou des séries de conférences, et partout on a su trouver des formules exactes, des programmes précis en rapport avec le but que l'on se proposait d'atteindre. Divers ministères ont favorisé ces entreprises, soit en leur donnant leur appui moral, soit en lui procurant des ressources, soit en les reconnaissant d'utilité publique; parfois même, ils les ont complètement prises à leur charge, en laissant néanmoins à leurs directeurs une autonomie réelle. Et de cette entente précieuse il est résulté des avantages immenses que le monopole, la centralisation et les combinaisons essayées par des conseils supérieurs n'auraient jamais pu procurer au pays.

Y aura-t-il donc toujours un terrain sur lequel l'entente demeurera impossible? Et sera-ce précisément celui où il serait le plus indispensable de s'unir, celui de l'éducation nationale? Car s'il nous importe d'avoir des commerçants, des ingénieurs, des praticiens, il faut surtout que nous ayons des hommes, des hommes qui sachent comprendre, agir, se dévouer, se sacrifier. La question est posée devant le Parlement. Elle l'a été par la passion ; espérons qu'elle sera résolue par la raison, par la justice, par le désir de mettre au service d'une cause éminemment noble toutes les ressources, toutes les énergies de la France. Le bien se fait lentement, et après cinquante ans de liberté relative, nous constatons que le progrès n'a pas toujours été aussi rapide que nos pères l'avaient espéré. Mais si la liberté nous était enlevée, le pays marcherait à grands pas vers la ruine; et dans cinquante ans ceux qui viendront après nous n'auraient aucune peine à dire ce que la France aurait perdu à la suite d'une mesure aussi odieuse, car ils parleraient sur le tombeau d'une nation.

SÉANCE SOLENNELLE DU MARDI SOIR

Le soir, à 8 heures, la première grande réunion avait lieu dans la salle des Folies-Bergère.

Au premier rang de l'assistance d'élite comprenant plusieurs milliers de personnes, on remarquait S. E. le cardinal Coullié, Mgr l'évêque de Montpellier, Mgr Péchenard, recteur de l'Institut catholique de Paris; Mgr Dadolle, recteur des Facultés catholiques de Lyon, MM. les vicaires généraux, le R. P. Régnault, président de l'Alliance des maisons d'éducation, les notabilités de la ville.

M. Chavent préside la réunion; il donne d'abord la parole à M. Joseph-Lucien Brun, qui résume les travaux de la journée en un langage élevé fort applaudi de l'assemblée.

M. Reverdy, président d'honneur de l'Association catholique de la jeunesse française, adresse, en termes délicats, des remerciements à Son Eminence, puis il présente les deux orateurs de la réunion : MM. Jacquier et Lerolle. Dans une vibrante péroraison, il se fait l'interprète des sentiments qui animent les membres de l'Association catholique de la jeunesse française.

DISCOURS DE M. REVERDY

ÉMINENCE, MESSEIGNEURS,
MESDAMES, MESSIEURS,

La première parole que je prononcerai dans cette ville de Lyon, au nom de l'Association catholique de la Jeunesse française, sera une parole de remerciement pour Votre Éminence.

Il y a déjà bien longtemps que nous avons eu le bonheur d'exprimer à Votre Éminence notre reconnaissance et notre profond respect ; nous sommes heureux, aujourd'hui, de pouvoir redire ici publiquement nos sentiments, que partagent tous les jeunes gens catholiques, à l'égard de l'éminent archevêque de Lyon et du primat des Gaules.

Je tiens également à remercier le Comité catholique de Lyon, qui nous a prêté un si puissant appui dans l'organisation de ce Congrès, et, enfin, cette belle et grande ville, où nous nous réunissons pour la deuxième fois. En 1891, nous avons tenu ici un premier Congrès, et je me rappelle que, dans les Congrès successifs que nous avons eus depuis, celui de Lyon ayant été si beau, nous nous demandions toujours si nous retrouverions un pareil succès et un accueil aussi aimable? Mais, pour revivre les souvenirs du Congrès de 1891, nous n'avons eu qu'à venir au Congrès d'aujourd'hui.

D'ordinaire, comme président de l'Association, j'ai la mission de présenter les orateurs de la soirée. Mais vous présenter M. Jacquier, à Lyon, c'est parler de Démosthènes à Athènes, de Cicéron à Rome ; c'est rappeler aux échos du Palais les accents de Berryer, ou encore à vos mémoires ces vers de Chénier qui caractérisent si bien votre grand orateur :

> . . . . Ici de Périclès,
> La voix, l'ardente voix, de tous les cœurs maîtresse,
> Frappe, foudroie, agite et soulève la Grèce.

M. Jacquier, on ne le présente pas, on l'écoute tout palpitant, et, surtout, on l'applaudit... (*Applaudissements.*)

Quant à M. Lerolle, c'est « mon député »... (*Rires*) et j'en suis fier. Lui, non plus, je n'ai pas à vous le présenter, car il appartient à la France, par son rôle dans le Parlement, par son activité qui, sans cesse, sillonne nos routes pour répondre aux appels que l'on fait à sa voix éloquente. Il appartient à la France, par ses qualités, par cet amour des petits, des humbles, qui reste la note glorieuse de notre nation française.

Ecoutez ces grands orateurs, Messieurs, applaudissez-les, suivez-les. (*Applaudissements.*)

Jeunes gens catholiques, je vous demande la permission, puisque je suis encore un jeune, de m'adresser spécialement à vous et de vous dire : Suivez-les dans la défense de la liberté d'enseignement, c'est votre devoir et votre mission, car vous êtes nés dans cette liberté.

Vous y êtes nés, que vous apparteniez à l'Enseignement libre ou à l'Université : la liberté fait aussi bien sentir son influence en modérant l'action de l'État sur l'enseignement, qu'en soustrayant l'enseignement à l'action de l'État. Qu'étiez-vous en 1827, en 1830, en pleine époque de monopole ? « Qui osera raconter ce qui se passait alors dans les collèges ? Les hommes doutaient de tout : les jeunes gens nièrent tout. Les poètes chantaient le désespoir; les jeunes gens sortirent des écoles avec le front serein, le visage frais et vermeil, et le blasphème à la bouche... Des enfants de quinze ans, assis nonchalamment sous des arbrisseaux en fleur, tenaient, par passe-temps, des propos qui auraient fait frémir d'horreur les bosquets immobiles de Versailles. La communion du Christ, l'hostie, ce symbole éternel de l'Amour céleste, servait à cacheter des lettres; les enfants crachaient le pain de Dieu. » Et ces paroles, stigmatisant le monopole, ne sont pas, comme vous pourriez le croire, de Montalembert, elles sont de Musset !

Qu'êtes-vous maintenant ? Une force qui grandit. La meilleure preuve, c'est que tous ceux qui comprennent la gravité de l'heure actuelle se rapprochent de vous : ils vous conseillent, ils vous guident, ils se penchent sur votre jeunesse comme sur l'avenir, avides de continuer avec elle ce sublime dialogue des maîtres et des disciples qui, dans tous les temps, passionna les grands croyants et les profonds penseurs, parce qu'il est le colloque de la Foi ou de la Science avec la Vie. (*Applaudissements.*)

Combattez donc pour la liberté d'enseignement.

Défendez-la au nom de sa source, au nom de cette Liberté qui fit battre autrefois tous les cœurs. Si ce mot n'éveille plus les mêmes échos magiques, ce n'est pas que la Liberté soit moins belle ou plus inaccessible, c'est, hélas ! que les âmes s'éprennent moins d'idéal et que les caractères sont abaissés.

Défendez-la au nom des principes de vos adversaires. Après la proclamation de la liberté d'enseignement sous la première, la seconde et la troisième République et devant sa suppression, les citoyens finiraient par croire que ces principes ne sont inscrits dans les recueils des lois que pour être plus vite oubliés, et gravés dans la pierre que pour mieux rester stériles.

Défendez-la au nom de l'honneur même de l'Université. A cette suppression peut-être pourrait-elle gagner des élèves : compromise dans la considération publique et amoindrie dans sa propre estime, elle verrait ses arrêts frappés de suspicion légitime et tomberait au rang d'instrument vulgaire de coercition politique. La liberté grandit le professeur et sauvegarde son beau titre de maître ; le monopole le transformerait en agent de l'État, en valet de la politique, en esclave de la franc-maçonnerie.

Mais si vos voix, malgré la puissance et la sincérité de vos accents, ne peuvent ranimer dans l'âme des politiques les sentiments de liberté que ne cessent de confesser leurs lèvres, tournez-vous vers le peuple dont ils dépendent par l'élection. Agitez l'opinion. Comme les arbres, alors que commence seulement la récolte, elle a besoin d'être secouée violemment pour donner ses premiers fruits, mais plus votre mouvement se développera, plus la tâche deviendra facile.

Faites appel à ces sentiments de justice que comprend l'ouvrier. Nous payons l'impôt pour soutenir des collèges dont nous n'usons pas : nous ravira-t-on le droit de payer encore une fois pour ceux auxquels nous voulons confier nos enfants ?

Elargissez la question : la liberté d'enseignement n'est pas seulement pour le fils du bourgeois, elle est aussi pour l'enfant du peuple qui a le droit d'exiger le même respect pour ses croyances. La liberté n'est pas seulement pour l'élève, elle est aussi pour le maître. Sa mission doit le placer au-dessus et en dehors de la politique. Que ceux qui soulèvent ce gros problème de la liberté d'enseignement prennent donc garde : quand la cloche est mise en branle, le clocher tout entier vibre. Qui sait où s'arrêteront les conséquences de la suppression de la liberté d'enseignement : agitation répandue dans le pays, divisions renouvelées, irritation des familles, introduction de la politique dans les collèges, asservissement du corps professoral, abaissement des études... (*Applaudissements.*)

Mais à cette défense grandiose vos forces, jeunes gens, ne suffiraient pas. Si vous pouvez commencer la campagne avec l'entrain de la jeunesse, c'est à vos pères de la diriger et de la faire aboutir avec leur énergie, leur influence et leur sens politique. Ils ont pu vous élever dans la liberté, laisseront-ils ceux qui seront vos fils, et qu'ils aimeront autant et plus que vous-mêmes, redevenir esclaves? Relisez avec eux cette belle page de Montalembert qui ne cessera de rester une flétrissure pour le monopole tant qu'elle trouvera un écho dans le cœur d'un père et, j'en appelle à vous, Mesdames, dans le cœur d'une mère :

« Un pareil système doit et peut convenir à des parents incrédules ou indifférents qui seraient fort embarrassés d'avoir des enfants plus religieux qu'eux-mêmes. Mais il est atroce de l'imposer à ceux qui croient au vieux catholicisme, qui pratiquent ses lois et qui trouvent que cette foi et cette pratique sont le plus précieux héritage dont ils puissent doter leurs enfants. J'ai passé deux années à Sainte-Barbe, j'y ai été fort heureux; je marchais au bord de l'abîme presque sans m'en apercevoir, mon âme s'ouvrait graduellement à l'atmosphère empoisonnée qui avait tout infesté autour de moi... Si j'étais entré plus tôt pour rester plus longtemps, j'aurais, à coup sûr, suivi le torrent. Dès que je pus mesurer la profondeur du gouffre auquel j'avais échappé, une vraie terreur s'empara de mon cœur et ne fit place qu'à la résolution énergique de combattre, tant que je vivrais, un monopole qui dérobe sournoisement à l'Église sa liberté et aux pères de famille catholiques la foi et l'innocence de leurs enfants (1). (*Applaudissements.*)

Vous me pardonnerez, Messieurs, cette citation un peu longue, mais, en cette matière de la liberté d'enseignement, je ne puis détourner ma pensée de Celui qui fit tant pour l'obtenir.

On dit qu'au moment où le Cid allait mourir, les Maures, conduits par leur roi Bucar, envahirent le territoire de Valence; à cette nouvelle, le vieux guerrier appela ses amis : « Je serai mort, leur dit-il, quand arrivera Bucar et sa canaille. Mais vous me placerez droit

(1) Montalembert : *Lettre* du 16 octobre 1844. Vicomte de Meaux, p. 14.

entre deux planches sur mon cheval; vous mettrez mon épée dans ma main droite; l'évêque Don Géronimo se tiendra à mes côtés et me conduira face à l'ennemi. »

Puis le Cid rendit l'âme, et le bon écuyer Gil Diaz obéit ponctuellement à son maître.

Et quand ils virent le Cid Campéador s'avancer avec ses six cents chevaliers dans la plaine de Valence, les Maures épouvantés s'enfuirent vers la mer (1).

Nous aussi, dans cette veillée d'armes qui précède la lutte, nous voulons évoquer les grandes figures de ceux qui firent la conquête de la liberté d'enseignement. Nous voulons dresser leur imposant souvenir en face de l'ennemi et, nous inclinant devant eux avec un respectueux amour, nous leur disons :

« O Pères, dans l'âme de vos fils, faites passer un peu du feu de votre ardeur, mettez sur leurs lèvres, non l'éclat d'une éloquence qui n'appartient qu'à vous, mais la puissance de convaincre; grandissez leurs faibles forces à la hauteur de la tâche. Et si — ce qu'à Dieu ne plaise — ils ne doivent point revivre les temps de vos victoires, qu'au moins leur jeunesse ait la mission glorieuse de défendre votre conquête et, sur le sol de France, de faire flotter encore le drapeau de la Liberté. (*Applaudissements.*)

M. Charles Jacquier prend la parole, et, dans ce langage inimitable qui n'appartient qu'à lui seul, tantôt ironique et plaisant, tantôt pathétique, il expose nettement le but du Congrès : c'est la défense de l'une de nos plus chères libertés, c'est la revendication des droits menacés du père de famille.

(1) Lecanuet : *Montalembert, sa jeunesse*. Avant-propos, pp. III-IV.

DISCOURS DE M. JACQUIER

Nous avions espéré pouvoir donner le Discours de M. Jacquier, nous sommes obligés, à notre très grand regret, de nous contenter de l'analyse suivante qui ne donne qu'une très faible idée de l'effet produit sur l'auditoire par ce discours magistral.

Salué par les applaudissements de l'assistance, M. Jacquier rappelle qu'en 1845 le cardinal de Bonald présidait dans la salle des Pas-Perdus de l'Archevêché une séance à laquelle assistait le P. de Ravignan et où Montalembert fit entendre les accents d'une éloquence enflammée, après lesquels une médaille fut frappée avec ces mots en exergue : « Les fils des croisés ne reculeront pas devant les fils de Voltaire. » (*Applaudissements*).

A cinquante ans d'intervalle, un autre prince de l'Église, aussi vénéré qu'aimé, entouré de religieux frères du P. de Ravignan et victimes de demain, la parole d'un autre Montalembert vient plaider la vieille cause de la liberté d'enseignement. Mais en 1845, il s'agissait de conquérir cette liberté, aujourd'hui, il s'agit de la défendre. Si, en 1845, le premier comité d'action fut fondé à Lyon, en 1899, le premier cri d'énergique protestation devait se faire entendre dans la même ville. (*Applaudissements*.)

Pourquoi d'abord ce Congrès? Parce que nous sommes menacés dans la plus précieuse de nos libertés, la liberté d'enseignement, la loi de 1850. La franc-maçonnerie la guettait depuis longtemps, mais il y a un an à peu près, elle a démasqué ses batteries. Les projets de MM. Rabier, Levraud, Poulain ont voulu interdire l'accès de toutes les écoles de l'État aux élèves des écoles libres. MM. Combes et Rambaud ont proposé au Sénat des projets plus modérés mais plus perfides qui rétablissaient le monopole universitaire et le certificat d'études.

Eh bien, il faut montrer aux pères et aux mères de famille le danger que courent leurs enfants; il faut remuer l'opinion et lutter contre toutes les atteintes portées à nos droits inviolables. Voilà pourquoi tant d'hommes éminents se sont rendus à Lyon pour protester contre tous les projets liberticides. (*Applaudissements.*)

Quel est l'objet de ce Congrès ? En répondant à cette question, l'éminent orateur a eu des envolées superbes, et sa parole vibrante a soulevé les applaudissements enthousiastes de l'assistance tout entière.

L'objet de ce Congrès, a-t-il dit, c'est de rappeler à tous que les Rousseau, les Danton, les Saint-Just en ont menti quand ils ont dit que les enfants appartiennent à l'État avant d'appartenir à la famille. Nos enfants sont à nous de par Dieu, et quand Dieu fait rayonner un berceau dans notre foyer, il nous impose des devoirs sacrés; mais il nous donne des droits inaliénables.

Eh quoi ! quand nous sommes libres de donner à nos enfants les habits, la nourriture qu'il nous plaît, nous ne le serions pas de leur donner nos croyances, notre foi, notre religion ? Non, mille fois non ! Il y aurait là une tyrannie insupportable pour nos âmes, pour nos cœurs, pour les fils de notre amour. Nos adversaires peuvent nous subjuguer, nous dominer, nous tyranniser; mais nous convaincre, jamais !

Nous lutterons jusqu'au dernier soupir pour Dieu, pour l'âme de nos enfants ! (*Applaudissements.*)

C'est pour cela que le Congrès de Lyon s'est réuni, afin de forcer l'opinion à s'émouvoir de projets de loi attentatoires à la plus sacrée des libertés.

M. Jacquier répond alors à deux objections des adversaires de nos écoles libres.

La première se tire des droits de l'État. Napoléon les a terriblement exagérés, mais il avait pour excuse le besoin de mettre l'ordre à la place de l'anarchie révolutionnaire. Nos adversaires actuels n'ont aucune excuse, et ils se font les pâles copistes d'un césarisme qu'ils ont flétri avec tant d'énergie. (*Applaudissements.*)

La moindre objection se tire de ce fait qu'il y aura deux France. Alors, M. Jacquier fait un superbe tableau de la vieille Monarchie, de la vieille France dans son épopée de quatorze siècles, dans la robe d'or que lui ont faite ses héros, ses poètes, ses orateurs, ses écrivains, ses soldats. Ah ! cette France, nous l'aimons de toute notre âme, et sans prétendre, ajoute l'orateur, au monopole du patriotisme, nous adorons la France du passé et même la France du présent avec sa trouée saignante du côté de l'est.

Est-ce que l'État trouve nos élèves moins généreux, moins patriotes, moins dévoués? De quoi se plaint-il donc?

C'est un collège catholique qui a formé Marchand, l'amiral Courbet, le général de Miribel. (*Salve d'applaudissements.*)

Et l'armée, la grande silencieuse, qui demeure debout sous l'avalanche des outrages, l'armée, à l'occasion de laquelle on nous fait la guerre, l'armée a des membres aussi disciplinés, mais non pas plus dévoués que les élèves de nos écoles libres.

Eh bien, s'écrie en finissant l'orateur, qui jamais peut-être n'a été mieux inspiré ni aussi éloquent, il nous faut défendre notre liberté chère entre toutes. Qu'importe que nous soyons vaincus? La victoire viendra tôt ou tard quand il plaira à Dieu de la donner. Nous aurons la joie d'avoir fait notre devoir et dit bien haut que la parole de Dieu ne revient pas vide. *Verbum Dei non redit sacrum.*

L'auditoire a fait à M. Jacquier une longue ovation, noblement méritée par sa parole si vibrante, si enlevante.

L'auditoire a fait, à M. Jacquier une longue ovation. Après lui, M. Lerolle se lève. Le vaillant député de Paris n'a pas obtenu moins de succès que l'illustre avocat lyonnais, après lequel il s'est excusé modestement de prendre la parole.

DISCOURS DE M. PAUL LEROLLE,

député de la Seine.

ÉMINENCE,
MESSEIGNEURS,
MESDAMES,
MESSIEURS,

Il est une liberté, de droit naturel, supérieure à la volonté des hommes, qui contribue, par les efforts mêmes qu'elle suscite, au développement de l'instruction, garantit les droits de la conscience, assure l'autorité nécessaire de la famille et est la meilleure sauvegarde de toutes les autres libertés : c'est la liberté d'enseignement. Voilà cinquante ans, que cette liberté a été en partie reconquise, et elle semblait à l'abri de toute atteinte. Et cependant elle est aujourd'hui contestée, elle sera peut-être demain violée par ceux-là même que leurs principes devaient en faire les plus fermes soutiens.

Tout enseignement libre est menacé : mais c'est surtout l'enseignement chrétien que doit supporter les premières et les plus violentes attaques. Et c'est ainsi que nous, catholiques, sommes appelés à cet honneur insigne d'être aujourd'hui, à la face du monde, les défenseurs de l'enseignement, de la conscience, de la famille, de la liberté humaine. (*Applaudissements.*)

Je viens vous parler de nos devoirs en ces jours de lutte qui s'annoncent. Peut-être aurais-je dû me taire après l'éloquent orateur que vous venez si justement d'applaudir. Mais je m'enhardis à lui succéder, parce que je sais que la grandeur du sujet suffit souvent à l'intérêt du discours ; parce que sachant à quels esprits généreux je m'adresse, fort du dévouement sans borne que je vous apporte, j'ai confiance que ma parole sera un acte utile, en suscitant parmi vous d'ardentes et fécondes résolutions.

N'est-ce pas un spectacle étrange de voir les hommes qui se disent volontiers les héritiers de la Révolution qui ont fait de la déclaration des Droits de l'homme le principe même de leur vie publique, se mettre en contradiction avec eux-mêmes, en essayant d'empêcher la libre transmission de la pensée humaine par la liberté de l'enseignement? Ils mentent ainsi, en même temps qu'à la justice, aux doctrines dont ils se recommandent.

Il est certain, en effet, qu'aux premiers jours de la Révolution, alors que les espérances qui avaient uni un instant tous les ordres de la nation, n'avaient pas encore échoué dans le sang et la boue de la Terreur, il y avait unanimité pour affirmer cette liberté de l'instruction. Talleyrand, rapporteur du comité de constitution la proclame : « Si chacun, dit-il, a le droit de recevoir les bienfaits de « l'instruction, chacun a réciproquement le droit de concourir à les « répandre, car c'est du concours et de la rivalité des efforts indivi- « duels, que naîtra toujours le plus grand bien. Tout privilège est, « par sa nature, odieux, un privilège en matière d'instruction serait « plus odieux et plus absurde encore. »

Et à l'assemblée législative, Condorcet tient le même langage, soutenant que « le pouvoir qui interdirait d'enseigner une opinion « contraire à celle qui a servi de fondement aux lois établies atta- « querait directement la liberté de penser. »

Viennent la Convention et le Directoire, et vous savez quelles tyrannies la France doit subir. Par intervalles pourtant, la Liberté d'enseignement est encore proclamée. Mais alors, comme aujourd'hui, la liberté profite aux écoles chrétiennes, et comme aujourd'hui, les Jacobins dénoncent le péril, déclarent qu'il faut « arrêter les progrès des doctrines funestes qu'une foule d'institutions privées s'efforcent d'inspirer, et empêcher la prospérité coupable des écoles rivales. »

C'est pour obéir à ces sommations qu'un jour une grande enquête est ordonnée sous le Directoire. Et quels faits vraiment extraordinaires, le malheureux enquêteur est obligé de constater!

A Esbarres (Côte-d'Or), le maître Bouteloup a chanté un jour que les catholiques appellent dimanche. A Lorne, un élève, invité à lire, commence par faire le signe de la croix. Pareilles choses se peuvent-elles souffrir? Voilà qui est pis. A Marly-la-Machine, autrefois Marly-le-Roi, l'institutrice a osé quêter à l'église au jour de la première communion, et l'enquêteur qui la punit, écrit à ceux qui l'ont envoyée : « Comment ne pas arrêter des abus qui peuvent devenir funestes à la République? »; à Pontarlier, dix-huit élèves sont en prières quand l'inspecteur entre dans la classe; à Troyes, dans un rapport bien sévère, on constate que les institutrices sont « très religieuses, dévotes, cagotes, bigotes. » Les instituteurs ne valent sans doute pas beaucoup mieux, car, si 19 institutrices sont révoquées, on interdit aussi 7 instituteurs. Et c'est ainsi qu'un très grand nombre d'écoles privées sont fermées, sur des prétextes divers, sans que l'enseignement public en soit plus prospère.

Cependant ces abus d'autorité ne parviennent pas à étouffer complètement la voix de ceux qui sont restés fidèles aux principes de la liberté promise. Des protestations se font entendre venant des hommes les moins suspects, et l'on peut dire que la liberté d'enseignement, en ces temps troublés, est affirmée presqu'aussi souvent qu'elle est violée. C'est le ministre Daunou, qui dans le préambule de sa loi, flétrit « la tyrannie stupide de Robespierre. » C'est Grégoire lui-même qui dit que « Robespierre voulait ravir aux pères une mission de la nature, le droit sacré d'élever leurs enfants » et il ajoute : « C'est un crime. Sous prétexte de nous rendre des spartiates, il voulait faire de nous des Ilotes. » Et enfin Lakanal, dans l'article 10 de la loi qui l'a rendu célèbre, déclare que « la loi ne peut porter « aucune atteinte au droit qu'ont les citoyens d'ouvrir des cours ou « écoles particulières et libres sur toutes les parties de l'instruction « et de les diriger comme bon leur semble ».

Et ces principes de liberté, la seconde république tient à les proclamer dans sa constitution même. Par la loi de 1850, elle en fait une réalité féconde, continuant l'œuvre commencée en 1833 pour l'enseignement primaire par Guizot. Grâce à ces deux lois, notre pays se couvre d'écoles, l'initiative privée vient en aide aux institutions de l'État, et depuis cinquante ans l'instruction reçoit un admirable développement.

La troisième république, libérale à ses débuts, nous donne enfin la liberté de l'enseignement supérieur.

Et cette triple liberté reconquise enfin, semblait ne pouvoir plus jamais être attaquée. Comment donc, sans mentir à leurs principes, à leurs traditions, les hommes de cette république pourraient-ils le contester? Le faire serait pour eux une honte, semblerait à tous une absurdité. Elle répond si bien aux aspirations, aux nécessités de ce temps; elle est si évidemment l'instrument nécessaire pour unir tous les concours dans cette grande œuvre de l'éducation nationale, afin de porter à leur plus haute puissance les qualités de cœur et d'intelligence que la Providence nous a données!

Et cependant l'invraisemblable est vrai. Des hommes se sont rencontrés qui ont entrepris de détruire, dans ce pays, la liberté d'enseignement, d'établir sur ses ruines je ne sais quelle tyrannie intellectuelle de l'État. Ils veulent façonner à leur guise les cerveaux des futurs citoyens, sans doute pour s'assurer de dociles électeurs. Nous devions vous dénoncer le péril, le crier à tous ceux qui ont encore le souci de la dignité humaine.

Le mouvement que nos adversaires essayent de créer est bien factice. Mais leur audace est grande, et s'ils réussissaient, grâce à notre inertie, à nos divisions, c'en serait fait de toute liberté. Écoutez ce que disait Chaptal, par avance de leurs projets : « Le gouvernement, maître absolu de l'instruction, pourrait tôt ou tard la diriger « au gré de son ambition ; ce levier, le plus puissant de tous, deviendrait peut-être, dans ses mains, le premier mobile de la servitude. « Toute émulation serait éteinte : toute pensée libre serait un crime, « et peu à peu l'instruction qui, par sa nature, doit éclairer, bientôt « dégénérée dans la main de quelques instituteurs timides façonnerait toute une génération à l'esclavage. »

Une génération façonnée à la servitude, voilà donc le péril de demain! La question n'intéresse pas seulement notre foi religieuse ; c'est la liberté humaine que nous avons à défendre, c'est contre une intolérable oppression que nous devons protester. (*Applaudissements.*)

Vous savez leurs projets. Divers dans leurs apparences, ils tendent tous au même but : la suppression violente ou hypocrite de la liberté. Laissons de côté, si vous le voulez-bien, ces projets qui consistent à supprimer l'examen du baccalauréat pour les élèves des lycées, à le maintenir pour les autres, et à donner pour examinateurs aux candidats sortis des institutions libres les professeurs des institutions publiques. Beaucoup de maîtres universitaires trouvent que ce serait là une réforme dangereuse pour l'enseignement, et pour eux un cadeau funeste. Mais les hommes qui mènent la campagne contre la liberté, n'ont eux-mêmes, il faut le reconnaître, qu'une médiocre confiance dans ce système. Pour que cette organisation fît échec à la liberté, il y faudrait la complicité des partialités injustes de l'examinateur. Or, nous connaissons tous de ces maîtres dévoués à leur œuvre, enfermés pour ainsi dire dans la noble modestie de leur vie, et incapables de se prêter à de semblables machinations. Ils sont nombreux, ceux sur qui les ennemis de la liberté ne pourraient pas compter. Aussi déjà, ils sont suspects. Comment avoir confiance dans des hommes atteints de spiritualisme. soupçonnés même de cléricalisme? N'ai-je pas entendu dénoncer, à ce point de vue l'enseignement universitaire. Ne vous souvenez-vous pas, qu'il y a quelques semaines le Conseil municipal de Paris demandait la complète laïcisation de l'enseignement de l'État? (*Rires*). De tels projets peuvent plaire aux habiles, ils ne suffisent pas aux violents qui, pour tuer l'enseignement libre, veulent autre chose.

Voici ce que l'on a trouvé. On exigerait de tous ceux qui veulent entrer dans les administrations publiques, qui se présentent aux grandes écoles de l'État, un certificat attestant qu'ils ont fait un stage de deux ou trois années dans les collèges, ou lycées de l'Université.

Vous l'entendez : pour réussir dans un examen, pour obtenir une place qui doit être donnée au mérite, il ne suffira pas de faire preuve de science, de capacité, avant tout, il faudra prouver que cette science, cette capacité, on ne la doit pas aux maîtres de l'enseignement libre. En dépit des promesses retentissantes, en dépit de la déclaration des droits de l'homme qu'on affiche dans tous les préaux d'écoles le délit d'opinion est rétabli. Ce n'est pas absolument nouveau, du reste, et j'en ai déjà vu l'expérience.

Un concours avait été ouvert à l'Hôtel de Ville de Paris, pour l'obtention d'emploi de chimistes au laboratoire municipal. Or un des candidats les mieux notés n'obtint pas l'emploi désiré. On demanda à M. le Préfet de la Seine la raison de cette exclusion incompréhensible, et nous apprîmes avec stupeur que l'indignité de ce jeune homme venait des opinions religieuses, qu'il avait sans doute, mais qui avaient été manifestées violemment, disait-on, non pas par lui mais par des membres de sa famille, sa tante, si je me rappelle bien (*Rires*). Or cette exclusion des fonctions publiques, pour cause de cléricalisme il s'agit de la réglementer et de la généraliser.

C'est ce que réclamait avant tout dépôt de projet de loi, Le F.·. Lepelletier, parlant aux membres de sa loge : « Entre le numéro 1 d'une jésuitaire, disait-il, et le numéro 2 d'un établissement de l'État, je préfère le numéro 2. » Et pourquoi cela? Il en donnait ainsi le motif : « Pensez-vous qu'il faille tant de génie pour commander en second une compagnie et pour être sous-lieutenant! Pensez-vous qu'il faille tant de savoir pour occuper une place dans un ministère et même pour être sous-préfet (*Rires*)? »

Il ne m'appartient pas d'apprécier quelle somme de génie est nécessaire à un sous-préfet de la République, mais j'ai bien le droit de trouver étrange de pareilles propositions. Et elles viennent de ceux qui nous disent sans cesse qu'il est nécessaire de relever le niveau intellectuel des hommes de notre pays! Étrange manière, n'est-ce pas d'y réussir, en préférant dans les concours les derniers aux premiers!

Et en tout cela, que fait-on de l'égalité tant proclamée entre les citoyens? Quoi! voilà deux enfants qui auront un jour à supporter les mêmes charges, à qui la société imposera les mêmes devoirs, qui devront à la Patrie les mêmes dévouements, et vous créez entre eux, je ne sais quel abîme, vous faites entre eux, des différences injustifiables, permettant à l'un toutes les espérances, refusant à l'autre la récompense de ses efforts! Et cette injustice vous la commettez même lorsque ces jeunes hommes aspirent à se dévouer au pays dans la noble profession des armes! Oui, Messieurs, il en serait ainsi. Nous sommes à Patay : en face de l'armée allemande, une poignée d'hommes, mais ces hommes sont des héros : tout un jour, ils résistent, chaque fois qu'un soldat tombe un autre prend sa place, les sacrifices de la vie se font fièrement, joyeusement pour la Patrie, pour le Devoir, de si haute façon que la gloire de telles morts glorifie tout un pays, et que sur les tombes de ces martyrs fleurit la fleur d'espérance! (*Applaudissements.*) Vous applaudissez ces dévouements; eh bien songez que si les projets dont nous parlons avaient été alors réalisés, ces soldats héroïques, parce qu'ils avaient puisé leur patriotisme aux enseignements des écoles libres n'auraient pas pu être officiers dans cette armée qu'ils ont tant honorée! Est-ce que l'injustice qu'on prépare ne nous apparaît pas alors comme un acte d'antipatriotisme?

Cependant, il faut l'avouer, de semblables projets ne sont pas acceptés sans difficulté, même dans les loges maçonniques, qui sont les vraies officines d'où sortent toutes les lois faites contre nos libertés. Il y a des Fr∴ avisés, et prudents, témoin, ce Fr∴ F. Faure qui prévoyait le cas où un ancien élève des institutions libres, renégat des doctrines qu'il y avait apprises, se ferait franc-maçon et malgré cela se verrait refuser une place dans l'État parce qu'il n'était pas élève de l'Université. « Je vous demande, disait-il, mélancoliquement si celui qui peut-être un maçon dévoué, ne peut pas être un fonctionnaire de la République. » C'est un point de vue.

Il y en a un autre et plus sérieux. Je l'avais indiqué moi-même dans le bureau de la Chambre dont je faisais partie au moment de l'élection de la Commission d'enseignement. Il n'y a pas que les fonctions administratives, en France. Si ces fonctions sont interdites aux élèves des maisons religieuses, que deviendront-ils? Beaucoup n'auront pas le moyen, aucun, j'espère, n'aura la volonté de rester pour cela dans l'inaction, et ils seront contraints de porter leur activité dans le commerce, l'industrie, l'agriculture. Et nous aurons ainsi deux France, la France officielle administrative recrutée dans l'Université, et les élèves de l'enseignement libre s'adonnant aux professions où l'on créée la fortune du pays, en faisant la sienne. Où sera l'influence, et de ces deux France, laquelle finira par dominer l'autre? C'est justement la préoccupation du F.·. Faure, et voici les craintes qu'il exprime : « Il y aurait un très grand mal, dit-il, à ce « que l'élite de la démocratie représentée par des commerçants, des « propriétaires, des industriels fut recrutée parmi les produits de « l'enseignement clérical. Vous allez développer ce mal dans des « proportions formidables. Ceux que vous aurez exclus des fonctions « publiques deviendraient les maîtres de la fortune publique. »

Avouez, Messieurs, que si la violation du droit n'était pas toujours insupportable, ce Fr.·. maçon nous ouvrirait des perspectives assez consolantes, et que les ennemis de la liberté se tromperaient étrangement dans leurs calculs en exigeant les certificats d'études universitaires.

Aussi ceux d'entre eux qui osent pousser jusqu'au bout la logique refusent de s'arrêter à de pareils projets, et le F.·. Rabier, et le F.·. Levraud ont fait à la Chambre d'autres propositions. Le premier veut restaurer le monopole absolu de l'État en matière d'enseignement; pour le second, l'enseignement reste libre mais il exclut de cette liberté tous les membres du clergé, qui « ne pourront en aucun cas, tenir ou diriger un établissement d'éducation et d'enseignement soit primaire, soit secondaire classique ou secondaire moderne ». Vous le voyez, tout est bien prévu et c'est la mise hors la loi d'une partie des citoyens français, c'est la tyrannie dont parlait Chaptal.

Il pourrait rester encore pourtant un refuge à la Liberté, dans ces maisons où l'enfant conduit pour les classes au collège universitaire, est admis pour les récréations, les repas, les études, les répétition, et reçoit l'instruction religieuse. Détrompez-vous ; ces maisons sont utiles, il y a là un moyen d'influence, et le Fr.·. Lévraud, qui pense à tout les supprimera. On doit entendre en effet, suivant lui, par établissement d'enseignement dont la direction est interdite aux membres de clergé et des congrégations, « même les internats et externats recevant les élèves en dehors des heures des classes. »

Nous voilà certes, descendus cette fois jusqu'au fond de l'absurde et je ne peux admettre que pareilles choses soient jamais inscrites dans la loi. Mais ces projets ont été déposés à la Chambre des députés, en même temps qu'au Conseil municipal de Paris; il s'est trouvé une minorité importante pour déclarer que leur discussion s'imposait d'urgence, cela suffit pour nous montrer que la Liberté est en péril et que d'impérieux devoirs dès maintenant s'imposent à vous, que vos cœurs doivent se hausser à tous les dévouements du bon combat pour la religion la liberté, la justice. (*Applaudissements.*)

N'avons-nous pas aussi à défendre cette institution, la plus merveilleuse invention de Dieu dans les choses de l'homme, base de toute société civilisée, et qui s'appelle la famille? Il semble que pour certains de nos concitoyens ce soit la grande ennemie.

Elle n'est pas seulement, en effet, battue en brèche par des vices qui sont, hélas, de tous les temps comme la faiblesse humaine, mais elle est tous les jours attaquée dans son principe même, et dans le mariage qui en est le fondement. Au théâtre les liens du mariage sont les tenailles qui torturent, la chaîne pesante qu'il faut briser. Dans le roman à la mode, l'héroïne, c'est la femme insoucieuse de ses devoirs, sacrifiant tout à la passion faite d'instincts pervers, ou à je ne sais quelle sentimentalité clair de lune, caricatures du véritable et saint amour à la fois odieuses et ridicules. La loi par le divorce, se fait la complice de ces dépravations du sens familial. Il restait l'enfant cimentant par les affections qu'il assure, par les devoirs qu'il crée, ce qu'on appelle la trinité humaine, le père, la mère, et l'enfant. Mais chaque jour ce lien se détend, parce que chaque jour les parents sont expropriés de quelques-uns de leurs devoirs et pour porter le dernier coup, on nous enlèverait le droit que nous tenons de Dieu, de la nature, d'élever ceux qui sont nés de nous comme nous le voulons! Ah! cela, ne le permettons jamais! (*Applaudissements.*)

Ce droit d'éducation, en vertu de quel principe supérieur ose-t-on nous le contester? Ce n'est pas seulement la religion qui le proclame, les philosophes de droit naturel l'affirment aussi. « C'est un devoir imposé par la nature, dit encore Condorcet, et il en résulte un droit que la tendresse paternelle ne peut abandonner. On commettrait donc une véritable injustice en obligeant les pères à renoncer au droit d'élever leur famille. Par une telle institution qui briserait les liens de la nation, détruirait le bonheur domestique, affaiblirait ou même anéantirait ces sentiments de reconnaissance filiales, premier germe de toutes les vertus, on condamnerait la Société qui l'aurait adoptée à n'avoir qu'un bonheur de convention et des vertus factices. » On ne peut mieux dire.

Je sais bien qu'au même temps, Robespierre, Danton affirmaient le droit supérieur de l'Etat, et proclamaient que les enfants étaient à la république avant d'être à leurs parents. Mais cette théorie monstrueuse, quel père et quelle mère l'accepteraient? Aussi, de nos jours, on a inventé mieux. C'est au nom du droit de l'enfant, qu'on prétend supprimer la liberté d'enseignement. Certes nous ne nions pas les droits de l'enfant, puisque nous nous reconnaissons des devoirs envers lui. Mais ce droit spécial, ce droit qui fait échec à mon devoir et à mon droit d'éducation, quand naît-il, en quoi consiste-t-il ?

On dit qu'après les premiers vagissements du petit enfant, après ces douces appellations dont il salue son père et sa mère, un des premiers mots qu'il prononce nettement, c'est celui qui renferme tous ses instincts d'indépendance ou de révolte : non. Son droit est-il né à ce moment? Ce serait dangereux pour lui. Je crois qu'alors mon droit d'éducation est absolu. Mais l'enfant grandit, qu'est-ce que ce droit dont on me parle ?

Un auteur anonyme, qui signe : un Libéral, a bien voulu me renseigner. Rappelant le crime affreux d'un misérable père qui a abandonné la nuit par le froid un enfant dans le couloir d'une maison écartée pour l'y laisser mourir, il m'avertit que le père a certainement excédé ses droits. Là-dessus nous sommes complètement d'accord. Mais il ajoute que le père, non plus qu'il a le droit de tuer le corps, ne peut s'arroger le droit de décider le système philosophique qu'il enseignera à son enfant, ni d'opprimer sa conscienee en lui inculquant dès sa prime jeunesse les principes d'une religion. »

Je commence à comprendre et sans discuter, j'accepte cette définition. Le droit de l'enfant consiste à ne pas subir l'oppression de la conscience par l'éducation philosophique ou religieuse que lui donnerait son père. Soit. Mais alors personne ne comprimera par de tels moyens cette conscience qui a le droit de rester complètement indépendante? Détrompez-vous. L'Etat fera ce que le père de famille n'a pas le droit de faire.

Or l'État m'apparaît toujours sous une figure humaine, soldat je le vois dans l'officier, contribuable dans le percepteur, élève dans le maître qui m'instruit. Et plus ce maître sera soucieux de sa mission, plus il cherchera à inculquer dans l'esprit de mon enfant les principes de philosophie, de morale, et par conséquent de religion ou d'irréligion, qui lui sembleront les vrais principes. Alors, en réalité, le droit de l'enfant consiste à échapper à l'influence d'éducation de son père, pour subir celle de ces maîtres.

Eh bien j'avais cru être fixé sur ce droit, je m'étais trompé, il s'agit d'autre chose. Les francs-maçons m'en donnent la preuve.

C'est dans le rituel maçonnique du mariage. Les jeunes époux sont unis par la *chaîne d'amour*, ils tiennent en main la baguette de cristal, qui va être brisé ensuite pour leur bien montrer que les promesses qu'ils se sont faites sont fragiles, et, chose charmante à dire le jour du mariage, que leur union peut être facilement rompue. Le F∴ officiant fait son discours, et parlant des devoirs de la paternité il leur fait promettre que « leurs enfants seront élevés dans le respect de la science et de la raison, dans le mépris des superstitions, dans l'amour des principes de l'ordre maçonnique. Mais qu'est-ce que cela, sinon un programme d'éducation philosophique et morale? Et les jeunes époux s'engagent à le suivre. Mais que devient donc le droit de l'enfant? Ce sont cependant les Loges qui l'ont inventé, et on l'y connaît bien. Force m'est donc de conclure ceci : le droit de l'enfant qui prime le mien consiste à échapper à l'influence d'un père catholique, et à subir celle d'un père franc-maçon! (*Applaudissements.*)

Et c'est avec de pareilles billevesées, à l'aide d'aussi grossiers sophismes qu'on essaie de saper ce qui nous reste d'autorité paternelle, à détruire les antiques notions de la famille. Nos enfants! Rappelez-vous le premier petit berceau qui a comme ensoleillé la chambre nuptiale, sur lequel la mère s'est penchée avec tant de tendresse, où le père a cherché en un sourire la force et la récompense de son labeur quotidien! La vie des parents s'est suspendue à la vie de l'enfant, se confondant avec la sienne, heureux de ses joies, souffrant de toutes ses peines. Aucun effort n'a trop coûté pour assurer son avenir. Le souvenir de ses premiers sourires suffit à égayer la tristesse des vieillards et quand tout espérance humaine semble défaillir, l'espoir survit quand même et se prolonge sur lui au delà de notre vie. Pour lui nous avons travaillé, nous avons souffert; mais, par lui, nous avons bien vécu parce que nous avons généreusement aimé. Et ces enfants tant chéris, nous pourrons leur donner la vie qu'ils ont reçue de nous, leur transmettre la fortune que nous avons amassée pour eux et nous pourrons leur donner le meilleur de nous-mêmes, notre pensée, notre âme! Vraiment, ils ne savent donc pas ce que c'est d'être pères? (*Applaudissements.*)

Mais on ne fait pas le mal sans raison, et je cherche à quel intérêt supérieur on peut sacrifier tant de choses, liberté, justice, famille? Peut-on arguer de je ne sais quelle insuffisance de l'enseignement libre, qui serait un danger pour l'enseignement national? Qu'on démontre alors cette infériorité. Cela serait facile, il suffirait de dresser les tableaux comparatifs des succès des élèves de l'Université et des succès des élèves des institutions libres, et les pères de famille, avertis, seraient bien vite détournés des maisons où l'enseignement serait ainsi défectueux. Mais cette démonstration ne se fait pas, parce que l'enseignement libre est, en somme, à la hauteur de sa tâche.

Et d'ailleurs ne comprend-on pas les services rendus par l'enseignement libre à la cause générale de l'instruction? Le monopole amènerait fatalement l'abaissement des études. Qui n'a pas de point de comparaison, est moins porté aux efforts d'où naissent les améliorations; il cède facilement aux habitudes de la routine, et, comme en toute chose, qui n'avance pas recule, la décadence suit bien vite cet arrêt dans le progrès. L'émulation seule préserve de ce danger; et l'émulation n'existe réellement que par la liberté d'enseignement. Cela est d'évidence, et ce que je dis là, les amis les moins suspects de l'enseignement public l'ont proclamé.

C'est encore Concorcet qui disait que « la concurrence stimulera le zèle des institutions officielles, et qu'il en résultera, pour les écoles nationales, l'invincible nécessité de se tenir au niveau de ces institutions privées ». Et, dans notre temps, un homme qui jouit d'une autorité incontestée, M. Gréard, ancien directeur de l'enseignement à Paris, s'exprimait en ces termes sur l'enseignement libre : « Il est une des manifestation les plus élevées de l'énergie d'un peuple. Ce n'est pas assez de respecter son indépendance : il faut en faciliter l'expansion. » (*Applaudissements.*)

La preuve est donc bien faite : les écoles libres ne sont pas un danger pour l'enseignement national, et c'est un autre souci qui anime les détracteurs de la liberté. Lequel?

Ils nous disent qu'ils veulent refaire l'union entre les Français. Certes, je sais bien nos divisions. Heureusement elles sont, pour la masse énorme des braves gens qui, malgré des étiquettes diverses forment la majorité de ce pays, moins profondes et moins irrémédiables qu'on ne le dit. Ce qui nous sépare, en effet, bien souvent, ce sont moins des convictions opposées, que des préjugés habilement répandus par ceux qui en tirent profit. On confond ce qui est essentiel et ce qui est secondaire, ce qui est immuable et ce qui peut changer, et le plus souvent des divisions sur des points secondaires nous classent dans des camps opposés. Mais que quelqu'un vienne à prononcer ces mots que je vous dis, Famille, Patrie, Liberté, Justice, et leur résonnement couvre bientôt tous les bruits de discorde. On s'aperçoit alors qu'on est prêt à défendre ensemble au moins les principes essentiels à toute société civilisée. En quoi donc l'enseignement libre compromet-elle l'union des bons Français?

On nous dit que ce qui unit les hommes de notre temps, c'est l'altruïsme, la solidarité. Sous ces mots nouveaux, je reconnais de bien vieilles choses. La solidarité! Nous savons bien que nous ne sommes pas des êtres isolés sur la terre. Quand je m'interroge, je sens derrière moi la foule des ancêtres qui m'a précédé, devant moi la foule de ceux qui sortiront de moi, autour de moi la foule des hommes qui vivent en même temps que moi. Tout acte que je produis est un écho du passé, aura son retentissement dans l'avenir et, bon ou mauvais, profite ou nuit à ceux qui marchent avec moi dans les sentiers de la vie. Et cette communauté d'origine, d'espérance, d'efforts, de joies et de peines, à travers le temps et l'espace, constitue un lien mystérieux qui enserre tous les hommes : c'est là vraiment la solidarité humaine. (*Applaudissements.*) Et cette solidarité est génératrice de droits et de devoirs, devoirs de respect, de justice, d'amour!

Or, je le répète, en quoi les doctrines morales enseignées dans les institutions catholiques peuvent-elles nuire à ces droits, empêcher l'accomplissement de ces devoirs? Bien au contraire, elles assurent ces devoirs. On y apprend, en effet, qu'il faut être juste à ce point que non seulement il ne faut pas commettre l'injustice, mais qu'il ne faut même pas désirer en pensée ce que la justice condamne. On apprend que tout homme doit le respect à tout autre, le plus grand au plus petit, mais aussi que, pour être digne de ce respect, il faut commencer par se respecter soi-même jusque dans les profondeurs intimes de l'être, en regardant tout mensonge comme un déshonneur, en écartant de sa vie tout ce qui souille et corrompt. On apprend qu'il faut être bon, consoler toutes les douleurs, panser toutes les plaies et pousser l'amour jusqu'à aimer ceux mêmes qui nous font du mal. N'est-ce pas là, la plus haute doctrine sociale qui se puisse enseigner?

Et parce que cette doctrine, qui nous a été apprise dans notre enfance, que nous avons faite nôtre vraiment par la réflexion, domine d'autant plus notre vie que nous croyons la tenir non pas des hommes, mais de Dieu, on nous en ferait grief! on voudrait fermer les maisons où elle s'enseigne! Allons donc, messieurs, le prétexte de l'union à faire ne résiste pas à l'examen, et il faut essayer autre chose pour expliquer les projets contre lesquels nous protestons. (*Applaudissements.*)

Qu'on ne cherche pas non plus à invoquer l'opinion publique! Certes ce n'est pas l'Université qui provoque une pareille négation du droit, un tel défi au bon sens : le soutenir serait lui faire injure. Et, si j'interroge la grande voix populaire, elle monte à moi de tous les points de l'horizon... et je ne l'entends nulle part réclamer la violation de la liberté d'enseignement.

Non, ce mouvement anti-libéral est factice, créé, je le répète, uniquement par les Loges. Qu'est-ce donc qui les pousse? La fureur sectaire, dit-on. En êtes-vous bien sûrs? Dans le sectaire, il peut y avoir quelque chose d'élevé parce qu'il y a une idée, parce que, s'il sacrifie volontiers les autres à ses convictions, il peut aussi consentir à souffrir pour elles. J'ai cru longtemps au monstre sectaire, mais, depuis, je l'ai vu de près; il était en baudruche, un coup d'épingle le dégonflait. En voulez-vous des preuves?

Un jour un franc-maçon propose que : « Tout membre du Conseil du Grand Orient soit considéré comme démissionnaire... s'il ne prend pas l'engagement écrit de ne recourir ni pour lui, ni pour ses enfants mineurs aux pratiques des cultes religieux. » La proposition fut plébiscitée dans toutes les Loges. Elle eut dû être votée d'enthousiasme par ces hommes qui refusent aux enfants des autres toute instruction religieuse. Il n'en fut rien. Sur 350 loges affiliées, 57 seulement approuvèrent cette motion, les autres s'abstinrent ou votèrent contre. Reconnaissez-vous là des sectaires ou des habiles? Une autre fois, il était question de déclarer solennellement la guerre aux pratiques religieuses « comme nuisibles au perfectionnement intellectuel et moral de l'humanité ». Mais un certain F.·. Couty fit remarquer que ce n'était pas prudent, qu'on ne pouvait pas toujours s'abstenir de ces pratiques. Pourquoi? Voici la raison qu'il donnait : « S'il arrive que, dans nos provinces, nous faisons enterrer nos parents par l'église, ou faisons faire la première communion à nos enfants, cela tient quelquefois à des raisons... j'allais dire de convenance. » Et la majorité lui donna raison... Encore une fois est-ce là le langage d'un sectaire ou d'un habile?

Non, non, il s'agit bien moins de satisfaire je ne sais quelle fureur sectaire, que de servir des intérêts d'ambition. Écoutez cet aveu instructif: Il y a dix ans bientôt, en 1890, voici ce que disait l'orateur au convent du Grand Orient :

« Nous n'emportons pas encore le morceau, et il faut que cela soit. Eh bien, si la maçonnerie veut s'organiser, je dis que, dans dix ans, la maçonnerie aura emporté le morceau, et que personne ne bougera plus en France en dehors de la maçonnerie. »

1890-1900! Voici les dix années bientôt révolues, et c'est pour cela que le même jour, au conseil municipal et à la Chambre on attaquait la liberté d'enseignement. (*Applaudissements.*)

Et c'est pour manger le morceau, comme ils disent, parce qu'ils savent bien que, dans tout cœur chrétien, il y a des réserves d'indépendance qui tôt ou tard font explosion et brisent toutes les tyrannies, qu'ils ont entrepris de déchristianiser la France, en tuant l'enseignement catholique.

La France, la terre témoin des efforts de nos pères qui a entendu leurs chants d'allégresse aux jours de triomphes, leurs prières angoissées aux jours d'épreuves, la terre imprégnée du sang de tant de héros et de martyrs, vivifiée par le dévouement de tant de saints, la terre où nous trouvons à chaque pas les traces de notre magnifique épopée nationale et chrétienne, cette nation faite par le christianisme, ils veulent lui faire renier son baptême! (*Applaudissements.*)

Après Clovis qui se donne avec eux au vrai Dieu, nos pères aident Charlemagne à pétrir de ses mains puissantes ce qu'on appelle la chrétienté. Voici ensuite, confondus ensemble, tous les Français, nobles et vassaux, riches et pauvres, se levant au cri de « Dieu le veut », abandonnant châteaux ou masures, et courant là-bas, là-bas, si loin qu'ils ne savent où, pour délivrer le tombeau du Christ et qui sauvent l'Europe de la barbarie musulmane. C'est ensuite saint Louis, ce modèle du roi chrétien, qui ne laisse pas seulement aux siècles à venir l'exemple d'une vie sainte, mais aussi le modèle d'institutions, comme les confréries et corporations de métiers où se réalise un si bel idéal de concorde, d'union et de dignité humaine. Tout cela est rajeuni ensuite, et vivifié dans la figure radieuse de notre Jeanne d'Arc. Puis, quand nos rois ont achevé notre unité nationale, la France nouvelle, malgré les jours sombres des sanglantes persécutions où l'héroïsme des victimes rachète la criminelle fureur des bourreaux, poursuit son rôle, promène à travers l'Europe son drapeau glorieux, et aux derniers jours de cette longue histoire, lorsqu'il faut repousser le croissant aux extrémités de l'Europe, c'est la France encore qui conduit les nations chrétiennes, à la bataille de Navarin, et, lorsqu'il faut planter à nouveau la croix du Christ sur la terre algérienne, c'est à la France encore que la Providence donne cette glorieuse mission.

Et quand les jours mauvais sont venus, jour des grands deuils nationaux, et des mesquines tracasseries antireligieuses, la vieille sève chrétienne garde toute sa vigueur. Il se fait une magnifique efflorescence de nos œuvres de charité. Le grand cri d'amour poussé par le Christ sur la Croix retentit encore parmi nous, sans que les bruits du monde puissent l'étouffer, et le dévouement cahotlique débordant de notre pays, des milliers de religieux et de religieuses vont, se répandant sur toute la surface du globe, porter partout avec la connaissance de Dieu, l'amour de la France.

Et ils voudraient effacer tout cela, tarir tous ces dévouements, déchristianiser ce pays! Allons donc, ils sont trop petits pour une pareille œuvre! (*Salve d'applaudissements.*)

Merci de vos applaudissements : ils sont un engagement de votre part. Toujours, dans des réunions comme celle-ci, un grand courant de sympathies, d'enthousiasme, d'amour pour le bien circule à travers l'auditoire; on se sent meilleur, fier du bien qu'on veut faire, puis on s'en va... et trop souvent c'est tout. Qu'il n'en soit pas de même aujourd'hui, je vous en conjure. C'est notre éternel honneur que Dieu ait voulu pour le triomphe du bien avoir besoin des efforts de l'homme. Ne marchandons pas nos efforts, que de l'enthousiasme de ce soir naisse une action persévérante, dévouée et féconde.

Demain une parole plus autorisée que la mienne vous dira ce qu'il faut faire, comment il faut s'organiser. Aujourd'hui je vous dis seulement à tous, et à vous surtout jeunes gens qui nous avez appelés dans cette ville : courage et espérance !

Voici l'heure où il faut s'armer pour les beaux combats du droit et de la liberté ! Allez-y fièrement, car jamais plus nobles causes n'ont fait appel à vos courages; allez-y joyeusement, car, pour les cœurs généreux, c'est une joie véritable de vivre dans ces temps où chaque jour exige de nous un effort, et est l'occasion d'un mérite; allez-y honnêtement, ne vous servant jamais que d'armes absolument loyales, ne réclamant pour vous aucun privilège, mais seulement le droit commun qui appartient à tous, et résolus à respecter chez les autres cette liberté que vous réclamez pour vous-mêmes. (*Applaudissements.*)

C'est sur ce terrain qu'il faut nous placer résolument et sincèrement. Saint Paul, comparaissant devant le prêteur, proclama d'abord qu'il était chrétien; mais, quand les droits qu'il tenait de la loi romaine furent violés en sa personne, il jeta ce cri qui retentit à travers les siècles : « Je suis citoyen ». Tous aussi nous exigeons nos droits de citoyens. Nous aussi, en présence des violations du droit et de la liberté qui nous menacent, nous poussons le même cri de protestation : « Nous voulons être des citoyens libres dans un pays libre. » (*Applaudissements.*)

Que ce cri retentisse dans toutes les villes et dans tous les villages. Il sera entendu et compris. Est-ce qu'ils ne l'entendront pas, ces hommes de bonne foi, qui, sous le coup des déceptions qui s'accumulent, voyant qu'il manque quelque chose au monde, cherchent la vérité nécessaire et n'entendent pas qu'on supprime une seule des voies par lesquelles la vérité peut venir à eux ? Est-ce qu'ils ne l'entendront pas ces jeunes gens qui ne sont pas des vôtres, mais qui, étouffant dans l'air empesté du matérialisme, cherchent un air plus pur, veulent en toutes choses le renouvellement, aspirent à un idéal supérieur, et ne veulent pas qu'on tarisse une seule des sources de l'idéal? Est-ce que la grande foule, meilleure que ceux qui prétendent faussement parler en son nom, avide elle aussi de vérité et de justice, généreuse dans ses aspirations, ne comprendra pas les protestations du droit méconnu, de la liberté menacée? Si, si, vous serez entendus si vous le voulez énergiquement, et vous réduirez au silence les hommes de la servitude intellectuelle. (*Applaudissements.*)

Mais, si je me trompais, si les projets odieux dont je vous ai parlé devaient devenir des réalités, je vous dirais encore et quand même : courage et espérance! Parce qu'il n'y a pas pour le droit de défaite irrémédiable, parce que l'injustice ne dure qu'un temps, parce que le chrétien a une arme supérieure à toutes les victoires : c'est la charité, le dévouement béni de Dieu et poussé jusqu'au sacrifice. Notre Jeanne d'Arc prévoyant sa mort cruelle, disait : « Les Anglais me brûleront, mais ils n'auront pas la France. » C'était, dans ce mot, le sacrifice accepté, et l'affirmation que le sacrifice n'est jamais inutile. Elle avait raison. Interrogez l'histoire, elle vous dira que les sacrifiés volontaires sont toujours par eux ou par ceux qui leur survivent, les grands victorieux. Courage donc, catholiques, et espérance invincible! (*Applaudissements.*)

Les injustices peuvent s'accumuler, les droits peuvent être un instant impunément violés. Un jour dans le ciel pur, déchiré encore par l'éclair, le soleil commence à luire, il dissipe tous les nuages, et radieux, illumine la terre joyeuse d'avoir échappé aux foudres de l'orage.

Saluez, Messieurs ce beau soleil. C'est celui qui éclairera la France le jour où tous ses enfants, étant enfin unis dans une vérité mieux connue, dans une justice plus parfaite, dans un amour plus réel, elle saluera reconnaissante tous ceux qui auront été les défenseurs de la liberté humaine gardée ou reconquise! (*Applaudissements répétés.*)

La fin de ce magnifique discours a été accueillie par des acclamations et des applaudissements répétés.

M. Lerolle, par sa péroraison chaleureuse et entraînante, a produit une très grande impression sur son auditoire lyonnais, qui l'entendait pour la première fois.

M. l'abbé Garnier expose alors à l'assemblée l'utilité qu'il y aurait à résumer les principales données du rapport du R. P. Dublanchy en des traits populaires, mettant en relief les bienfaits de la loi de 1850, l'aggravation de l'impôt qui résulterait de sa suppression, en un mot tous les arguments propres à entraîner la masse des esprits indifférents mais non sectaires.

Mgr Péchenard et Mgr Petit, en appuyant cette proposition, insistèrent sur la nécessité de détruire le sophisme qui prétend que la liberté d'enseignement détruit l'*Unité nationale*.

M. Beaune, doyen de la Faculté catholique de droit de Lyon, lit le discours qu'il devait prononcer à la séance solennelle du soir. Il étudie les propositions de loi sur l'enseignement et prouve clairement l'hypocrisie des unes, l'injustice des autres, l'illogisme et l'absurdité de toutes. — Les catholiques doivent les combattre au nom du droit commun. L'auditoire est absolument charmé par cette éloquence, tour à tour pleine d'une émotion contenue ou animée par une mordante ironie.

M. le comte de Mun donne lecture de deux télégrammes apportant la chaleureuse adhésion de M. l'abbé Batiffol, recteur de l'Institut catholique de Toulouse, et de l'Association de la Jeunesse catholique de Tours, puis la séance est levée.

LES RÉCENTES PROPOSITIONS DE LOI
SUR L'ENSEIGNEMENT

RAPPORT DE M. BEAUNE

Ancien procureur général, doyen de la Faculté catholique de droit à Lyon.

MESSIEURS,

Depuis un siècle et plus, la France donne au monde un étrange et douloureux spectacle. Ses douze ou quinze révolutions se sont toutes accomplies au nom ou sous le prétexte de la liberté; aucune ne la lui a franchement, solidement assurée. Tantôt impatients d'autorité jusqu'à l'anarchie, tantôt enivrés de gloire, tantôt affamés de repos, nous avons passé tour à tour de l'extrême licence à la servile adoration de la force, de la liberté sans gouvernement au gouvernement sans liberté, et, si nous avons un jour arraché aux mains d'une Assemblée surprise de sa propre audace les suffrages qui consacrèrent une de ces libertés essentielles, primordiales dont la défense nous réunit en ce moment, c'est que ses mains tremblaient encore au poignant souvenir des périls courus la veille par la société française ébranlée dans ses assises fondamentales.

Qui êtes-vous donc, Messieurs, pour évoquer l'ombre protectrice de cette victoire inespérée et pour tenter de disputer les derniers débris de la loi du 15 mars 1850 à la haine ouverte ou à la perfidie cachée, cent fois plus redoutable, de ses adversaires? Qui êtes-vous, sinon les hommes les plus dénoncés, les plus injuriés, les plus maltraités et surtout les plus calomniés de France, je veux dire les catholiques? N'est-ce pas, en effet, contre vous et contre vous seuls que, depuis vingt années, s'est poursuivie, au nom d'une soi-disant libre pensée, l'œuvre d'avilissement et de proscription la plus persévérante et la plus déloyale, œuvre hypocrite et ténébreuse que l'on n'a pas avouée tout d'abord, mais qui a fini par se démasquer et qui, depuis lors, mobilise ouvertement toutes les forces coalisées et toutes les ressources disponibles de la puissance publique?

Qui êtes-vous, je le répète, Messieurs, si ce n'est des opprimés, des vaincus, des condamnés d'avance, et qu'attendre — je parle ici de moi-même, de moi seul, — d'une voix qui tombe, d'une ardeur qui s'éteint, suspecte par conséquent d'un retour trop complaisant vers le passé, qu'attendre, dis-je, de l'issue d'un combat dans lequel, en dépit des principes démocratiques, ce n'est plus le nombre qui fait la force, mais au contraire la force qui s'impose au nombre et par suite décide de la victoire?

Ne vous tromperiez-vous pas pourtant et n'y aurait-il pas pis qu'un excès de timidité ou une crainte décevante à déserter le champ de bataille dès le premier coup de clairon? Dans ce champ de bataille, vous avez un avantage, n'en doutez pas, vous y occupez, grâce à Dieu, une position dont il serait imprudent d'exagérer, mais plus dangereux encore de diminuer la valeur; vous représentez, vous défendez la liberté, non pas la liberté d'un parti, d'une caste, d'une opinion, comme celle des incroyants, non pas même la liberté exclusive de l'Eglise, si précieuse, si respectable qu'elle soit, mais la liberté de chacun et de tout le monde, la liberté sans épithète, la liberté anonyme; vous la revendiquez non seulement pour vous, mais pour tous, amis ou ennemis; vous n'entendez pas, comme vos contradicteurs, en faire un monopole à votre usage spécial et l'absorber en vous pour la refuser à autrui; vous ne réclamez ni faveur, ni privilège d'aucune sorte, en un mot vous ne voulez que le droit commun. Prétention archaïque et ridicule, j'en conviens, en un temps et dans une démocratie où l'on ne se sent vraiment libre qu'à la condition de gêner et de vexer son voisin; mais prétention dont la sincérité fait votre force et fera un jour, je l'espère, votre succès, parce que la bonne foi n'est pas encore chassée du monde et qu'il vient tardivement peut-être, mais infailliblement une heure où la bonne foi, jointe à l'ardeur des convictions, finit par dessiller les yeux des honnêtes gens qui, quoi qu'on dise, forment encore la majorité dans une nation passionnée pour la justice comme la nation française.

A cette liberté que vous réclamez simplement, non pour vous, mais pour elle, c'est-à-dire pour tous, voyons donc ensemble, sans parti pris, ce que l'on oppose ou ce que l'on entend y substituer. Au régime de la loi de 1850 sous laquelle vous persistez à vous abriter, bien qu'il n'en subsiste presque plus que vous seuls, et qu'elle se soit survécu à elle-même par un miracle de vitalité posthume dont on rencontrerait ailleurs difficilement d'autres exemples, tant on a pris le soin de l'émonder, de la rogner, de la dépecer, de la rendre stérile, voyons ce que d'habiles opérateurs, experts en chirurgie, se proposent de retrancher encore. Que ce mot d'opération n'offense la délicatesse ou la susceptibilité de personne. Je n'ai pas trouvé de meilleure figure pour exprimer ma pensée. Parmi les merveilleux tours de force qu'accomplissent les chirurgiens modernes, connaissez-vous la rhinoplastie ? Elle consiste à enlever un organe extérieur malade, à greffer à la place un corps étranger solide et à le recouvrir d'un lambeau d'épiderme emprunté à la peau voisine. L'opération ne manque jamais, dit-on. On se flatte de l'appliquer avec le même succès à l'enseignement secondaire. Celui-ci a un mal caché, paraît-il, un mal d'autant plus grave qu'il ne se plaint pas ; à tout prix il faut l'en guérir. Aussi, après avoir délicatement excisé la partie morbide et l'avoir remplacée par une chair artificielle, on recouvrira celle-ci d'un fragment de membrane cutanée pris sur le patient lui-même. En termes plus clairs, il s'agit d'opérer l'enseignement libre, de lui reprendre ce que la loi de 1850 lui avait conféré, tout en lui laissant l'étiquette, la *peau* de la liberté. On veut lui refaire un nouveau nez en soutenant qu'il est toujours le même.

Messieurs, je ne plaisante pas. J'en prends à témoin l'auteur de l'un des projets récents qui vous ont si vivement émus et qui ont donné lieu à cette réunion. « Il ne peut entrer dans mon esprit, dit-il, de porter en quoi que ce soit, d'une façon quelconque, directe ou détournée, aucun préjudice à l'enseignement libre. Il est maintenu intégralement par ce projet dans la possession de tous les droits, de toutes les franchises qu'il tient de la législation antérieure. » Mais « il ne peut être question d'appliquer à l'enseignement secondaire libre le régime spécial d'examen prévu pour l'enseignement public. »

Nous verrons, tout à l'heure, quels sont les motifs, ou plutôt les prétextes de la dissemblance. En ce moment, je ne retiens de ces paroles solennelles qu'une chose : l'affirmation du maintien de la loi de 1850; comme sur nos murailles publiques, le mot liberté restera inscrit au fronton de l'enseignement.

A vrai dire, le législateur dont je parle, et dont vous me pardonnerez de ne pas citer le nom — c'est un ancien universitaire — aurait eu bien mauvaise grâce, ajoutons même bien de l'ingratitude à viser directement la loi de 1850. Si elle a profité aux maîtres libres, elle n'a pas moins servi les professeurs de l'État, l'Université. Elle ne leur a pas seulement donné le stimulant de l'émulation et de la concurrence, cet excitant précieux qui, dans les pays libres, a élevé si haut les œuvres d'enseignement. Si l'Angleterre n'avait pas Cambridge, que serait devenu Oxford dont elle est si fière? Mais, à la concurrence, le régime de la liberté a joint un autre bienfait non moins apprécié du personnel des lycées et des collèges. Il a relevé la condition de ses membres, il a amélioré leur existence matérielle et jusqu'à leur dignité morale. Prenez leurs traitements de 1847, et comparez-les à ceux de 1899 : ils ont plus que doublé, triplé même, sans aucune proportion avec ceux des autres fonctionnaires, et cela dans le but unique d'offrir une prime aux sujets distingués, de prévenir les désertions, et de soutenir avec avantage la lutte contre les établissements rivaux.[1] On s'est dit, non sans raison : ce qui ne coûte rien ne vaut rien. C'est la haute paye qui crée les corps d'élite, parce qu'elle leur donne, avec l'aisance, le sentiment plus vif de ce que les Anglais appellent la *respectability*. A qui, de son propre aveu, l'Université la doit-elle, si ce n'est à la liberté?

Le procédé était ingénieux, mais il n'a pas suffi, paraît-il, puisque la population scolaire des lycées et des collèges de l'État va toujours en décroissant. Au 1er mai 1897, j'emprunte ces chiffres au rapport de M. le député Bouge (1), elle était en bloc de 84.839 élèves, tandis que les établissements libres de toute nature, y compris les petits séminaires, en comptaient 97.582. Et, dans ce chiffre de 84.839 élèves de l'Université figurent 4.909 boursiers, c'est-à-dire des enfants qui sont payés pour être instruits au lieu d'être payants ! Différence au profit des maisons privées : 12.743. C'était sérieux. On a appelé cela la crise universitaire. Je n'en recherche pas en ce moment la cause, je ne veux qu'étudier les moyens proposés pour y remédier. Et encore négligerai-je les plus héroïques, les plus radicaux, ceux qui émanent directement d'une société secrète bien connue, et qui concluent franchement au retour au monopole, à la suppression de la liberté. Je veux parler uniquement des projets qui tendent à la gêner, à l'appauvrir, à l'étouffer par des artifices législatifs.

Le premier, et peut-être le plus connu, du moins le plus bruyant, n'est pas nouveau. Il est — son auteur le confesse — la reproduction presque littérale d'un projet rédigé en 1896 sous le ministère Bourgeois. C'est un revenant. En quoi consiste-t-il ? Dans la substitution à l'épreuve du baccalauréat d'un examen de fin des études secondaires, subi à l'intérieur des lycées et collèges devant les professeurs de l'établissement qui peuvent, au vu du livret scolaire et des notes du candidat, le dispenser de tout ou partie de l'examen. Quant aux élèves des maisons libres et à ceux qui ont été instruits dans leurs familles, ils seront examinés par un jury d'État, composé de professeurs titulaires

(1) *Journal officiel*, Documents parlementaires de la Chambre des députés de 1897 ; rapport du 20 juillet 1897, p. 1819. D'après M. Max Leclerc, qui a déposé devant la Commission parlementaire de l'enseignement, la population scolaire des établissements publics en 1897 aurait représenté 46 % de la totalité des élèves de l'enseignement secondaire, et celle des établissements libres, à la même date, 53 %. M. Leclerc constate de plus que de 1887 à 1897, les établissements ecclésiastiques ont, à eux seuls, déduction faite des laïques, gagné 17 % du total de la population des institutions de l'enseignement secondaire.

ou émérites de l'enseignement secondaire public, et qui leur délivrera, ou non, un certificat d'études.

A première vue, rien de plus simple, j'allais dire rien de plus innocent. On va même, pour les candides, jusqu'à soutenir que ce fut le système de l'enseignement en France pendant des siècles, et qu'il ne prit fin qu'en 1808. Nous retournerions ainsi à l'ancien régime, et, Dieu me pardonne! aux Jésuites. L'auteur du projet, j'imagine, aime à rire ; mais, lorsque je reconnais en lui un frère de ceux qui désignent le Souverain Pontife sous cette élégante périphrase : « Le maître Jacques, qui joue à Rome le Père Éternel », lorsque je retrouve en sa personne le ministre des cultes qui, le 29 mars 1896, à l'hôtel de ville de Beauvais, prononçait publiquement ces paroles, si mal démenties qu'elles firent l'objet d'une enquête par ses collègues : « A l'époque où les vieilles croyances, plus ou moins absurdes et en tout cas erronées, tendent à disparaître, c'est dans les loges que se réfugient les principes de la vraie morale », je cesse de m'étonner et je commence à comprendre : il aime surtout à ressusciter le fameux axiome : La fin justifie les moyens.

Ainsi donc, d'après le grand projet, voici ce que sera le certificat d'études ; le baccalauréat est supprimé pour les élèves de l'Université, et maintenu pour les autres. Les premiers seront justiciables de leurs propres maîtres, et les seconds des professeurs de l'État : on examinera les uns à huis clos, en famille, et une note complaisante les pourra même dispenser de toute épreuve ; les autres comparaîtront solennellement devant un tribunal formé, je le veux bien, de juges impartiaux, mais étrangers et naturellement mis en défiance, parce qu'ils ne connaissent ni les méthodes d'enseignement employées, ni le passé des élèves, qui ne sauraient dès lors tenir compte, ni de leur assiduité, ni de leur zèle, ni de leur travail antérieur ; à ceux-ci tous les hasards de ce que vous appelez une loterie ; à ceux-là toutes les faveurs, toute la bienveillance, toute l'indulgence acquise dans la vie commune sous le même toit, dans une fréquentation quotidienne, prolongée pendant plusieurs années, et où s'établit entre le maître et l'élève, même à leur insu, malgré eux, une familiarité sympathique qui redouble quand l'honneur de la maison est en jeu !

Et pourquoi cette différence ? Ici, j'appelle toute votre attention. Parce que, dit-on, le droit de conférer les grades appartient à l'État. « Pourvu, déclare l'auteur du projet, que l'État permette à tous les candidats l'accès des carrières publiques ou préalablement l'accès de ses grades sans leur imposer ses programmes d'études et son enseignement, il échappe à toute accusation d'arbitraire. »

Vraiment! Et qui donc, je le demande, rédige, promulgue, impose les programmes officiels ? Et qui donc, si ce n'est vous-même, a préparé un certain article 10 d'un projet de décret annexé à la proposition de loi déposée au Sénat, article dans lequel je lis : « Un décret délibéré en conseil supérieur de l'instruction publique déterminera les *matières*, modes et conditions de l'examen subi devant les deux jurys? »

La collation des grades est, dites-vous, un droit régalien. Mais vous vous démentez vous-même quelques lignes plus haut, lorsque vous écrivez à propos des collèges communaux : « Il est contradictoire de déclarer un maître à la fois suffisant pour donner un enseignement et *incapable d'en contrôler les résultats.* »

S'il y a contradiction pour les collèges de l'Etat, n'y en a-t-il pas une en ce qui concerne les établissements libres ?

Oh ! objecte-t-on, c'est que, chez ces derniers, l'Etat n'a ni la surveillance, ni la direction des études. Les maîtres, il les ignore. Il ne leur demande pas même d'être pourvu d'un grade. Les études y sont inférieures. Il n'y est qu'un « gardien de l'ordre et des mœurs ».

Et bien! oui, c'est ce qu'a voulu la loi de 1850, et c'est précisément ce en quoi consiste la liberté, la liberté pour tous, la liberté sincère et complète de l'enseignement. Est-ce ainsi que vous entendez la respecter?

On ajoute : « Le droit commun, ici, c'est l'identité des sanctions attachées au certificat d'études. »

Mais où est-elle, cette identité, si ce certificat est délivré de deux façons différentes et par deux jurys qui ont une origine et une composition dissemblables?

Vous alléguez qu'il ne faut pas « enlever les élèves de l'enseignement secondaire à leurs juges naturels, que la vraie réforme à opérer, c'est de les leur rendre ».

Et immédiatement vous les en privez!

Vous affirmez que, dans cette épreuve, il y a en jeu « une question sociale ».

Et, en conséquence, cette question, vous la résolvez par l'inégalité, par l'injustice!

Vous ne craignez pas de comparer l'erreur de l'examinateur qui n'a pas su reconnaître les titres d'un candidat à une erreur judiciaire, et cette erreur, c'est vous, législateur, qui provoquez à la commettre!

Vous avouez que l'élève qui a bien suivi ses classes a un droit formel au diplôme qui lui ouvre l'enseignement supérieur, et vous créez entre les candidats deux catégories, vous faites entre eux une sélection, non pas après, mais avant l'épreuve, en les répartissant uniquement selon la maison qui les a préparés!

Cette injustice est si flagrante qu'elle ne vous échappe pas à vous-même et que vous essayez maladroitement de la défendre. « Il y a sous ce rapport, dit toujours le même auteur, des inégalités fatales, qui résultent de la nature des choses. Vouloir réaliser l'égalité en cette matière, ce serait admettre, contre toute évidence et contre toute raison, que tous les enseignements se valent et que tous, conséquemment, doivent conférer les mêmes avantages. » En d'autres termes, la liberté ne peut donner qu'un enseignement de qualité inférieure, de pacotille.

C'est bientôt dit. Je vous entends : elle ne donne pas de grades, la liberté. Est-ce que par hasard ce serait le grade seul qui garantirait la science? Est-ce qu'il tiendrait lieu de tout? S'il en était ainsi, savez-vous que tous les membres de l'Académie française ne pourraient être, je dis tous, directeurs d'une école libre? Combien avons-nous compté de docteurs ou même de simples bacheliers parmi les ministres de l'instruction publique? Messieurs, je ne suis pas, tant s'en faut, l'ennemi de l'Université dont j'ai été l'élève; je ne demande même qu'une chose, c'est d'être en tout condamné à l'admirer. Mais elle me frappe à la fois par une humilité dans laquelle je ne puis l'encourager et par une prétention dont je souhaiterais de la guérir. Elle avoue trop volontiers qu'elle s'entend mal en éducation ; elle se vante trop aisément de n'avoir aucun rival dans l'instruction. Or, personne ne me démentira, un enfant mal élevé sera presque toujours un homme mal instruit, car c'est un enfant qui écoute mal les leçons et qui surtout n'en profite pas. Vous lui conférerez un grade, soit. Mais ce titre nu qui n'est qu'une présomption d'ailleurs, ne lui assure ni l'expérience, ni la science des hommes, ni l'art de leur communiquer la science. Du reste, se propose-t-on de couper la France en deux, de faire le côté des bacheliers et le côté de ceux qui ne le sont pas? La gloire et aussi la force de notre pays, c'est qu'il est un, qu'il forme un corps indissoluble, qu'il est un être moral unique. Que dirait-on d'un homme qui voudrait n'agir qu'avec la moitié de ses membres, ne penser qu'avec la moitié de son cerveau, n'aimer qu'avec la moitié de son cœur? On se propose de faire pis encore. Par une sélection à rebours, on stérilisera une part, la plus large, des ressources vives de la France. A entendre les partisans de l'ostracisme qui nous menace, il semble qu'il y ait trop d'air, trop de lumière dans le logis de la patrie. Intelligence, caractère, moralité, dignité de la vie, sentiment de nos traditions nationales, tout cela sera sacrifié à l'esprit étroit d'une secte qui fait du nom de catholique une déchéance. Fils aînés et certes dévoués de la patrie, nous serons par elle exclus de la maison paternelle ; nous ne réclamons pas notre droit d'aînesse, mais on nous refusera jusqu'à la place des cadets au foyer commun. Est-ce que les maréchaux de l'Empire estimaient les Vendéens, qui portaient un Sacré-Cœur sous leur uniforme, moins disciplinés et moins braves que leurs autres recrues?

Ah! je sais que ces paroles ne rallieront pas tous les suffrages, qu'elles paraîtront trop ardentes aux uns, pas assez aux autres, aux intransigeants qui soutiennent la doctrine du tout ou rien, qui répètent : la moindre concession serait un outrage, et aux craintifs qui estiment la lutte impossible, qui se contenteraient de sauver les dehors pour conserver le cœur de la place, qui, en un mot, accepteraient volontiers l'enseignement et le monopole de l'État, pourvu qu'on leur laissât l'éducation.

Eh bien! aux premiers je répondrai : Prenez garde. Le bien n'est jamais sorti de l'excès du mal et votre doctrine n'a jamais assuré la victoire à la meilleure cause. Si l'on vous eût écoutés, nous n'aurions ni la loi Falloux, ni petits séminaires, ni établissements libres, ni 97,000 élèves dans les institutions privées; nous dormirions encore un lourd sommeil sous la rude pompe aspirante, sous la machine à faire le vide qui se nommait l'Université impériale. Et aux seconds : Si vous ne défendez pas ce qui nous reste de la loi de 1850, si, par une étrange condescendance qui n'est pas, j'en suis sûr, un manque de foi, mais peut-être de la lassitude, vous vous résignez à abdiquer votre rôle de maîtres des intelligences pour vous réfugier dans celui, plus modestes, de nourrices sèches, êtes-vous bien certains de vous y maintenir et quelle promesse avez-vous reçue que demain il ne vous sera point à son tour disputé? L'Évangile nous apprend que le Seigneur a dit à ses apôtres : « Je vous fais pêcheurs d'hommes. » Mais il n'a pas ajouté : « Vous ne pêcherez qu'à la ligne. » Il a dit, au contraire : « Jetez tous vos filets dans les profondeurs de la mer; plus ils « seront remplis et plus vous aurez de mérites à mes yeux ». Rappelez-vous d'abord qu'on ne forme les intelligences et les caractères qu'en ayant une grande autorité morale et que cette autorité, l'enfant ne la reconnaît qu'à celui qui lui donne l'enseignement. Les lycées vous entr'ouvent aujourd'hui leurs portes, soit. Mais vous figurez-vous, par hasard, que vos pensionnaires ne deviendront pas bientôt suspects, s'ils continuent à recevoir, à suivre votre direction morale, et ne vous échapperont pas d'eux-mêmes, s'ils s'en affranchissent? Et quand, dans un rapport présenté sur l'une des propositions de loi relatives à la réforme du baccalauréat, je lis une phrase comme celle-ci : « C'est sur leurs institutions enseignantes que les ennemis de la République, déçus dans leurs sentiments haineux par 25 ans de tentatives vaines, fondent désormais leurs espérances d'avenir et projettent de s'emparer peu à peu de la direction de la société », je ne mets pas un instant en doute qu'il ne soit aisé de confondre dans la même proscription la maison qui instruit et celle qui élève, la leçon qui se récite en classe et celle qui s'apprend à l'étude et qu'un jour vienne où l'on vous dira à vous, prêtres éducateurs : « Nous n'avons nul besoin de vous. Votre religion, votre habit lui-même sont incompatibles avec la neutralité scolaire. Fermez votre « boîte » ou faites place à des laïques ». Pour cela, Messieurs, il n'est pas nécessaire d'une nouvelle levée de boucliers ou plutôt de tabliers maçonniques. Ce sera le grand maître de l'Université qui se chargera en personne de vous y inviter, sous ce spécieux prétexte que vous ne faites plus d'enseignement et que, dès lors, vous n'êtes plus couverts par l'ombre de la loi de 1850. Si vous vivez plus de vingt en commun, qui sait même si l'on ne vous menacera point des pénalités édictées contre les associations non autorisées et si vous ne courrez pas risque d'être dispersés comme de vulgaires congréganistes ?

Tout est possible, tout arrive, surtout l'imprévu. Encore une fois, je ne parle pas des grands projets mystérieusement élaborés dans certains ateliers où se forgent des armes, non seulement contre toute religion, mais encore contre tout idéal, tout spiritualisme. C'est aux modérés que je m'adresse pour m'éclairer sur les conséquences probables des dernières propositions législatives ; c'est à des esprits pondérés, prudents, méditatifs, qui n'avancent rien à la légère, qui savent bien ce qu'ils veulent et ce dont ils parlent, qui n'affectent pas la crainte de voir une poignée de pacifiques pédagogues renverser de leur férule — au figuré — l'édifice gouvernemental, à des sages en un mot, si l'expression est permise pour désigner des hommes dont, en d'autres matières, nous ne serions peut-être séparés que par des nuances et qui ont, j'imagine, le respect de la liberté d'autrui avec la conscience de leur bonne foi.

Voici, par exemple, un autre projet, plus dangereux selon moi, précisément parce qu'il émane d'un professionnel, qu'il sort du métier et qu'il porte les signes extérieurs du calme et de la modération. Inutile de nommer son auteur. Ce sont les idées qu'il faut combattre, non les personnes.

Or, dans cette proposition déposée à la Chambre des députés, vous trouverez un article 5 qui, après avoir accordé aux présidents des jurys d'examen pour le baccalauréat de l'enseignement secondaire le droit d'entrée dans les classes des lycées et collèges pour y constater l'état des études, ajoute cette simple disposition : « Les établissements libres sont autorisés à solliciter l'inspection de ces présidents. »

N'est-il pas vrai qu'au premier coup d'œil ces mots semblent une faveur? N'est-il pas vrai — et j'incline à penser que l'auteur n'y a pas vu autre chose — que l'on se dit : Mais c'est juste, car l'inspection par le chef du jury profitera aux élèves des établissements libres en donnant une valeur réelle à leurs livrets scolaires, en inspirant une confiance légitime aux membres de ce jury auxquels ils seront représentés? Le procédé est loyal et en même temps il est convenable, car ces établissements ne seront visités que sur leur demande formelle.

Hâtons-nous d'abord de le déclarer bien haut : Cette visite que n'a pas autorisée la loi de 1850, parce qu'elle est la négation de la liberté, l'enseignement libre ne la redoute pas, et nulle de ses institutions, au point de vue didactique, n'aurait à en souffrir. Sans se flatter, elles n'ont rien à craindre d'une comparaison. Les succès des candidats qu'elles présentent aux examens et aux divers concours l'attesteraient au besoin. Tenue des classes, cours des études, correction des programmes, on n'aura rien à reprendre, on ne trouvera rien à critiquer. Étonné et satisfait en apparence, l'inspecteur se retire donc, et voici qu'au seuil de la porte, il murmure à part soi, car il est poli : « La maison a bon air et tout y semble fort bien; malheureusement, les maîtres ne sont ni licenciés, ni agrégés comme les nôtres; ils ne les valent donc pas. S'ils ont la confiance des familles, ils ne peuvent avoir la mienne. Décidément, il y a prudence à ne point se fier au dehors, et il faudra minutieusement éplucher leurs élèves. »

Messieurs, je ne suspecte et je n'accuse d'avance personne. Ce langage n'est-il pas celui que je rapportais tout à l'heure, que tenait l'auteur d'une récente proposition de loi, un universitaire, un ex-ministre de l'instruction publique?

Assurément, je ne nie pas que les établissements privés n'aient des progrès à faire, et ces progrès je les souhaite plus ardemment que personne. Mais si, dans le but de les stimuler, pour résumer ma pensée en une comparaison vulgaire, sous forme d'inspecteur, qui en lui-même ne nous effrayerait pas, on nous offre un cocher, très sérieux, très galonné, très ferme du poignet, mais qui n'est pas de la maison, qui n'en connaît ni la route ni les chevaux, et qui, par suite, courrait risque de nous verser, eh bien! à la voiture officielle, au char de l'État, je l'avoue franchement, nous préférons l'automobile.

Quelqu'un raconte — je crois que c'est M. de Falloux dans ses *Mémoires* — que près de Potsdam il existe une *île des Chinois* ainsi nommée parce qu'au siècle dernier, un navire échoué dans la Baltique y avait jeté deux jeunes naturels de l'Empire du Milieu. S'étant donnés pour les fils d'un mandarin, Frédéric le Grand ordonna de les traiter selon leur naissance et de leur enseigner les sciences européennes. Au bout de quelques mois, ils sollicitèrent une audience du roi et lui confessèrent qu'ils avaient menti, que leur père n'était pas un mandarin, mais un pauvre jardinier, qu'ils ne pouvaient se livrer à de hautes études et qu'ils demandaient, comme une grâce, de reprendre la pioche et la houe paternelles. Leur prière fut accueillie. Mais, au bout de quelques jours, nouvelle supplique et nouvelle audience. « Nous sommes accablés de travail, dirent-ils, et nous succombons sous la peine. En Chine, jardinier signifie seulement : qui se promène dans un jardin. Le roi impatienté ne s'occupa plus d'eux et se contenta de les laisser vivre à leur gré dans l'île qui a conservé leur nom.

Eh bien! les catholiques et j'ajoute les vrais libéraux ne veulent pas et ne se résigneront jamais à être des jardiniers chinois. Ils n'ont pas conquis par trente ou quarante années de luttes l'île de la liberté pour s'y promener en oisifs, un éventail à la main et un parasol sur la tête. Ils l'ont conquise pour la défricher et la labourer, en un mot pour y vivre de leur travail et la transmettre fertilisée à leurs enfants.

Mais j'entends encore une fois de braves gens répéter : « Cédons quelque chose et, selon le mot vulgaire, jetons leur un os à ronger, afin de les arrêter et de ne pas être complètement dévorés. » Calcul enfantin, s'il n'était plus coupable encore. Politique de clair de lune. Quand l'os sera rongé, vous n'en serez que mieux dévorés après.

Non, non, la lutte d'abord, soyez forts, soyez résistants et vous aurez le reste par surcroît. Ah! sans doute, l'heure n'est plus des grands souffles qui jadis soulevaient et dominaient les tempêtes. Nous ne pouvons, à notre gré, peut-être nous ne savons plus les enchaîner ni les retenir. Nous ne pouvons empêcher les vagues de grossir, de blanchir et de s'avancer sur nous en troupeaux mugissants; mais nous pouvons encore être le roc qui les attend et qui les brave. Et si, dans ce combat inégal, livré moins pour l'Église qui, elle, ne saurait périr, que pour la liberté des intelligences et le salut des âmes, pour la liberté de tous, nous devons succomber demain, que cette passagère défaite ne soit pas, de grâce, seule imputable à nos défaillances, à nos capitulations, à notre pusillanimité, disons le mot, à nos lâchetés, et, si nos blessures saignent alors, que leur sang du moins ne coule pas sous nos doigts! Courage, redoublons de courage! Sauver l'honneur, c'est bien pour nous, mais ce n'est pas assez : pour nos descendants soyons plus obstinés, s'il est possible, sauvegardons et réservons l'avenir. Une société chrétienne n'a jamais dit son dernier mot. Et qui de vous, Messieurs les Professeurs des établissements privés, qui de vous ne comprend que pour l'homme, cet être d'un jour, en face de sa conscience, en face de la patrie, en face de Dieu, il n'est pas de plus impérieux devoir? Qui de vous, je le demande, qui de vous accomplirait sans se lasser la grande loi du travail quotidien, si ses regards se bornaient à l'heure présente, s'il n'avait pas à transmettre le fruit de ses études, s'il ne plaçait à usure le capital accumulé de ses fatigues, de ses efforts, de son labeur? Mais je m'alarme à tort. Vous ne connaissez ni le découragement des âmes disproportionnées à leur tâche, ni les impatiences des caractères médiocres et des esprits courts. Vous savez qu'il en est des idées comme des semences, que, si d'aventure la semence ne germe pas sur le sol épuisé du parlement, la bonne terre de la vieille France pourra la recueillir; vous savez enfin, qu'en posant le pied dans le champ rétréci, mais arrosé de vos sueurs vous y laissez pour les enfants de votre intelligence une empreinte immortelle qui unira votre souvenir à vos espérances et continuera votre vie dans celle des êtres que vous avez formés, instruits, éclairés : ce seront eux qui feront la moisson.

SÉANCE DU SOIR

Mgr de Cabrières assiste aux délibérations du Congrès : la grande salle d'Ainay est pleine.

Au début de la séance de l'après-midi, M. de Bellomayre revient sur sa proposition de la veille pour la préciser et lui donner une conclusion sous forme d'un vœu à soumettre à l'assemblée. Il fait un énergique appel à l'union de tous les catholiques de France; il préconise l'unité de tactique et la concentration des efforts sur le rejet des propositions dont le parlement est saisi; il cherche enfin à qui confier le soin d'organiser la défense. Or, dit-il, « pressés par le temps, nous n'avons pas le loisir d'organiser des choses nouvelles. Mais, une indication nous est donnée par ce Congrès lui-même, provoqué, organisé, soutenu par l'action hardie et dévouée de l'Association catholique de la Jeunesse française et du Comité catholique de Lyon... Nous croyons donc que nous n'avons rien de mieux à faire que de prier l'Association de la Jeunesse française de se charger de la mission redoutable de la défense militante de l'Enseignement libre en France. »

Et M. de Bellomayre propose à l'approbation du Congrès le projet de résolution suivant :

Le Congrès, après avoir remercié les promoteurs de la réunion, demande à l'Association catholique de la Jeunesse française de poursuivre ses efforts pour la défense de la liberté d'Enseignement menacée, en organisant, avec le concours de tous les Catholiques, un comité central et des comités locaux chargés de l'exécution des mesures de défense, et, en faisant appel aux amis sincères de la Liberté.

Mgr de Cabrières a prononcé alors une allocution très applaudie et montré l'importance qu'il y a à faire entrer dans le comité central des Catholiques éminents. Il ne faut pas faire appel à la jeunesse seule dans une question où l'on a besoin de tous les catholiques, où il faut que les évêques s'engagent.

Cette déclaration émouvante produit une profonde impression sur l'auditoire qui applaudit longuement l'illustre prélat.

M. de Mun s'associe pleinement aux conclusions de Mgr de Cabrières, « qui a le droit, dit-il, de parler d'héroïsme, et dont les paroles trouveront un écho dans le cœur de tous les évêques de France. D'ailleurs, ajoute-t-il, 43 archevêques et évêques, dont cinq cardinaux, ont déjà envoyé leur approbation et leur bénédiction aux organisateurs du Congrès. » — Quant au projet de résolution déposé tout à l'heure, il ne prétend pas confier l'organisation de la lutte à l'Association catholique de la Jeunesse française exclusivement ; il donne à celle-ci mission de constituer un comité central avec le concours des catholiques de marque dont les lumières et l'expérience lui seront indispensables pour cette grande tâche de la défense de la liberté d'enseignement.

M. de Bellomayre confirme les paroles de M. le comte de Mun. Et Mgr de Cabrières déclare alors donner au vœu son entière adhésion.

Le vœu de M. de Bellomayre, mis aux voix, est adopté à l'unanimité.

M. Reverdy, au nom de l'Association catholique de la Jeunesse française accepte la mission que le Congrès vient de lui confier : les jeunes ne reculeront devant aucun sacrifice et demanderont aux évêques et aux catholiques plus âgés de les soutenir et de les guider.

M. Reverdy donne ensuite un plan d'action, ce plan comporte un comité central et des comités locaux.

Comité central.

Le Comité de l'Association Catholique de la jeunesse française serait le noyau du Comité central, il ferait appel aux lumières des hommes d'expérience, il se préoccuperait de rester toujours en parfaite communauté d'idées avec les intéressés, c'est-àdire avec les membres de l'Enseignement libre. De même, loin de chercher à se substituer aux organismes déjà existants et qui ont rendu d'inappréciables services, il sollicitera leur concours.

Ainsi constitué, ce Comité central de défense de la liberté d'enseignement serait un centre d'impulsion et de renseignements, un trait d'union entre les forces existantes et les bonnes volontés isolés, une sorte de secrétariat général de la question de la liberté d'Enseignement.

Principaux moyens d'action :

1° Réclamer partout des prières;

2° Se tenir en relations avec nos députés et sénateurs catholiques ;

3° Préparer une campagne de presse, réunir tous documents sur la question et les tenir à la disposition de tous, fournir des articles de journaux, répandre des tracts, des brochures, préparer des affiches, organiser des manifestations, fournir au besoin des canevas de conférences ;

4° Organiser partout des comités locaux et régionaux ;

5° Susciter une campagne de conférences, de congrès, de réunions publiques ou privées, pour généraliser le mouvement et y intéresser la masse des indifférents ;

6° Préparer un vaste mouvement de pétitionnement;

7° Multiplier les points de contact, par la correspondance, les voyages, l'envoi de circulaires ou de communications périodiques.

Comités locaux.

Les Comités locaux pourraient avoir, eux aussi, comme noyau, les groupes de l'Association. Ceux-ci sont libres et conservent là comme ailleurs leur entière autonomie. Pourtant nous ne pensons pas qu'un seul d'entre eux refuse son concours au mouvement d'ensemble. Les comités locaux pourront aussi s'organiser de toutes pièces; ceci est bien entendu.

Leur mission considérable serait de seconder les efforts du comité central; de se tenir avec lui en étroites et fréquentes relations, car il importe que les exemples des uns servent à tous; d'agir auprès de la presse locale, sur la presse indépendante, sur les indécis. Ils se mettront très utilement en rapports constants avec les établissements libres de leur région pour atteindre ainsi les parents des enfants, les amis, etc.

Ressources.

Le Comité central cherchera à se suffire, les comités locaux conserveront aussi les ressources qu'ils recueilleront : ce qui ne veut pas dire que le Comité central, dont la charge sera très lourde, ne sera pas reconnaissant de l'aide que lui fournirait quelques comités locaux. — Mais nulle contrainte à ce sujet. — Une seule remarque sur ce point. Il sera intéressant que les tracts, brochures de propagande, pétitions, soient centralisés et imprimés par les soins du Comité central : 1° parce que les frais seront ainsi considérablement réduits ; 2° parce que l'unité d'action sera de la sorte plus facilement maintenue.

Il sera utile partout d'intéresser au mouvement non seulement les hommes, mais les femmes. Les mères de famille ont le droit de se faire entendre dans la question et, bien souvent, seront de précieux auxiliaires.

Unité d'action.

Nous sommes tous d'accord sur la question de la liberté d'enseignement ; la discussion d'hier nous a indiqué la tactique à adopter : or l'unité de tactique nous semble d'une importance capitale. Mettons en jeu toutes nos énergies, mais sur un point bien précis : la défense pied à pied de ce qui reste de la liberté d'enseignement, au lieu de les éparpiller d'une façon inutile. — Nous ne nous ferons écouter que si on se rend compte que nous sommes une force ; nous ne serons une force que si nous agissons avec un ensemble absolu. — Que nos revendications portent toutes sur le même point et s'arrêtent au même point. On nous l'a dit éloquemment hier, laissons nous convaincre. Rien en deçà, mais rien au delà.

Le R. P. Regnault, eudiste, président de l'*Alliance des Maisons d'éducation chrétienne*, commente et approuve le vœu émis par le Congrès. Il félicite chaleureusement la jeunesse et l'assure du concours des cinq cents maisons d'éducation qu'il représente au Congrès.

Cette question capitale de l'organisation de la campagne a absorbé une grande partie du temps. M. l'abbé Ragon fait spirituellement le sacrifice de son rapport sur l'efficacité de l'étude des langues latines et grecques et M. l'abbé Crosnier résume son rapport sur l'enseignement moderne. Nous rétablissons ici ces deux rappports *in extenso*.

L'ENSEIGNEMENT CLASSIQUE

EFFICACITÉ DE L'ÉTUDE DES LANGUES LATINE ET GRECQUE COMME MOYEN DE CULTURE INTELLECTUELLE ET DE LA SUPÉRIORITÉ DE L'ENSEIGNEMENT CLASSIQUE SUR L'ENSEIGNEMENT MODERNE POUR LA FORMATION INTELLECTUELLE.

RAPPORT DE M. L'ABBÉ RAGON

Professeur à l'Institut catholique de Paris.

On m'a demandé de défendre les études classiques, de montrer leur utilité, leur nécessité, leur supériorité, c'est-à-dire de démontrer l'évidence. Pour tout homme de goût et instruit, c'est une cause gagnée d'avance que celle que j'ai à plaider. Toutefois, puisque je l'ai acceptée, je parlerai comme si elle avait besoin d'être défendue.

Qu'on ne se figure pas, d'ailleurs, que notre temps soit le premier où l'on ait dit du mal des études grecques et latines. Il y a toujours eu des esprits aux vues étroites, des utilitaires, pour les appeler par leur nom. Dès le XVIe siècle, le siècle des humanistes, leurs clameurs se font entendre. Le célèbre Muret, ce Limousin qui, au milieu de l'admiration universelle, professa tour à tour, en latin bien entendu, à Auch, à Poitiers, à Bordeaux, à Paris, puis en Italie, à Venise, à Padoue, à Rome, Muret se voyait obligé, avant de commencer l'explication d'Aristote, le 4 novembre 1583, de réfuter les adversaires du latin et du grec. Voici comment il résume leurs objections. « Les anciens, disaient ces Italiens utilitaires, n'ont eu à apprendre que leur langue maternelle; nous, ce n'est pas une langue, ce sont deux langues étrangères qu'il nous faut étudier, et non seulement étrangères mais depuis longtemps descendues au tombeau. Si seulement il y avait une ville où tout le monde parlât grec et latin, nous y enverrions nos enfants : formés dès le bas âge à ces deux langues, ils pourraient plus tard ne s'occuper que de la réalité des choses. Mais, avant de pouvoir balbutier en grec et en latin, que de peines, que de veilles, que de maîtres sont nécessaires! Que de connaissances instructives on pourrait acquérir dans le temps que l'on consacre à l'intelligence des mots! Que chacun fasse de la science dans sa propre langue. Platon et Aristote n'ont étudié ni l'hébreu ni l'égyptien. Démosthène n'a pas appris la langue perse. C'est une folie que de perdre tant d'années à s'efforcer de comprendre des idiomes que personne ne parle plus. Il faut se contenter non seulement de la langue de son pays, mais même de la langue de son temps. C'est d'autant plus raisonnable et facile que le plupart des chefs-d'œuvre de la Grèce et de Rome ont été traduits en langue vulgaire et que tout le monde peut en sucer la moelle sans avoir à s'embarrasser de l'écorce. »

Voilà ce qu'on disait à Rome à la fin du seizième siècle ; voilà ce qu'on répète à Paris, en pleine Sorbonne, avec quelques variantes, à la fin du dix-neuvième. *Nil sub sole novum*. Les objections ne sont pas neuves : ma réponse ne le sera pas non plus. Aux arguments dont se sert Muret pour réfuter les ennemis des études classiques, j'en ajouterai quelques autres appropriés à notre temps. Mais je ne dirai rien qui n'ait déjà été dit, je le dirai même moins bien, obligé que je suis de résumer en quelques mots ce qui demanderait un volume.

I

A quoi servent donc le grec et le latin ?

D'abord, à élargir l'esprit en le faisant vivre de la vie des siècles passés ; à l'élever, en lui faisant connaître l'humanité non seulement telle qu'elle est, mais telle qu'elle a été aux plus belles époques de son histoire ; en le mettant en commerce direct avec les plus grands esprits de l'antiquité ; en l'appliquant non seulement à des connaissances utiles, mais à des études libérales, désintéressées, plus nobles par là même et plus humaines. Dans toute nation, dans une nation démocratique surtout, il faut une élite, il faut une classe éclairée et dirigeante. Si un peuple a besoin d'agriculteurs, d'industriels, de commerçants, il a besoin également de savants, de lettrés, de philosophes. Cette aristocratie-là est la seule dont aucun peuple ne puisse se passer. Un député ecclésiastique me demandait l'autre jour comment je conciliais le fait d'être une démocratie avec le fait que les études classiques créent nécessairement une élite, par conséquent une aristocratie. Mais ces deux faits se concilient tout seuls. C'est justement parce que nous sommes en démocratie que nous avons plus que jamais besoin d'une élite intellectuelle, composée d'hommes vraiment éclairés, aux vues larges, généreuses, désintéressées. Il est de la plus haute importance, pour un peuple, démocratique ou non, de posséder un enseignement secondaire d'où sortent, par sélection, les capacités supérieures (1).

Or ces capacités supérieures ne se formeront point par des études purement instructives, mais bien par des études éducatives, désintéressées, capables de développer à la fois toutes les facultés. Ces études ce sont précisément les études littéraires, les études classiques.

On ne peut contester sérieusement la supériorité moyenne des élèves qui ont fait ces études : Dubois-Reymond, recteur de l'Université de Berlin, l'a constaté pour l'Allemagne et l'Angleterre ; M. Brunetière l'a constaté à Paris, quand il enseignait simultanément la littérature aux élèves du collège Chaptal et aux élèves de mathématiques du lycée Louis-le-Grand. Nous avons sur ce point le témoignage des professeurs de toutes nos grandes écoles, même commmerciales ; il n'est pas jusqu'aux professeurs de mathématiques qui ne trouvent dans la culture classique la meilleure préparation pour un futur mathématicien.

D'où vient cette supériorité si souvent reconnue, si rarement

1. Fouillée, *L'Enseignement au point de vue national*, p. 132.

contestée ? De ce que les langues classiques, par leur perfection, sont merveilleusement propres à former l'esprit, non à le meubler ; à lui donner la trempe qui en fera un outil aussi solide que délicat ; à le mettre en état d'aborder par la suite, avec succès, toute étude spéciale, toute profession particulière.

Le latin et le grec servent encore à maintenir l'esprit national. Cet esprit national est quelque chose de réel. Qui oserait contester que chaque peuple a son génie propre, ses qualités particulières, qui se transmettent par une sorte d'hérédité intellectuelle ? Le présent a son origine dans le passé, et ce passé, pour nous, c'est la civilisation antique, dont, plus que tout autre peuple, nous sommes les héritiers. On aura beau dire, la tradition latine n'est pas un préjugé, elle est fondée en raison. Jamais on ne pourra dire de l'anglais ni de l'allemand ce que Joseph de Maistre a dit du latin : « Qu'on jette les yeux sur une mappemonde, qu'on trace la ligne où cette langue universelle se tut : là sont les bornes de la civilisation et de la fraternité européennes. Au delà vous ne trouverez que la fraternité humaine, qui se trouve heureusement partout. Le signe européen, c'est la langue latine. » Que de latin dans notre civilisation ! « Les médailles, les monnaies, les trophées, les tombeaux, les annales primitives, les lois, tous les monuments parlent latin : faut-il les effacer ou ne plus les entendre. »

La tradition classique est éminemment française ; c'est d'elle que nous tenons cette supériorité, jusqu'ici incontestée, dans le domaine des beaux-arts, cette réputation de clarté, de bon goût que la concurrence étrangère n'a pas encore réussi à nous enlever. Ce n'est pas parce que le grec et le latin sont des langues anciennes que nous en faisons le fond de la haute éducation intellectuelle — à ce compte il faudrait étudier l'hébreu ou le sanscrit — c'est parce que ce sont des langues admirables et que leurs qualités, qui ont passé dans la nôtre, ne s'y maintiendront qu'à la condition de remonter sans cesse à la source première. Pour éveiller et développer le goût littéraire et artistique qui est un des traits saillants de notre race, rien ne remplacera jamais certains vers d'Homère ou de Virgile :

Et jam summa procul villarum culmina fumant,
Majoresque cadunt altis de montibus umbræ.

Ainsi, le latin ne sert pas seulement à bien connaître le français, comme nous le dirons tout à l'heure; il sert surtout « à maintenir l'esprit français lui-même, dont la tradition classique est partie intégrante, en retrempant sans cesse l'esprit français à ses sources originelles (1). »

En abandonnant les humanités classiques, nous ne détruirions pas seulement la continuité de notre esprit national, nous nous isolerions dans le concert des nations civilisées. Ces nations ont toutes donné le même fondement à l'éducation secondaire; on étudie le grec et le latin, au moins aussi activement que chez nous, en Allemagne, en Angleterre, en Italie, en Espagne, en Autriche, en Russie, aux États-Unis. Les Allemands, qui ne sont pas comme nous de race latine, vont chercher, dans le latin et le grec, ce qui manque à leur génie, à leur littérature nationale; et nous, héritiers des Latins et des Grecs, nous répudierions ce glorieux héritage?

Que dis-je ? La tradition classique n'est pas seulement française, elle est catholique. Le latin est la langue de l'Église, le grec est la langue originale de l'Évangile. Jamais, pour un chrétien, le latin et le grec ne seront des langues mortes et étrangères. On prie, on chante en latin dans toutes les églises de l'Ancien et du Nouveau Monde. En faut-il davantage pour qu'une nation chrétienne reste fortement attachée à l'éducation par le grec et le latin?

A ces raisons de fond, on peut — à l'usage des esprits positifs — ajouter un argument utilitaire. Le grec est utile, le latin est indispensable à la connaissance du français. Comment comprendre, sans le latin, que *loi* donne *légal ; mois, mensuel ; père, paternel ; évêque, épiscopal ; différer, dilatoire ; cheval, équestre?* S'il s'agit d'enrichir la langue, « les vocables de provenance grecque ou latine ont l'air de famille qui les fait accepter d'emblée dans la maison. *Photographie, microbe, téléphone*, sont des

(1) Fouillée, *ibid.*, p. 140.

mots bien français; ils sonnent français. On n'en pourra jamais dire autant de ceux que nous importons d'outre-Manche : *meeting*, *club*, *lunch* auront beau faire; ils seront toujours chez nous des étrangers, on les reconnaît à leur mine (1). »

En ayant l'air de faire du latin et du grec, nos élèves, en réalité, apprennent le français; la lutte avec un texte rempli d'intentions et de nuances est un excellent moyen d'obliger l'élève à passer en revue toutes les ressources de notre langue. On n'apprend pas le latin uniquement pour savoir le latin, mais pour cultiver l'esprit français et les lettres françaises, par le moyen d'une langue mère de la nôtre. Cela est si vrai que les programmes de l'enseignement secondaire des jeunes filles — oui, des jeunes filles — comprennent, parmi les cours facultatifs, en quatrième et en cinquième année, les éléments de la langue latine. En Angleterre, le grec figure dans les examens subis par les femmes. Pour moi, j'irais volontiers plus loin ; j'inscrirais les premiers éléments du latin au programme de tous ceux qui se destinent à l'enseignement du français. A quelque degré qu'on étudie le latin, si peu qu'on en apprenne, il en restera toujours quelque chose de bon pour la connaissance de notre langue. M. Jules Lemaître lui-même a dit, en termes excellents, combien l'étude des langues classiques est nécessaire à l'intelligence et à la conservation du français. A peine avait-il commencé sa bruyante campagne contre le grec et le latin qu'on lui a malicieusement rappelé ce qu'il écrivait quatre ans plus tôt. Il faut refaire de temps en temps cette citation, et parce qu'elle est en soi excellente, et parce que c'est le meilleur moyen de fermer la bouche à cet ingrat, qui doit tout ce qu'il est aux Muses antiques et qui se sert contre ses nourrices de la vigueur qu'elles ont donnée à son esprit.

« Pour ma part, écrivait-il en 1894, je suis persuadé que de savoir le latin, cela sert puissamment, je ne dis pas à écrire avec originalité ou avec éclat, mais à ne pas mal écrire en fran-

(1) R. P. Burnichon, *Les études classiques*, discours prononcé à Lyon le 1er août 1898.

çais. C'est mon latin qui m'assure une bonne syntaxe, qui me permet d'éviter les impropriétés, de garder aux mots leur vrai sens, de les fortifier quelquefois en les rapprochant de leur signification étymologique. C'est encore à mon latin que je dois de ne pas prendre sérieusement pour un grand écrivain tel romancier à cent éditions, et inversement de ne pas croire aux solécismes que le digne Monselet découvrait dans Racine. Voilà, certes, des avantages. En résumé, si je sais le français, ou à peu près, c'est en grande partie parce que je sais le latin; si je sais le latin, c'est parce que j'ai fait des vers latins et des dissertations latines, et, si je n'ai pas pu apprendre sérieusement l'anglais ni l'allemand, ni beaucoup d'autres choses, ce n'est point que le latin m'ait pris tout mon temps, c'est que j'étais très paresseux. »

Voilà à quoi servent les humanités classiques.

Ne pourrait-on pas arriver au même résultat par l'étude de la langue et de la littérature française? Non, parce que la langue maternelle, comprise sans difficulté, n'offre pas assez de prise à la réflexion et laisse courir l'esprit sans le fixer fortement. Le thème et la version sont des exercices éducatifs de premier ordre que rien ne peut remplacer. Pour pénétrer à fond une page de Bossuet ou de Pascal, il n'est rien de tel que de la rendre en latin ou en grec. « La lecture cursive des ouvrages écrits dans la langue maternelle ressemble à une promenade dans un musée; la traduction d'une langue dans l'autre ressemble à la copie d'un tableau; l'une fait des amateurs, l'autre fait des artistes (1). »

Pourtant, dira-t-on, les anciens, que vous admirez si fort, n'ont pas eu de modèles. C'est vrai pour les Grecs; cette race unique et merveilleuse a su, par elle-même, après quelques essais, arriver à la perfection. Encore faut-il remarquer qu'Homère a été le maître de toute la Grèce classique, et que la poésie d'Homère est une tout autre langue que la prose de Démosthène. Quant aux Latins, ils ne comptent littérairement que du

(1) Fouillée, *ibid.*, p. 136.

jour où ils se mettent à l'école des Grecs. Chez eux, tout lettré faisait un séjour d'études à Athènes, et Cicéron reconnaît hautement tout ce qu'il doit aux Grecs : *Ut ipse*, dit-il à son fils, au début du *De officiis, ut ipse ad meam utilitatem semper cum græcis latina conjunxi... idem tibi censeo faciendum.*

Mais, s'il faut étudier une langue étrangère pour se former l'esprit, pourquoi ne pas se contenter des langues vivantes? Remarquons, d'abord, que les langues qu'on appelle vivantes se transforment sans cesse, meurent tous les jours, naissent tous les jours. Descartes n'aurait pas compris la *Chanson de Roland;* il ne comprendrait guère mieux certaines productions contemporaines. Au contraire, les langues qu'on appelle mortes sont affranchies du caprice de l'usage et de toute modification; elles sont plus que vivantes, elles sont immortelles : *Non vivunt tantum, sed immortalitatem quodammodo et immutabilitatem adeptæ sunt* (1).

Mais il faut surtout répondre que le génie particulier des littératures anglaise et allemande les rend impropres à l'éducation de néo-latins comme nous; elles ne sont pas universellement intelligibles, comme la littérature antique transformée et agrandie par le christianisme. De plus, il y a deux manières d'apprendre une langue, l'une littéraire, l'autre utilitaire. Avec les langues vivantes, la tendance vers un enseignement purement pratique et utilitaire est inévitable. L'étude de la prononciation anglaise prend à elle seule un temps infini. Où est la valeur pédagogique et éducative d'une semblable étude? On trouve çà et là, en Suisse, des garçons d'hôtel qui parlent couramment quatre langues : ce n'en sont pas moins des garçons d'hôtel.

Il y a plus : une éducation bariolée d'allemand, d'anglais, d'italien et d'espagnol serait la dissolution de la langue française, des lettres françaises. Le pur français, déjà si compromis par l'ignorance des uns, la fantaisie et le mauvais goût des autres, envahi par une foule d'éléments étrangers tels que

(1) *Mureti scripta selecta*, I, p. 187.

ceux qui nous viennent déjà de l'Angleterre, finirait par se corrompre sans remède. Loin de remplacer le grec et le latin, l'étude des langues vivantes serait un mortel danger pour notre propre langue.

Si de la langue nous passons à la littérature, autre péril plus grave encore peut-être. Il y a dans les littératures modernes quelque chose d'inégal, de tourmenté, de passionné qui ne convient pas aux jeunes esprits. Sont-ce les œuvres d'art les plus récentes qu'on fait étudier aux jeunes artistes? Non, leurs meilleurs modèles sont Léonard de Vinci et Raphaël, Praxitèle et Phidias, Bach et Mozart. Il faut à la jeunesse une littérature jeune, simple et sereine, comme la littérature antique, comme celle de notre XVIIe siècle, non une littérature compliquée, subtile, raffinée, vieillie en un mot, comme les littératures contemporaines. On l'a dit avec raison, l'éducation par les littératures étrangères, c'est l'éducation par les romans, avec leurs récits d'amour et de séduction. Il suffit, pour s'en convaincre, de passer en revue nos programmes officiels de langues vivantes. Lequel vaut le mieux, pour de jeunes esprits, de ces tableaux troublants ou de la lumière pure et sereine où se meuvent les héros de Sophocle et d'Homère?

Eh bien, s'écrient les partisans des humanités modernes, s'il y a tant de vertu éducative dans les œuvres des anciens, nous nous en approprierons la substance par des traductions. Comme si le fond était inséparable de la forme! Comme si une traduction pouvait remplacer, au point de vue littéraire, le contact direct et l'étude immédiate des textes! En pareille matière, la forme l'emporte sur le fond; la forme ôtée, la beauté s'efface, et le beau, c'est précisément, autant que le vrai et le bien, l'objet de l'éducation secondaire.

II

Je pourrais m'en tenir là. Mais on a fait tant de bruit autour de certains reproches adressés aux humanités classiques qu'il faut bien en dire quelques mots.

Vous ne cultivez pas assez, nous dit-on, les qualités actives qui font la richesse et la prospérité d'une nation. Avec vos humanités anciennes, vous détournez les jeunes Français des professions industrielles pour les attirer vers les fonctions publiques, vous faites trop de bacheliers, trop de solliciteurs, de mécontents, de déclassés.

Les déclassés, ce ne sont pas les bourgeois qui ont fait leurs études, ce sont les ouvriers et les laboureurs qui abandonnent l'atelier ou les champs pour courir à l'assaut des places et des emplois. S'il se trouve chaque année, à Paris, des milliers de jeunes gens pour solliciter quelques douzaines de postes d'instituteurs ou d'institutrices, est-ce la faute du grec et du latin? Ce ne sont pas les humanités classiques, avec leurs exercices fortifiants et difficiles, qui attirent les non-valeurs, les médiocrités, les êtres passifs, ce sont bien plutôt ces humanités plus accessibles où la mémoire et les exercices mécaniques jouent le principal rôle. Ce n'est pas une tâche passive qu'une composition française, latine, philosophique ; il y faut déployer tout ce qu'on a d'imagination, de raisonnement, de force d'esprit.

D'ailleurs, l'énergie de la volonté, l'esprit d'initiative et d'entreprise se concilient admirablement avec les humanités classiques. Nos pères l'ont prouvé, en fondant des colonies, en découvrant des territoires, en explorant les parties les plus reculées du globe. De nos jours, on vante l'activité commerciale, la prospérité industrielle de l'Allemagne et de l'Angleterre, on loue la jeunesse saxonne et germanique de son audace aventureuse, de son adresse à se débrouiller. Eh bien ! cette jeunesse est, autant et plus que la nôtre, nourrie de grec et de latin.

Le mal dont on gémit a d'autres causes, et ce ne sont pas les humanités modernes qui nous en guériront. Elles l'aggraveront au contraire. Comment! on se plaint qu'il y a trop d'humanistes, de lettrés, de mandarins, et on ne trouve rien de mieux, contre ce fléau, que de créer de nouveaux diplômes, de fabriquer des humanistes au rabais? On l'avait prédit, et les chiffres le prouvent : le baccalauréat spécial et son successeur le baccalauréat moderne n'ont abouti qu'à accroître le nombre des bacheliers. En 1882, quand il n'existait que les baccalauréats ès lettres et ès sciences, on comptait en tout, au mois de juillet, 17.073 candidats ; seize ans après, en 1898, à la même session, il s'en est présenté 23.878, soit 6.805 de plus.

Et qu'on ne croie pas que l'enseignement moderne ait gagné ce qu'aurait perdu l'enseignement classique. Non, le grec et le latin ont solidement gardé leurs positions : 17.000 candidats en 1882, 16.900 en 1895, 17.700 en 1898. Les avantages offerts aux bacheliers modernes n'ont débauché aucun soldat de l'armée classique ; mais ils ont fait surgir de terre une légion d'aspirants nouveaux, séduits par l'appât d'un diplôme plus facile. En 1895, ils étaient déjà 4.600 ; en 1896, ils sont 5.200 ; en 1897, on en compte 5.774 ; enfin, en 1898, ils atteignent le chiffre de 6.137.

Dira-t-on que ces 6.137 candidats supplémentaires sont plus entreprenants que les autres ? Hélas ! les fruits de cette instruction prétendue secondaire, de cet enseignement général spécial, de cet enseignement désintéressé utilitaire sont, moins que personne, affamés d'idéal et d'aventures. On les retrouve, plus que personne, au premier rang des solliciteurs d'emplois.

Les études classiques sont trop difficiles, dit-on encore ; il faut les réserver à une élite. Je réponds que les études classiques servent, mieux que tout autre enseignement, à éveiller, à développer, à fortifier même les esprits médiocres. Elles conviennent, par conséquent, à tous ceux à qui leur situation de fortune permet de les aborder et de les suivre. « Un élève médiocre, dit M. Fouillée, qui, pendant huit ou dix années, a fréquenté des professeurs d'un esprit élevé et désintéressé ; un élève qui a entendu, fût-ce malgré lui, une série de leçons sur les plus grands objets, et de leçons parfois éloquentes ; qui a lu un certain nombre de pages dans les maîtres de la littérature ancienne, en contact direct avec l'antiquité ; qui a suivi un cours complet et non tronqué de philosophie, s'élevant jusqu'aux sommets de la pensée ; qui enfin a eu pour condisciples des esprits eux-mêmes distingués, parfois supérieurs ; qui a assisté à leurs efforts et à leurs succès ; qui a subi en une certaine mesure l'influence du milieu, de cette atmosphère des hauteurs où ont respiré toutes nos gloires; cet élève-là, quelle que soit sa médiocrité, ne sera pas à la fin dans le même état d'esprit qu'un élève qui aura simplement fait de bonnes études de sciences, de français et de langues vivantes. »

Or il ne s'agit pas seulement de pourvoir les professions dites libérales, de fabriquer des médecins et des avocats; il s'agit de développer le plus grand nombre possible d'esprits libéraux, car ces esprits élevés, éclairés, sont au moins aussi nécessaires à la grande agriculture, au grand commerce, à la haute industrie qu'aux professions à qui on réserve à tort le nom de libérales.

Et puis les études grecques et latines sont infiniment moins difficiles qu'on ne le prétend. Le latin est plus abordable pour nous que l'anglais ; le grec est moins difficile pour nous que l'allemand. On s'en va répétant, sans réflexion, sans examen, que nos écoliers ne savent plus guère de latin et plus du tout de grec. C'est une erreur. Ceux qui tiennent cet imprudent langage seraient bien en peine d'en donner la preuve. *Laudatores temporis acti.* Je voudrais qu'on en croie un homme qui a étudié la question de près, pièces en main. En général, nos écoliers d'aujourd'hui écrivent aussi bien, souvent mieux, en latin, en grec, en français, que ceux d'il y a vingt ou trente ans. Comparez entre elles, comme je l'ai fait, les copies couronnées du concours général et celles des concours que l'*Enseignement chrétien* organise depuis dix-sept ans. Vous verrez que les humanités classiques ne sont pas en décadence. Et comment en serait-il autrement? La qualité des esprits n'a pas dégénéré, que je sache; en revanche, la qualité des professeurs, celle des instruments de travail a réellement augmenté.

On parle de réserver les études classiques à une élite, aux esprits les mieux doués. Mais comment les discernerez-vous? Si on veut que la sélection s'opère naturellement, il faut beaucoup d'appelés pour avoir peu d'élus. Et souvent ces élus sortiront d'un obscur petit séminaire, d'un pauvre petit collège communal.

Mais, reprend-on, le latin et le grec étaient bons pour nos

aïeux, qui avaient plus de loisirs que nous. Nous, nous avons trop à apprendre; la diversité croissante des connaissances et de leurs applications nous force à jeter du lest pour décharger le vaisseau. Ce lest, ce sera le superflu, ce seront les études grecques et latines. Retournons le raisonnement. Plus les spécialités se multiplient, plus les professions deviennent diverses, plus il importe, au contraire, de mettre à la base de chacune un enseignement identique, général, désintéressé. Ne voit-on pas le grave inconvénient qu'il y a à se spécialiser trop vite, à choisir prématurément une profession? Faites donner à vos enfants une instruction fondamentale vraiment solide, qui développe harmonieusement leurs facultés. Après cela, ils pourront faire un choix éclairé et acquérir sans peine les connaissances professionnelles.

Ce qu'il y a de vrai dans cette objection, c'est qu'ayant plus à apprendre que nos pères en histoire, en géographie, en chimie, en physique, il faut faire un peu de place, pas trop, à ces connaissances nouvelles, et cela en perfectionnant nos méthodes dans l'enseignement du latin et du grec. Au lieu de suivre paisiblement cette route et de s'arrêter çà et là pour cueillir une fleur ou contempler le paysage, il faut presser le pas et faire en moins de temps le même parcours.

En parlant ainsi, c'est surtout le grec que j'ai en vue, le grec plus calomnié, plus menacé que son voisin le latin, mais qu'il faut d'autant plus défendre qu'il est plus vivement attaqué. Même parmi les amis résolus des études classiques, quelques-uns semblent fléchir sur ce point particulier. « La supériorité esthétique, philologique et philosophique du grec par rapport au latin ne va pas, dit-on, sans une certaine infériorité pédagogique. C'est une langue compliquée, très riche, subtile, libre et trop flexible, romantique autant que classique, aux formes peu arrêtées et changeantes, — une merveille sans doute, mais qui ne se révèle qu'à une étude approfondie. » Eh bien! non, je le dis hautement, il n'est pas vrai que le grec soit une langue compliquée, aux formes incertaines et changeantes. Si nous nous en tenons à la prose classique, — la seule qui nous importe, — le grec est plus simple que le latin, ses formes sont aussi arrêtées que les formes latines, sa syntaxe est plus libre et plus courte que celle du latin. Ce qui est vrai, c'est que la langue grecque est très riche et merveilleusement variée. Là est le danger, danger que n'ont pas su éviter nos prédécesseurs et dont on n'a songé à se garder que dans ces vingt dernières années. Une langue littéraire qui, d'Homère à saint Chrysostome, a duré treize siècles; une langue partagée entre trois principaux dialectes et modifiée au cours des âges par la loi à qui aucune langue n'échappe; une langue où la poésie et la prose n'ont ni les mêmes formes ni le même vocabulaire; cette langue-là, en effet, est trop riche, trop vaste, trop variée, pour être livrée tout entière à l'effort modéré et à la capacité limitée de nos jeunes élèves. Mais à quoi bon la leur présenter dans toute son étendue? Ne suffit-il pas de l'étudier dans la période où elle a brillé de son plus vif éclat, — en y ajoutant, bien entendu, le père des poètes, le divin Homère? Cette période admirable, qui comprend Sophocle et Euripide, Aristophane et Thucydide, Xénophon et Platon, Socrate et Démosthène, ne dure qu'un siècle. Le vocabulaire en est restreint, la grammaire en est harmonieuse : il faut s'y tenir, en faisant une exception pour Homère et Hérodote, dont la difficulté n'est que dans le dialecte, pour Lucien ce spirituel imitateur des classiques, pour saint Jean Chrysostome, dont la limpidité est proverbiale.

Voilà ce qu'on n'a pas compris assez tôt. Parce qu'Amyot a traduit Plutarque avec une naïveté charmante, on a pris Plutarque pour un écrivain vraiment classique, on lui a de tout temps fait une large part dans les programmes. On y a inscrit Elien, qui écrit le grec plus mal que mes élèves. On a eu l'imprudence de ne pas réserver Thucydide, Aristote, Théocrite et la plupart des dialogues de Platon aux étudiants de l'enseignement supérieur. Des grammairiens imprévoyants ont mis pêle-mêle dans leurs manuels des mots, des formes des époques les plus diverses; d'autres, comme Chassang, oubliant qu'on étudie les langues classiques avant tout pour en comprendre les chefs-d'œuvre, ont abusé indignement des beautés et des laideurs de la grammaire comparée. Et voilà pourquoi le grec a une réputation de difficulté certainement imméritée. On qualifie d'obscure cette langue si limpide ; on prononce de la façon la plus dure cette langue si harmonieuse ; on lui fait un crime de sa richesse, de sa variété, de sa souplesse. Ceux qui l'accusent sont des infortunés qui l'ont mal apprise, qui l'ont mal sue parce qu'on la leur a mal enseignée, et qui l'ont mal enseignée à leur tour. Et c'est quand nous commençons à sortir de ces errements fâcheux, quand le grec est mieux connu, mieux goûté et aussi cultivé que jamais, c'est maintenant qu'on voudrait lui couper les ailes?

Avant de le sacrifier, avant de commettre ce sacrilège, écoutez du moins ceux qui le connaissent et qui l'aiment. Tous vous diront que la beauté latine, si grande soit-elle, est peu de chose en comparaison de la beauté grecque. J'ai eu souvent des élèves qui, en abordant les études supérieures, croyaient savoir du latin et ne point savoir de grec. Un an après, une fois les premiers obstacles vaincus, ils déclaraient hautement, unanimement, la supériorité du grec, cette langue des poètes, des penseurs et des artistes, sur le latin, cette langue des soldats, des historiens et des juristes. Sans le grec aurions-nous encore une éducation vraiment classique? Non, répond M. Maurice Croiset. « Le latin sans le grec, ce serait à peu près la même chose que le français sans le latin ; ce serait une étude incomplète, une demi-éducation, c'est-à-dire, pour parler franc, une éducation insuffisante. Je ne comprends pas Virgile privé d'Homère. Si on les sépare, on perd le sentiment vif de ce qu'est l'héritage moral dans l'humanité. On cesse de mesurer du regard la profondeur de l'antiquité. La vraie éducation classique est celle qui permet à l'enfant de saisir, aussi loin que possible dans le passé, ces belles et pures sonorités de l'âme humaine qui se sont propagées de siècle en siècle et de rivage en rivage, et dont nous sentons encore en nous les vibrations éternelles. Celui qui n'a pas entendu pleurer l'Andromaque d'Homère avec celle de Virgile et de Racine ne saura jamais comme nous le savons depuis combien de temps l'amour et la beauté se sont levés sur le monde ; et il n'aura jamais, je le crains, cette vision claire et pleine des lointains historiques qui donne à l'homme le sentiment complet de l'humanité. »

Je ne suis pas, tant s'en faut, l'adversaire d'un enseignement moderne, ou réel, ou technique, comme on voudra l'appeler ; je suis seulement l'adversaire de l'enseignement moderne tel qu'on l'a organisé en France, de cet enseignement bâtard, prétentieux, inutile, dont personne n'est satisfait — j'ai de quoi le prouver — parce qu'il est trop long, parce qu'il fait double emploi avec l'enseignement classique, parce qu'il donne ce qu'on ne lui demande pas et ne donne pas ce qu'on lui demande, parce qu'au lieu de produire, comme ce serait son rôle, des agriculteurs, des commerçants et des industriels, il ne sert, le plus souvent, qu'à mettre en circulation des fonctionnaires, des parasites et des déclassés. Qu'on organise, pour ceux qui en ont besoin, un enseignement court — de quatre années au plus, — pratique, approprié aux diverses professions, varié selon les régions. J'y applaudirai de toutes mes forces.

Mais qu'on ne touche pas aux études classiques, ces humanités sacrées qui sont à la fois le patrimoine de notre patrie et de notre religion ; du moins qu'on n'y touche que pour les adapter, sans les déformer, aux nécessités présentes. Gardons-les pour tous ceux à qui elles sont indispensables, prêtres et professeurs, magistrats et officiers, médecins et artistes, grands négociants et grands industriels ; gardons-les pour tous les esprits d'élite ; gardons-les aussi pour tous ceux, même médiocrement doués, à qui les faveurs de la Providence permettent d'étudier d'une façon désintéressée ; gardons-les pour la dignité morale et la prospérité intellectuelle de notre pays.

DE L'ENSEIGNEMENT MODERNE

SA NÉCESSITÉ RELATIVE ; SON CARACTÈRE UTILITAIRE ; NE CONVIENT-IL PAS DE LE FONDRE SOIT AVEC L'ENSEIGNEMENT PRIMAIRE, SOIT AVEC L'ENSEIGNEMENT PROFESSIONNEL ?

RAPPORT DE M. L'ABBÉ CROSNIER

Professeur à la Faculté catholique d'Angers.

Il est dans toute langue des mots magiques, d'autant plus puissants, parfois, qu'ils sont plus vagues et moins définis : pris comme étiquette, ils font la vogue de telle ou telle marchandise. Le mot *moderne* ne serait-il pas un de ceux-là ? Quand on dit : *progrès moderne*, *civilisation moderne*, il semble que la bouche n'est pas assez grande pour articuler convenablement. L'enseignement ainsi heureusement dénommé pourrait bien avoir emprunté au mot lui-même quelque chose du brillant reflet qui s'y attache. Il est pour cela, aux yeux de certaines gens, le rival fortuné de l'enseignement classique, le jeune homme fringant et vigoureux qui remplacera, bientôt, le vieillard décrépit aux façons archaïques et surannées. Rien que l'enseigne mérite déjà qu'on s'y arrête.

Mais il a un autre titre à notre sérieuse attention. Ses progrès ont été si rapides, en ces dernières années, qu'ils ont donné de l'inquiétude à plus d'un sage. Ils ont porté ombrage — non point, uniquement, parce qu'ils se produisaient au détriment des études classiques, mais parce qu'ils étaient aussi en faveur de l'enseignement libre — aux pouvoirs publics eux-mêmes. Subitement, et par son fait, le nombre des élèves de l'enseignement secondaire s'est trouvé sensiblement plus grand dans le camp rival que dans les lycées et collèges de l'État. D'où un émoi indescriptible; puis, comme de juste, des propositions de lois restrictives de la liberté; et enfin l'enquête parlementaire que vous savez, dont toute la France a retenti. N'est-il pas naturel qu'on fasse comparaître et qu'on interroge le téméraire qui a failli nous « brouiller avec la République »; qu'on lui demande ses lettres de naturalisation, ses desseins et ses espérances; et, s'il en est besoin, après une consciencieuse information, qu'on le ramène aimablement à l'allure plus humble et plus calme dont il n'aurait peut-être jamais dû se départir?

I

Son histoire n'est ni longue ni difficile à faire. Je n'en donnerai que les lignes principales, en remontant à ses vraies origines, mais en me bornant à notre siècle.

Avant 1865, il n'existait pas en France, sauf peut-être dans certaines écoles et pensionnats de Frères, où il n'avait point, tant s'en faut, tous les traits de ce que nous appelons l'enseignement *secondaire*. L'enseignement *primaire supérieur*, créé vers 1833, disparu en 1850 et rétabli en 1886, et l'enseignement *commercial* — ou « classes des épiciers » —, qui se montra timidement aux environs de 1845, n'eurent pas avec lui de lien direct. Un projet d'enseignement *spécial*, préparé par M. de Salvandy en 1847, n'aboutit pas.

On raconte que Victor Duruy, nommé inspecteur général de l'Université de France, en conçut l'idée dans un lycée de Bretagne, en entendant un fils de cultivateur, qui voulait être cultivateur comme son père, ânonner péniblement quelques lignes de latin ou de grec. Il se dit qu'il était étrange de vouloir couler dans le même moule et ceux qui cherchent la culture désintéressée de l'esprit, et ceux, plus humbles ou plus pressés, qui veulent arriver plus vite aux carrières agricoles, industrielles ou commerciales. Dans une lettre confidentielle à Napoléon III, il écrivait : « ..... L'enseignement qu'il faut créer pour ceux-ci ne devra pas être purement technique ni étroitement préparatoire au métier, mais il dirigera vers le métier. L'industrie moderne vit autant de science et d'art que de procédés traditionnels : travaillons donc à développer l'esprit, à épurer le goût de nos futurs industriels. »

De cette idée naquit la loi du 21 juin 1855, qui créa l'enseignement *secondaire spécial*. Le nom lui-même était assez mal choisi : car cet enseignement était, non pas spécial comme dans les écoles techniques, mais plutôt général, tout en dirigeant vers certaines professions. Toutefois, si l'enseigne était légèrement trompeuse, la marchandise était bonne.

Les programmes n'étaient pas trop chargés et n'exigeaient, pour être parcourus en entier, que quelques années : vers quinze ans, l'élève, muni d'un certificat d'études secondaires et d'un bagage suffisant de connaissances, était prêt à entrer dans la vie pratique, à commencer les vraies études professionnelles. Cet enseignement, qu'on installa dans les lycées et collèges, eut ses professeurs particuliers, préparés par l'École normale de Cluny, et son agrégation spéciale. Il répondait à de vrais besoins, car il se développa grandement : il compta jusqu'à 30.000 élèves. Après la guerre, il fut, pendant quelque temps, moins florissant. Et, peu à peu, il subit le contrecoup du mouvement qui nous entraînait vers l'imitation des méthodes allemandes. En 1880, on l'étendit et on le divisa en trois cycles : *préparatoire*, *moyen*, *supérieur*. On voulait le fortifier; on le dénatura, ou plutôt on le détruisit.

Quelques années plus tard, de nouveaux décrets (1886, ministère R. Goblet), des programmes nouveaux (1888), et la loi du 5 juin 1891, soutenue par M. Bourgeois, amenaient au monde l'enseignement *secondaire moderne*, qu'on voulut intituler, d'abord, *classique français*. Ceci, sans doute, était né de cela; mais l'enfant, trop vigoureux, tuait sa mère. Il y avait bien plus qu'un changement d'étiquette : l'esprit était presque totalement différent. Sous la poussée égalitaire qui entraîne la démocratie, on prétendit faire du nouveau venu, pour la culture classique générale, non le cadet, mais le frère jumeau du vieil enseignement *secondaire classique*. D'aucuns même — les uns parce qu'ils le croient, les autres parce qu'ils l'espèrent — assurent que c'est un frère ennemi, qui, après avoir remplacé l'enseignement secondaire spécial, tuera les humanités. Ils chantent, avec le poète :

L'avenir, l'avenir, l'avenir est à lui !

On sent que le nouveau-né a un appétit formidable, et de bonnes dents.

De fait, dans l'un et l'autre enseignement, l'organisation est presque identique. Même durée des études, à une année près. Même division des classes et mêmes noms : sixième moderne, cinquième moderne, quatrième moderne..... la *première moderne* correspond à notre *philosophie*. Mêmes programmes, excepté que le grec et le latin sont absents de l'enseignement nouveau, où ils sont remplacés, pour toutes leurs fonctions, par deux langues vivantes, l'allemand et l'anglais. Mêmes professeurs : l'École normale de Cluny n'existe plus. Même couronnement des études : le baccalauréat, avec mêmes mentions, *lettres-philosophie*, *lettres-sciences*, *lettres-mathématiques*. Même but : la culture générale de l'esprit. C'est donc bien une concurrence qu'on a voulu établir ; il n'y a pas à s'y tromper. Et, par un progrès naturel et nécessaire, on demande aujourd'hui la même sanction : c'est-à-dire qu'on ouvre au baccalauréat moderne les portes qui lui restent encore fermées, celles de la Faculté de médecine et de la Faculté de Droit. On ne parle pas de la Faculté des Lettres; mais on prévoit déjà que les tenants du moderne réclameront une licence spéciale et un doctorat « français ».

Est-ce une simple évolution de notre enseignement? Non, c'est une révolution. Comme toutes les révolutions, elle a eu chez nous du succès. La preuve, c'est que le moderne compte presque autant d'élèves que le classique. La question se pose, dès lors, très nettement : Des deux formations rivales, laquelle est la meilleure? Doit-on les garder toutes les deux ? L'enseignement moderne, inauguré à grand fracas, a-t-il tenu, peut-il tenir ses belles promesses? Question bien importante, à laquelle il faut répondre. De la réponse qui sera faite, dépend l'attitude à prendre à l'égard du conquérant. — J'ajoute que l'expérience n'a pas été si longue, et que le nouveau venu n'a pas jeté encore dans le pays des racines si profondes, qu'il soit devenu, le cas échéant, trop difficile de le réformer.

II

Tout d'abord, est-ce une chose heureuse que la disparition de l'enseignement secondaire spécial, tel que l'avait conçu Victor Duruy? On peut dire : Non, sans passer pour un rétrograde. Il répondait, avons-nous dit, à un vrai besoin. Or l'envahisseur, qui l'a tué, ne l'a pas remplacé. Ce que l'autre faisait passablement, celui-ci ne le fait pas du tout, ou du moins ne le fait que très mal : j'entends la préparation rapide et pratique aux carrières industrielles, commerciales, coloniales, agricoles. Gymnastique inférieure aux humanités classiques pour la formation de l'esprit français, il est, par contre, beaucoup trop compliqué pour faire de modestes praticiens, et tout ensemble trop long. Aussi qu'arrive-t-il? La plupart de ses clients, qui n'ont pas le temps de suivre jusqu'au bout une organisation aussi complexe, s'en vont avant la fin du cycle, après la quatrième ou la troisième moderne, à l'âge où les élèves d'autrefois achevaient les études secondaires spéciales. Départ malheureux : car, pour ceux qui s'arrêtent à mi-chemin et n'emportent ainsi qu'une science tronquée, mieux vaut presque ne pas commencer, plutôt que de ne pas connaître le souple maniement de leur outil et de s'exposer au pédantisme outrecuidant que donne la demi-science. Les bons esprits déplorent, unanimement, ce premier effet de l'enseignement secondaire moderne.

A-t-il réussi, d'autre part, dans sa tentative? Est-il le concurrent heureux de l'enseignement classique? Forme-t-il, aussi bien que l'autre, des intelligences *libéralement* cultivées? Je n'ai pas à vous donner, là-dessus, une longue réponse. Le savant et très distingué rapporteur qui m'a précédé, M. l'abbé Ragon, l'a formulée amplement, avec raisons et preuves à l'appui. On me permettra, toutefois, d'y revenir, pour résumer la question ou la présenter à un autre point de vue.

Je sais bien qu'on peut objecter, non sans une apparence de raison, que l'expérience n'a pas été tout à fait aussi concluante que possible ; que les professeurs n'ont pas mis à cette tâche, au moins partout, l'ardeur désirable ; que, si l'enseignement moderne a enlevé au classique un certain nombre de ses élèves, il ne s'est pas recruté généralement parmi les meilleurs ; et donc qu'il ne faut pas le juger sur une épreuve incomplète... Cependant, depuis huit années, on l'a vu à l'œuvre ; assez longtemps, en somme, pour conjecturer, d'après ce qu'il a fait, ce qu'il est capable de faire. L'enquête est commencée. A la barre, où il comparaît, le défilé des témoins, dans l'ensemble, ne lui est pas favorable. S'il a de chauds partisans, politiciens ou autres intéressés, qui le saluent et l'acclament comme l'enseignement du xxe siècle, il a des adversaires, en plus grand nombre, non pas seulement dans les rangs de ces *classiques* nourris de grec et de latin, mais dans les Conseils généraux, dans les Congrès d'agriculteurs, dans les Chambres de Commerce — ce qui est très grave — en un mot, parmi les hommes désintéressés qui, tous ou presque tous, lui reprochent de n'avoir pas tenu de trop séduisantes promesses et vont même jusqu'à prétendre qu'il ne saurait jamais les tenir, à cause de sa constitution. Écoutons-les.

Sans doute, disent-ils, dans l'ordre des sciences, le moderne peut lutter avec le classique, et parfois le battre. Mais, pour tout le reste, quelle différence, quelle disproportion ! A égalité de talent, il n'y a pas de comparaison possible entre un étudiant qui a fait ses humanités et celui qui n'a reçu que l'enseignement moderne. On dirait qu'il y a, entre les deux enseignements, comme une cloison étanche, qui arrête la communication des idées. C'est que, selon le mot d'Anatole France, « pour former un esprit, rien ne vaut l'étude des deux antiquités d'après les humanistes français... Six ou sept ans de cette culture littéraire, donnent à l'esprit bien préparé une noblesse, une force élégante, une beauté qu'on n'obtient pas par d'autres moyens. » Les charmants paradoxes de M. Jules Lemaître ne peuvent rien là contre. Aux langues antiques, il est vrai, on a substitué les langues modernes. Mais l'anglais, l'allemand, l'italien et l'espagnol, par leur contexture même, qui diffère trop peu de celle du français, sont pour l'esprit une gymnastique beaucoup moins assouplissante et féconde ; et, pour les idées et pour les sentiments, *Hamlet, Faust, Childe-Harold*, ne vaudront jamais, en éducation, les pages sereines d'Homère, de Démosthène, de Virgile, ou de Tacite. De plus, l'enseignement classique, lequel n'est, dit M. Brunetière, « ni professionnel, ni passionnel, ni confessionnel (1) », a une tout autre portée éducative que le moderne, où vibre l'écho de nos disputes, et mène de lui-même à la haute culture, où l'autre s'efforce en vain d'atteindre. Sans compter que nos grands écrivains français, la principale ressource, on peut dire l'unique ressource qui reste au moderne, plongent par tant de racines dans les deux antiquités, qu'il nous est difficile, sans l'aide des langues anciennes, d'en compendre une bonne part. Les simples traductions, faibles et partant fastidieuses, n'y suffisent pas...

Décalque, ou même — qu'on nous pardonne l'expression — singe de l'enseignement classique, le moderne n'atteint que fort imparfaitement le but qu'on lui a fixé. Mais, par ailleurs, pourquoi deux routes aboutissant aux carrières libérales, quand l'une y conduit mieux que l'autre? Et, quand ces carrières sont déjà encombrées, pourquoi grossir, de gaieté de cœur, le nombre des candidats, l'armée des aspirants fonctionnaires, des non-classés ou des déclassés? En créant le moderne, on a cédé imprudemment à un mouvement de l'opinion publique : disons le mot, à la vanité des parents, qui voulaient que leur fils fût « bachelier » comme celui du voisin, qui est au classique. Dans notre démocratie, où, pour nous servir d'une expression très juste de M. E. Faguet, « l'idée de l'égalité est devenue un dogme, et le sentiment de l'égalité une passion », il faut donc niveler toutes les hauteurs? L'effet était facile à prévoir : on a eu des bache-

(1) Bien entendu, je laisse à M. Brunetière toute responsabilité de son opinion ; je *rapporte* simplement.

liers, ce qu'on voulait, mais des bacheliers au rabais et, en somme, avec moindre peine. La preuve, trop évidente, c'est que des établissements d'enseignement primaire n'ont pas eu à modifier beaucoup leur système ni leur personnel pour avoir cette préparation et y réussir.

Une fois lancés et en vertu de la vitesse acquise, nos *modernes* vont toujours plus loin. Voici que, devant cette « contrefaçon belge de l'enseignement classique » — le trait est de M. Perrot — ils demandent qu'on leur ouvre aimablement les portes des Facultés. Leurs prétentions sont exorbitantes. La cohabitation du moderne et du classique, tels qu'ils sont organisés à l'heure présente, est déjà très nuisible. Le jour où ils auront absolument les mêmes privilèges, ce sera pour le classique le commencement de la ruine ; et, à bref délai, devant cette nouvelle invasion, l'esprit français s'enfuira : c'est-à-dire la grâce légère, la clarté limpide, l'amour de la composition et de l'ordre, la finesse littéraire, le goût des idées élevées, le bon sens aiguisé et prudent, qui furent et sont toujours, Dieu merci, notre marque en ce monde, et qui nous maintiennent encore dans l'aristocratie de l'humanité. Les parents, qui deviennent de plus en plus utilitaires, iront, par le plus court, au plus pressé. La désertion commence déjà...

Je suis obligé d'avouer, pour ma part, que leur argumentation ne me paraît dénuée ni d'intérêt ni, presque partout, de fondement.

III

Alors, me direz-vous, puisqu'il manque de sens pratique et qu'il a trop d'ambition littéraire, il faut donc supprimer l'enseignement secondaire moderne ?

La conclusion est peut-être outrée. Le supprimer serait une solution extrême, et probablement une seconde révolution, aussi troublante que celle qui l'a amené à la vie. Vous vous heurterez d'abord, à un fait considérable ; or vous savez que rien n'est plus brutal qu'un fait, si ce n'est deux faits. Cet enseignement a ses cadres, ses professeurs, de nombreux élèves ; il est vivement soutenu par les familles qui l'ont choisi pour leurs enfants et qui y tiennent, bien qu'elles s'en exagèrent le rôle et la portée. Et il représente, avec des vanités assez excusables, de véritables intérêts.

Non seulement il fonctionne, disons, si vous le voulez, plutôt mal que bien ; mais, tout complexe qu'il est et enflé outre mesure, il a donné des fruits, notamment dans les sciences. Ne pourrait-on continuer l'expérience, en en modifiant sensiblement les conditions ?

Nous aimons beaucoup, vous et moi, les études classiques ; cependant il ne faut pas en avoir la superstition. Pour celui qui a les moyens et les loisirs nécessaires, et qui veut arriver à la culture délicate de l'esprit, rien ne les remplacera jamais. Les humanités assurent à ceux qui les ont faites, à quelque position qu'ils se destinent, des avantages précieux, on peut dire uniques : elles développent l'intelligence et l'élèvent, elles affinent le goût; elles sont pour l'âme, après la religion, la nourriture la plus aimable et la plus délicate ; elles sont un ornement même pour les médiocres esprits. Bien plus, un lettré n'est pas, précisément parce qu'il est lettré, un industriel inepte ou un agriculteur maladroit. Toutes choses égales d'ailleurs, il est partout, mieux qu'un autre, à sa place, en raison de l'éducation distinguée qu'il a reçue. Aussi, dans les pays industriels, en Angleterre, en Allemagne, aux États-Unis, les humanités sont, à juste titre, le fond de la meilleure éducation *secondaire*. Même, l'an dernier, un professeur à l'Université du Texas prêchait à ses compatriotes la nécessité du latin : « Jeunes hommes et jeunes femmes, leur disait-il, cultivez les études latines, et votre succès sera certain, *à quelque travail que vous vous appliquiez*. Mais surtout, si vous avez en vue le succès *pratique*, si vous voulez devenir des hommes, des femmes d'action, c'est alors surtout que je vous engage à vous perfectionner dans l'étude des lettres latines. » Voilà, n'est-ce pas? un américanisme d'un nouveau genre, et qui n'est pas dangereux ! Mais, tout en remerciant M. Th. Fitz-Hugues de son jeune et vibrant enthousiasme, si différent de notre apathie à nous, qui sommes pourtant de race latine, il est juste de reconnaître que tout le monde n'a pas soit le moyen, soit le goût de ces études délicates et supérieures.

L'enseignement classique, en outre, ne produit pas *à la vapeur*. Il n'agit, comme le dit M. Lachelier, que par une « lente imprégnation » de l'esprit. Tous, c'est sûr, n'ont pas besoin de cette formation. A mesure qu'on descend les échelons de la hiérarchie sociale, une pareille culture, lente et distinguée, se fait de moins en moins nécessaire. Et beaucoup manquent des loisirs suffisants, parce qu'il leur faut conquérir très vite une situation rémunératrice. Joignez que la rapidité de la production, la culture intensive, la facilité des moyens de transport, ayant changé considérablement les conditions de la lutte sociale, il faut partir de bonne heure pour n'être pas distancé par les autres peuples. A ceux qui n'ont pas le temps d'attendre, les études classiques seraient, à certains égards, préjudiciables. Il leur faut donc une préparation qui soit tout ensemble assez complète, plus rapide et plus à leur portée.

J'entends bien l'objection : « Vos arguments vont au delà de votre but. Vous venez de prouver, sans y prendre garde, qu'il nous faut abandonner l'enseignement secondaire moderne, pour revenir soit au secondaire spécial, inauguré par Victor Duruy, soit à l'enseignement primaire supérieur, soit même, tout uniment, aux écoles professionnelles. »

Laissons, pour l'instant, l'enseignement secondaire spécial, sur lequel nous reviendrons. Je n'ai pas dit, ni je ne prétends que l'on doive se contenter, pour la masse, des deux autres.

L'enseignement primaire supérieur, si supérieur qu'il soit par le nom et par la chose, n'est toujours que de l'enseignement primaire. Les connaissances qu'il fournit, toutes variées qu'elles sont, et d'ordre pratique, sont élémentaires, fort peu approfondies. Et, sans médire des maîtres qui le donnent, c'est, pour une part, sa trop grande ressemblance avec celui-ci qui a fait que le *moderne*, administré par eux, n'a pas eu toute l'efficacité que l'on s'était promise dans la formation de ses étudiants. Tel qu'il est, distribué en trois ou quatre années, le primaire supérieur convient à merveille aux bons soldats et aux futurs sous-officiers de la grande armée agricole, industrielle, commerciale, et, si vous voulez, coloniale : ne lui demandez rien de plus. Avec cela, il est gratuit : autre raison, et celle-là décisive, pour laquelle nos bourgeois de France ne s'en accommoderont jamais — ce dont je n'ai garde de les blâmer. Donc, ou bien transformez le primaire supérieur dans ses méthodes, dans ses programmes; élargissez-le, développez-le, j'y consens; et alors il ne sera plus primaire, il aura changé de nature. Ou bien laissez-le, tel qu'il se pratique chez nous, avec son fonctionnement, son rôle et son but, qui me semblent très bien adaptés à une catégorie de nos concitoyens ; et, ensemble, cherchons autre chose...

Quant à l'enseignement professionnel, je l'écarte tout de suite de cette étude. Il est de deux sortes, chez nous. En premier lieu, nous avons les écoles techniques proprement dites, où l'on apprend les métiers, où l'on forme les ouvriers, les bons ouvriers en tous genres. Celles-là peuvent recevoir les enfants, au sortir de l'école primaire, simple ou même supérieure ; il ne saurait en être question ici. Mais il y a, aussi, d'autres écoles : Écoles supérieures de commerce, Écoles industrielles, Écoles ou Instituts agronomiques, École centrale des arts et manufactures... Pour celles-là, il faut une préparation beaucoup plus longue et plus soignée. Je ne mets pas en doute — c'est d'ailleurs un fait d'expérience — que les bons élèves de l'enseignement classique, quand ils s'y présentent, n'y soient placés aux meilleurs rangs. Mais leur clientèle, pour une forte partie, pourrait se recruter ailleurs : dans un enseignement intermédiaire entre le primaire supérieur et le classique. Il me semble qu'une école, ou une belle situation professionnelle, quelle qu'elle soit, doit être précédée d'un autre enseignement, de culture plus générale, qui y conduise, et avec lequel, en raison même de son but très déterminé, elle ne saurait se confondre. Avant de former le spécialiste, essayez de former, dans la mesure du possible, ce que le XVIIe siècle appelait *l'honnête homme*.

IV

— Fort bien. Nous voyons ce que ne doit pas être, d'après vous, l'enseignement secondaire moderne. Mais nous ne voyons pas du tout ce que vous voulez qu'il soit. Le ramèneriez-vous donc à l'enseignement secondaire spécial, qui vécut en France près de trente années et mourut?

Ce serait, à tout prendre, la moins mauvaise des solutions, pourvu que l'on tînt compte des changements produits, des désirs légitimes des familles, et des besoins nouveaux de la société. L'œuvre de Victor Duruy a succombé, ou plutôt s'est transformée, s'est grossie à outrance, principalement pour deux raisons : la poussée égalitaire, qui est de l'essence de toute démocratie et, malgré qu'on en ait, tend à découronner dans notre parterre les fleurs qui dépassent les autres, en est une; et la loi militaire, ou le désir d'obtenir l'exemption de deux années de service, est évidemment l'autre. Quelques-uns ajoutent qu'une autre cause de sa déchéance fut qu'il avait été placé dans les lycées, à côté de l'enseignement classique : bon gré mal gré, s'est établie une lutte, où le plus humble et le plus faible a été battu. Qu'en est-il? Je ne sais. Tout en se préoccupant de cette situation, ne devrait-on pas reprendre l'essai de Victor Duruy, et le remanier comme il convient?

Il ne coûte rien de faire des projets. Esquissons-en un, à notre tour, après tant d'autres. Il n'est que de le faire raisonnable... et applicable.

Que voulons-nous? Un enseignement secondaire, moins long que le classique, et qui vise, plus que le classique, à l'utilité immédiate, par conséquent destiné, non à une élite, mais à la moyenne des enfants de France. Il faut qu'il donne, sans doute, les connaissances générales indispensables, mais qu'il prépare, en même temps, à certaines spécialités bien déterminées ; que, sans être « purement technique ni étroitement préparatoire au métier, comme disait Victor Duruy, il dirige vers le métier » ; puis, comme la plupart de ceux qui le recherchent ont besoin d'entrer assez tôt dans la vie militante, qu'il soit relativement court, sensiblement plus court que les études classiques. Pratique, court, il sera, autant qu'il se peut, varié, accommodé non seulement aux progrès de la science, mais encore aux nécessités des diverses régions ou professions.

Court. — Les Anglais, gens avisés et pratiques, disent que le temps, c'est de l'or : *Time is money*. Il est étrange que les parrains de l'enseignement moderne n'aient pas paru se soucier de cette vérité, surtout en raison de la clientèle qu'ils avaient à servir. Mais il est bon de la rappeler. Si l'enseignement primaire simple finit vers onze ans, cinq années doivent suffire, amplement, au but que nous nous proposons. A seize ans, au plus tard, le jeune homme, lesté d'un bagage de solides connaissances, entrera dans la lice, je veux dire dans telle ou telle profession, pour prendre part à la grande mêlée industrielle, commerciale et agricole.

Pratique. — Assurément, il comprendra les connaissances indispensables à la culture générale de l'homme. Mais nous ne cherchons pas à former des mandarins. L'orientation des études doit se faire dans le sens des professions auxquelles ces jeunes gens se destinent. On veut, non d'autres bacheliers, mais des hommes ayant un genre d'esprit, des aptitudes et des goûts différents, armés pour la vie des affaires. Donnons, pour plus de clarté, quelques détails.

L'histoire littéraire, déjà trop envahissante dans les humanités, n'a point de place dans cet enseignement, sinon en tant qu'elle tient à l'histoire générale : objet de luxe, partant inutile à notre dessein.

On étudierait, parmi les auteurs français, ceux qui sont les plus propres à donner à la jeunesse le goût de l'action et le sentiment du devoir. La lecture des auteurs grecs ou latins, habillés dans une pâle traduction, nous semble aussi peu profitable que peu intéressante.

Les compositions françaises seraient, non des exercices d'imagination et de fines dissertations de critique littéraire, mais des travaux plus terre à terre — souvenirs de voyage, lettres d'affaires, résumés des découvertes scientifiques, récits d'histoire, questions de morale, — aptes à former des esprits méthodiques et clairs, et des jugements droits. Bien voir, bien comprendre, bien apprécier les choses positives, serait la fin principale, et non préparer des journalistes à la plume alerte ou des auteurs à gros tirages.

L'histoire et la géographie seraient enseignées au point de vue économique. En histoire, on présenterait, d'une façon pittoresque, l'ordre des événements essentiels. La géographie, surtout, serait approfondie, pour la connaissance des *produits* dans les divers pays du monde et les échanges internationaux.

Les langues vivantes seraient apprises, non en vue de goûter *Le Roi Lear*, *Wilhelm Meister*, *La divine Comédie*, ou *Don Quichotte de la Manche*, mais pour la pratique usuelle, la conversation et les rapports commerciaux. La langue usuelle est le premier besoin, et la clef du reste. Les futurs industriels n'ont que faire, pour la plupart, d'analyser littérairement un texte allemand ou anglais, espagnol ou italien, comme nous étudions un texte latin ou grec.

Il n'y aurait rien, ou presque rien, à changer dans le programme des sciences, qui est bien conçu et a produit de bons effets. Il y a lieu, seulement, d'insister de préférence sur les sciences naturelles, pour les besoins de l'agriculture et de l'industrie.

Le dessin demanderait quelques réformes. On enseigne bien le dessin géométrique et linéaire, moins bien le dessin d'ornementation et la perspective. Il faudrait mettre les élèves en face de la nature.

M. Jules Lemaître demandait, en sus, un métier manuel. L'idée est curieuse; elle est du goût de l'empereur d'Allemagne, qui vient d'envoyer à Kiel deux de ses fils, le Kronprinz et le prince Éthelbert, pour conquérir leurs diplômes de tourneur, de menuisier et de serrurier. Mais ce sont là jeux de princes, difficiles à introduire dans nos collèges, où nous ne saurions entretenir, pour tous les goûts, une armée d'ouvriers professeurs.

Varié. — Il est clair que les besoins ne sont pas les mêmes au midi et au nord, à l'est et à l'ouest de la France. J'entends bien ce que vous me dites : que tout a changé, et que les distances sont beaucoup moins grandes que jadis, à cause de tous les moyens de communication qui ont tellement rapproché tous les peuples. Mais, quelles que soient les inventions modernes, le sol, le climat, les productions restent les mêmes, ici et là. Et le voisinage de telle ou telle nation crée, ici ou là, des relations plus étroites. Pour prendre un seul exemple, ne croyez-vous pas qu'il est désastreux d'imposer aux écoliers de l'enseignement moderne, sur toute la surface de la France, l'étude de l'anglais *et* de l'allemand ? Il serait plus habile d'admettre l'anglais comme seule langue obligatoire, avec la faculté, pour telle ou telle région, de choisir soit l'allemand, soit l'italien, soit l'espagnol.

Et quelle sanction admettre? Le baccalauréat? Non pas, malgré le désir des pères et des mères. Que gagne-t-on à exalter les ambitions, à flatter je ne sais quel puéril orgueil aux dépens des vrais intérêts du pays? Un certificat d'études, qui témoignerait qu'on a les connaissances nécessaires, et qui n'ouvrirait pas la porte des Facultés, serait la sanction naturelle et suffisante.

En un mot, une orientation plus utilitaire, et des programmes simplifiés. Dans tout enseignement, mais surtout dans celui-ci, l'instruction véritable ne consiste pas tant à entasser les connaissances qu'à donner à l'esprit la bonne méthode pour les acquérir, les classer et les conserver. Il nous faut — comme le disait excellemment naguère, dans sa réponse à M. le ministre, la Chambre de commerce de Lyon — *des esprits clairs, des intelligences vives et avisées, et non des petits prodiges... un enseignement vraiment français, et non pas des sous-produits des universités allemandes.*

Enfin on reproche à l'enseignement secondaire moderne d'offrir à l'écolier beaucoup de professeurs et pas un seul maître. Rien ne s'oppose à ce que chaque classe ait son maître principal, qui professe à la fois, par exemple, la langue française et l'anglais.

Encore n'ai-je rien dit de l'enseignement religieux, la suprême, j'allais dire l'unique force éducatrice, celle qui pénètre jusqu'aux moelles et crée les *bonnes volontés*. Mais tel n'est pas, précisément, l'objet de ce travail : il exigerait, à lui seul, un rapport spécial.

Cet enseignement, ainsi refondu, conviendrait-il de l'établir dans des maisons spéciales, avec un personnel particulier? Ce serait, peut-être, l'idéal : la formation des écoliers serait meilleure et plus appropriée. Mais, une fois bien défini et délimité, ne pourrait-il donc vivre, sans trop de heurt, à côté des études classiques, là où les ressources ne permettraient pas la dépense d'une installation entière? On ferait mieux, du reste, au lieu d'imposer à tous, et partout, des règlements et des programmes uniformes, de tenter, ici et là, des essais : on apprendrait, de la sorte, ce qui s'adapterait le mieux à tel ou tel endroit, ce qu'il serait opportun de garder ou de rejeter. Notre défaut, à nous Français, le défaut de nos administrations paperassières, est de trop croire à la vertu des règlements, pas assez à l'essor fécond de la liberté. Nous nous sommes pâmés, devant la parole de ce ministre qui disait, en tirant sa montre : « Il est dix heures... Je puis vous apprendre ce qui se fait en classe, pour l'instant, dans tous les lycées et les collèges de France. » Le bon billet que nous avions là ! Ces règlements rigides conviennent à une caserne, bien mieux qu'à une maison où de jeunes et tendres esprits doivent s'épanouir à l'aise, dans une atmosphère tout imprégnée de liberté.

V

Ainsi serait constitué, — vous me permettrez, du moins, de croire en la bonté de mon projet, — pour la moyenne si intéressante des « petits enfants de France », un enseignement vraiment moyen, intermédiaire entre le primaire supérieur et ces études classiques que nous appelons toujours, et avec justice, du beau nom d'humanités.

Resterait à l'organiser de telle façon que, du primaire supérieur, il fût loisible de passer, de plain-pied, dans le moderne. A ce dernier, d'autre part, on mettrait, comme couronnement, une année préparatoire aux écoles supérieures de commerce, d'industrie ou d'agriculture. Puis, parce que toute démocratie intelligente doit éveiller les vocations, ou au moins les bien accueillir, et faciliter l'entrée des charges au talent, dès qu'un élève, engagé très avant dans le moderne, montrerait des aptitudes vraiment supérieures, il serait juste de lui ouvrir, en favorisant, après une année ou deux d'études classiques, son admission au baccalauréat, l'accès des grandes écoles et des Facultés.

Tout rentrerait dans l'ordre par ce moyen; et l'on n'opprimerait aucune vocation sérieuse. Ce ne serait pas, non plus, brouiller les limites naturelles des divers enseignements. Aujourd'hui, hélas! elles ne sont que trop confondues : le primaire s'est haussé ou enflé jusqu'au secondaire ; de même, par l'abus d'une érudition souvent indigeste, le supérieur s'est déversé dans le secondaire, classique ou moderne, et en a fait ainsi « une sorte de *pandæmonium* où les éléments de la science entière se rencontrent » (M. Hanotaux). — M. Bersot disait, avec humour : « Je m'honore d'autres grades; je me félicite, tous les jours, d'être bachelier ! » Cette boutade n'est point si exagérée qu'on pourrait le croire.

Peut-être, pour faire accepter les réformes désirables, faudrait-il prêcher les parents et éclairer leur foi. Tout le monde veut pouvoir dire : « Mon fils est reçu bachelier! » Superstition naïve : car il n'est pas très difficile de constater que le parchemin, par lui-même, ne mène à rien d'immédiatement pratique; et j'ai presque honte d'affirmer qu'il est des qualités solides de caractère et d'intelligence qui se peuvent acquérir par d'autres moyens. — Mais il y a le service militaire? Eh bien, il faudrait étendre l'exemption des deux années à d'autres étudiants, à d'autres diplômes; je n'ai pas à décider dans quelles conditions. Autant que le désir du progrès, qui est faible, la prétendue égalité démocratique et la loi militaire ont pesé, d'un poids néfaste, sur notre conception de l'enseignement.

Il est temps de résumer et de conclure.

Je demande qu'on rétablisse, distinct de l'enseignement primaire supérieur et de l'enseignement professionnel, un enseignement secondaire moyen — qu'on l'appelle français, spécial ou *moderne*, il n'importe — pour la préparation des jeunes gens qui seront, en France et aux colonies, patrons, directeurs, employés supérieurs, contre-maîtres, dans l'agriculture, l'industrie et le commerce... Transformation profonde, mais non pas suppression, de notre *secondaire moderne*.

Cet enseignement ne sera pas, ainsi que le *moderne* l'a été depuis huit ou dix ans, le rival des études classiques, mais il aura, comme les *Realschulen* d'Allemagne, un caractère nettement utilitaire. Il sera *pratique*, relativement *court*, *varié* suivant les régions. Il sera, enfin, couronné par un *certificat d'études*, et non par un baccalauréat. Seul, le baccalauréat classique conduirait à l'enseignement supérieur ; il s'agirait, dans certains cas, de le rendre plus accessible aux très bons élèves de cette catégorie.

Le mieux serait que cet enseignement, à la fois général et spécial, fût distribué par des professeurs directement préparés à cette mission. A ces professeurs, pour l'exécution de programmes plus simples que ceux d'aujourd'hui, on laisserait une certaine liberté d'allures.

Somme toute, l'enseignement secondaire moderne, simple doublure des humanités, n'a pas donné, ne pouvait pas donner à la France le bénéfice qu'elle en attendait. Réformons-le, pour y mettre plus de notions pratiques. Et, puisqu'il en est temps encore, faisons résolument machine en arrière.

M. de Roquefeuil estime que l'enseignement moderne, demandant un moindre effort intellectuel et étant purement utilitaire, ne doit pas être trop favorisé sous peine d'amener l'abaissement du niveau moral et du niveau intellectuel. Il transformerait les Français en Anglo-Saxons.

M. l'abbé Ragon est aussi opposé à l'enseignement moderne tel qu'il est pratiqué aujourd'hui. « Cet enseignement, dit-il, qui devrait nous faire des agriculteurs, des industriels, des commerçants, ne fait qu'un surcroît de bacheliers d'un nouveau genre. »

M. Joseph Lucien-Brun rappelle que la chambre de commerce s'est prononcée pour l'enseignement classique contre l'enseignement moderne, et qu'elle a demandé de remplacer celui-ci par l'enseignement professionnel.

Sur la proposition de M. l'abbé Ragon, le Congrès adopte les résolutions déjà votées au récent Congrès des professeurs de l'enseignement secondaire, universitaires en grande majorité, et résolus adversaires de l'enseignement moderne :

« 1. Le Congrès, constatant que l'enseignement classique n'est pas responsable du développement du fonctionnarisme et qu'il ne nuit en rien au développement des qualités actives nécessaires dans la vie pratique, émet le vœu qu'il soit constitué, à la place de l'enseignement moderne actuel, un enseignement secondaire de courte durée, conduisant soit aux professions agricoles, industrielles et commerciales, soit aux écoles techniques qui préparent à ces professions.

« 2. Le Congrès émet le vœu que cet enseignement soit de quatre ans, avec examen à la fin de la quatrième année.

« 3. Le Congrès est d'avis que les programmes de cet enseignement se composeront d'une partie fixe, formée des matières de culture générale, et d'une partie variable selon les établissements et les régions, comprenant les matières d'un caractère pratique. »

SÉANCE SOLENNELLE DU MERCREDI SOIR

La séance solennelle a lieu aux Folies-Bergère. Il y a plus de 5.000 personnes dans la salle.

Au début de la séance, toute l'assistance se lève pour saluer de ses applaudissements S. Em. Mgr Coullié, Mgr de Cabrières, évêque de Montpellier; Mgr Belmont, évêque de Clermont, accompagnés de Mgr Péchenard, Mgr Dadolle et des vicaires généraux de Lyon, de Montpellier et de Clermont.

M. Chavent donne lecture de la dépêche suivante reçue par S. Em. le cardinal Coullié :

Rome, 24 mai.

« Le Saint-Père envoie de grand cœur sa bénédiction apostolique au Congrès que l'Association catholique de la jeunesse française tient sous la présidence d'honneur de Votre Éminence. Sa Sainteté espère qu'un tel Congrès apportera de bons fruits pour la Liberté d'Enseignement.

« Cardinal RAMPOLLA. »

M. Henry Guérin fait en excellents termes le résumé des travaux de la journée. Puis, M. le comte Albert de Mun prend la parole et, pendant près de deux heures, l'éminent orateur tient l'assemblée sous le charme de sa vibrante éloquence.

DISCOURS DU COMTE ALBERT DE MUN

de l'Académie française.

ÉMINENCE, MESSEIGNEURS (1),
MESDAMES ET MESSIEURS,

L'accueil que je reçois, ce soir, de cette belle assemblée, en pénétrant mon cœur de reconnaissance, reporte ma pensée, par les marques renouvelées de votre constante bienveillance, aux souvenirs déjà lointains, mais qui semblent d'hier, des luttes d'autrefois, tout à coup ranimées.

Il y a vingt ans, j'étais ici déjà, peut-être à cette même place; vous encouragiez de la même sympathie l'ardeur naissante dont vous soutenez encore le déclin; et c'était alors, comme aujourd'hui, la grande cause de l'enseignement libre et chrétien qui nous rassemblait dans un commun élan d'efforts et de résolutions.

Est-ce donc l'irrévocable destin de notre âge tourmenté de ne pouvoir jamais, même en cet objet sacré de la formation des âmes et des intelligences, trouver un terrain commun où, dans une liberté loyalement acceptée, se réfugient en paix les croyances divisées et les convictions adverses?

Il semblait cependant que cette paix nécessaire, nous l'eussions achetée d'assez lourds sacrifices, et que la liberté nous fût assez mesurée, pour que la tyrannie pût se reposer sur un champ de bataille à moitié conquis! Mais il n'en est rien et voici qu'elle s'apprête, pour asseoir décidément son règne, à livrer un nouvel assaut aux forteresses démantelées dont elle nous a laissé l'abri!

Soit! Messieurs, puisqu'on veut combattre, on trouvera des soldats : et les vétérans, usés par les luttes d'hier, ne remercieront jamais assez la jeunesse qui veut bien encore, à l'heure de la

(1) Son Eminence le Cardinal Coullié, archevêque de Lyon; NN. SS. de Cabrières, évêque de Montpellier, et Belmont, évêque de Clermont.

bataille, se souvenir d'eux et leur faire place dans ses rangs. Votre grand Jacquier rappelait, hier soir, la prière suprême du Cid Campeador! Si loin que puisse être celui qui vous parle à son tour, d'un si grand et illustre modèle, il aurait bien envie, lui aussi, de dire à ces jeunes gens : « Voici que je ne puis bientôt plus vous conduire à la bataille, mais, je vous prie, comme le héros castillan, liez-moi fortement sur mon cheval et menez-moi avec vous parmi les ennemis de notre Dieu et de notre liberté. »

Aussi bien, puisque les jours reviennent des vieilles passes d'armes, c'est vers les anciens qu'il faut tourner la tête, et je ne m'étonne pas que le grand souvenir de Montalembert, présenté par le cardinal de Bonald aux catholiques lyonnais, ait jailli, comme une image attendue, de nos premières réunions. Les grands morts qui lui font cortège vont tressaillir dans leur repos.

J'ai vu, bien souvent, au fond de cette Bretagne qui, depuis près d'un quart de siècle, a fait de moi son fils et l'un de ses représentants, j'ai vu, le soir d'un jour de mission, à l'heure où le crépuscule jette sur la lande son manteau gris, les paysans groupés autour de l'ossuaire qui, près de l'église, garde les restes des aïeux, et, debout sous le porche de granit, le prédicateur invoquant ces débris vénérables, pour susciter, par l'exemple des morts, des résolutions pratiques aux cœurs des vivants.

C'est ici quelque chose de semblable, et pendant qu'hier l'orateur faisait revivre à nos yeux la grande scène de la Primatiale, il me semblait qu'autour de nous les ombres, grandies par la mort et le recul de l'histoire, de ceux qui donnèrent à ce pays la liberté de l'enseignement, réconciliés dans la grande paix du Maître commun, Montalembert, Lacordaire et votre Ozanam, Parisis et Dupanloup, Veuillot et Falloux, se dressaient autour de nous, contemplant cette jeunesse, fille de leurs œuvres, et lui montrant du doigt les champs qui les attendent, où la liberté, presque à moitié captive, les appelle à son aide contre la chaîne dernière qui se forge pour elle.

C'est une gloire d'être un moment son porte-parole pour répondre en son nom : et, cependant, pourquoi ce discours, et que dirais-je après ceux d'hier, après Jacquier qui osait bien se plaindre des cailloux de l'orateur antique, et à qui, pour achever l'image, vous répondiez par des acclamations profondes comme le mugissement des flots! après mon collègue Lerolle dressant ici, de sa parole énergique et précise, le réquisitoire de la liberté contre l'oppression et forçant les artisans de la tyrannie à venir, eux-mêmes, par la publicité de leurs conciliabules secrets, avouer leurs complots !

Pourtant, il faut parler, ce soir, demain, dans les jours qui vont suivre, partout où nous pourrons dresser des tribunes, pour dénoncer le péril et soulever la résistance. Même ici, dans ce Lyon, demeuré malgré tout l'un des boulevards de la foi chrétienne, l'émotion, laissez-moi le dire, n'est pas ce qu'elle devrait être : il semble qu'on ignore ce qui se passe, qu'on ne sache pas que, dans un mois, dans deux mois, nous sommes menacés de voir tous ces collèges libres où s'enferment, avec la jeunesse chrétienne, l'espoir de nos foyers, et, pour la patrie, une si précieuse réserve, fermés brutalement ou, d'une main plus habile, réduits à l'impuissance. Le danger est venu dans l'ombre : au milieu du chaos où, depuis dix-huit mois, se débat la nation, il s'est mis en marche en rampant, comme la plante parasite qui serpente dans les ruines et qui, tout à coup, s'élance vers les murs restés debout, les enserre et les étouffe de sa mortelle étreinte.

Il faut le dénoncer bien haut, tandis qu'il en est temps encore. Il n'y aura jamais, pour le faire, de voix assez nombreuses et assez puissantes ! Et c'est l'objet même du Congrès qui finit, d'organiser par tous les moyens, ce nécessaire appel à l'opinion des gens de bien.

J'ai dit à l'opinion et j'y insiste : Jacquier avait bien raison de dire que, dans une démocratie, c'est une force irrésistible. C'est à elle que nous voulons parler, c'est devant elle que nous allons porter notre cause.

Nous sommes, il est vrai, des catholiques : je dis mal, dans une telle question où il n'y a pas, où il ne peut y avoir de divisions entre nous, nous sommes les catholiques de France, conduits, couverts par plus de quarante évêques, approuvés demain, j'en suis sûr, par tous les autres, patronnés par des hommes d'opinions diverses, par ce poète des humbles et des croyants, dont l'âme, éprise de la souffrance, a si ardemment senti celle de la patrie française, comme par cet écrivain sans faiblesse, par cet orateur pénétrant qui, pour ne pas partager toutes nos croyances, n'en est pas moins celui qui en démontre le plus fortement la raison et le besoin.

Nous sommes les catholiques de France, à ce titre ayant une foi déterminée, base fondamentale, pour ceux qui la partagent, de l'enseignement et de l'éducation, et résolus, par devoir, par conscience, comme par tendresse, à n'en pas déshériter nos enfants : et nous sommes aussi, en même temps, des citoyens, qui ne le cédons à aucune autre catégorie de nos compatriotes par l'amour de la patrie et le dévouement envers elle, respectueux des lois jusqu'à subir, sans révolte, celles qui nous oppriment, et résolus, comme tels, à revendiquer tous les droits que nous assurent les principesd'égalité et les promesses de liberté dont est fait notre droit public.

Il n'y a pas de cause plus juste, plus simple que la nôtre; notre dessein est de le montrer à tous les hommes de bonne foi et de les appeler à notre aide, dans un combat de l'issue duquel peut dépendre demain l'avenir de quiconque prétend sauvegarder sa propre liberté.

D'abord, Messieurs, quelle est, dans cette grande question de l'enseignement, la position des catholiques? Sont-ils en possession d'une liberté, tellement large, si généreusement impartie, qu'ils puissent être accusés d'en faire abus et que nos adversaires aient quelque ombre de prétexte à invoquer ici — pardonnez-moi l'expression vulgaire — l'habituel et vieux cliché de la mainmise par l'Eglise sur la société ? Nous allons voir.

Dans l'enseignement supérieur, si important, si considérable, puisque c'est lui qui forme définitivement l'esprit, le fixe dans ses aptitudes, et par le droit, par les lettres, par les sciences, par la médecine, prépare toutes les influences sociales, dans l'enseignement supérieur, nos Facultés n'ont ni le droit de choisir leurs programmes et leurs méthodes, ni celui de conférer des grades et de donner des diplômes : elles sont, ainsi, les sujettes de l'Université qui est à la fois leur rival, leur juge et leur surveillant : et, comme pour les humilier davantage dans un temps où la décentralisation universitaire est célébrée, à l'envi, comme un gage de progrès, elles n'ont même pas, elles les filles de l'Eglise, le droit de prendre ce nom d'Université que l'Eglise a fait, pendant des siècles, si grand et si glorieux.

Voilà, depuis vingt ans, depuis la modification de la loi de 1875, la situation faite à l'enseignement supérieur libre. Avec quel courage, avec quelle persévérance, les catholiques ont usé de cette liberté précaire, ce n'est pas ici qu'il faut l'apprendre à personne, ici où, depuis le très éminent recteur de l'Institut jusqu'au dernier des professeurs, tous ont répondu victorieusement par leur talent et par leurs œuvres, à l'accusation d'infériorité, si souvent portée contre notre enseignement.

Je puis bien le dire, quand, par une initiative que je me félicite tous les jours d'avoir prise moi-même, et que, — je tiens à l'en remercier publiquement, — M. Ribot a secondée, dans un esprit très libéral, quand les représentants de l'enseignement catholique ont été reçus par la commission parlementaire, les dépositions des vénérables recteurs de nos cinq Instituts ont très fortement impressionné leurs auditeurs, et il n'y eut assurément personne, après les avoir entendus, qui s'avisât de trouver notre enseignement supérieur confié à des mains inhabiles ou insuffisantes.

Dans l'enseignement primaire, tout le monde sait qu'elle est la situation. Depuis dix-sept ans nous vivons sous le poids d'une législation qu'aucune puissance au monde ne pourra jamais nous contraindre d'accepter en conscience ni de trouver juste et légitime, parce qu'en certains points essentiels, elle viole la loi divine et méconnaît le fondement nécessaire de la morale, en interdisant à l'école l'enseignement des devoirs envers Dieu. Mais, si blessante que cette loi fût pour nos consciences, nous n'y avons résisté ni par la révolte, ni par l'illégalité : dociles aux conseils, à la direction de nos évêques, respectueux jusqu'au bout de l'ordre légal, nous avons cherché dans le reste de liberté que la loi nous laissait, le moyen d'en combattre les effets, ouvrant partout où nous le pouvions, au prix de mille sacrifices, d'un dévouement sans mesure et sans fin, des asiles nouveaux aux enfants du peuple, pour leur conserver, par l'éducation chrétienne, ce contrepoids nécessaire et cet indispensable frein sans lesquels la démocratie demeure livrée à la menace perpétuelle de ses propres passions. Quelques-uns nous ont blâmés de cette pacifique résistance : elle fut cependant notre honneur par le bien qu'elle a permis d'accomplir, comme elle est notre force aujourd'hui devant l'opinion.

Je demande, Messieurs, si un homme de bonne foi peut trouver que cette liberté de l'enseignement primaire ainsi comprise, réduite à lutter, avec les seules ressources des catholiques, contre un enseignement rival soutenu par toute la puissance des budgets et de l'administration, je demande si cette liberté est menaçante et si c'est l'Eglise qui met ici, de force, la main sur l'âme populaire.

Dans l'enseignement secondaire, la situation est, s'il se peut, plus évidente encore. Mais, avant de l'examiner, j'ai un mot à dire aux ouvriers, aux hommes du peuple qui m'entendent. En aucune question, je ne puis me désintéresser d'eux, ni détourner ma pensée de leur cause : elle a eu les premières ardeurs de ma vie, elle aura les dernières forces de mon dévouement. Et je veux, avant d'aller au delà, les mettre en garde contre une indifférence qui pourrait les tenter. L'enseignement secondaire, celui des lycées et des collèges, ce n'est pas, leur dit-on, l'affaire des enfants du peuple, cela ne touche et n'intéresse que la bourgeoisie. Mais, outre que, par la marche constante du mouvement démocratique, le nombre s'accroît toujours de ceux qui, sortis du peuple, fils de travailleurs, s'élèvent, par l'étude et par les grades, à d'autres destinées, — et c'est une question sociale très profonde que je ne puis, ici, ni traiter, ni même envisager — outre cette perpétuelle pénétration par où tout le monde est intéressé à l'organisation, à la vie, à l'enseignement des collèges, il y a autre chose qui vous touche, tous, ouvriers et paysans, plus directement encore : c'est que, de la manière dont sera comprise et dirigée la formation intellectuelle et morale de la bourgeoisie, dépend justement le sentiment plus ou moins profond qu'elle aura de ses devoirs envers vous, de la justice et du dévouement qu'elle vous doit. Et, si vous voulez savoir en quoi vous intéresse l'éducation chrétienne des collèges, demandez-le à ces jeunes hommes qui m'entourent et qui, dans le labeur constant d'une carrière ou d'une profession, comme dans les loisirs d'une condition affranchie de toute incertitude, donnent aux œuvres sociales, le meilleur de leur cœur et de leur énergie. Ils vous diront que c'est dans les leçons de leurs maîtres, tout imprégnées de la doctrine évangélique, qu'ils ont appris à vous aimer et à vous servir.

Eh bien ! quelle est donc la part de la liberté dans l'enseignement secondaire ? On croit rêver, en vérité, quand on entend parler gravement de cette sorte de monopole que la loi de 1850 aurait mis aux mains de l'Eglise. En 1899 ! vingt ans après l'article VII et les décrets ! Messieurs, pour nous autres, qui avons fait ces campagnes, c'est l'histoire d'hier : mais la jeunesse l'ignore ou l'oublie, et les hommes de trente ans la savent à peine. Il faut bien y revenir pour que les positions soient loyalement établies. Il y a vingt ans, dans un projet de loi sur la liberté de l'enseignement supérieur — car, c'est la marque de fabrique que Lerolle dénonçait hier, de cacher sous le masque de la liberté, toutes les entreprises de la tyrannie — dans ce projet de loi auquel Jules Ferry a attaché son nom, s'était glissé cet article VII qui interdisait l'enseignement à tous les degrés aux membres des congrégations non autorisées. Bien entendu, on voulait dire, d'abord et avant tout, les Jésuites; car tout le monde sait que le plus grand péril que la France puisse courir, ce n'est pas l'amoindrissement de son commerce, la charge écrasante des impôts, la concurrence industrielle, la crise agricole ou la menace de l'étranger, c'est la domination des Jésuites! Et, grâce à cette lugubre plaisanterie, on se sert de leur nom comme d'un épouvantail toutes les fois qu'on prétend, par quelque mesure violente, confisquer la liberté des catholiques. C'est assez, Messieurs, pour que je leur rende ici un hommage respectueux, d'autant plus désintéressé que je n'ai pas l'honneur d'être de leurs élèves, et que je salue en eux la milice d'avant-garde, désignée la première aux attaques de tous ceux qui en veulent à l'Église elle-même.

Donc, l'article VII interdisait l'enseignement à tous les religieux, à toutes les religieuses, non autorisés, c'est-à-dire à ceux qui préfèrent l'usage pur et simple du droit commun aux avantages légaux que donne la reconnaissance officielle par les pouvoirs publics. Ce fut un tolle d'indignation, d'un bout à l'autre de la France : en un instant, la protestation, la résistance s'organisèrent. On nous a reproché, depuis, dans l'amertume des défaites successives, de n'avoir pas assez fait, d'avoir trop facilement, trop promptement courbé la tête. On a eu tort et je souhaite qu'aujourd'hui, en face d'un péril semblable, se retrouvent les mêmes énergies. En quelques semaines, les réunions publiques, les conférences couvrirent le pays, une pétition fut répandue, elle recueillit en deux mois un million huit cent mille signatures! les libéraux sincères apportèrent aux catholiques l'appui de leur courage et de leur éloquence : ce fut la gloire suprême de Dufaure et de Jules Simon! les jurisconsultes les plus célèbres, Rousse, Demolombe, présentèrent à leurs confrères des consultations décisives, et, au terme de cette magnifique campagne, le Sénat, vaincu par l'opinion, rejeta l'article VII. Ce fut, en vingt ans, notre seule victoire, mais elle eut une immense portée, car elle permit à l'enseignement chrétien de conserver ses cadres.

Mais vous savez quelle fut la réponse de nos adversaires. Battus par la législation, ils firent appel à l'arbitraire du pouvoir, et ce furent ces décrets du 29 mars 1880, dont le nom demeure dans l'histoire de notre temps comme celui d'un odieux attentat, et qui pèsent toujours sur nous de tout leur poids, par l'entrave qu'ils apportent, dans les collèges transformés, au libre choix des maîtres, comme par la menace constante d'une violence toujours possible.

Ah ! j'entends, je vois encore, à la tribune, Madier de Montjau, de sa voix tonnante, sommer le gouvernement d'apporter là, sur l'heure, les dépouilles opdimes des congrégations! et, le lendemain, je vois encore aussi, ces religieux inoffensifs, quelques-uns infirmes ou malades, arrachés de leur demeure, jetés dans la rue, et les soldats de la France obligés d'assister à ces violences, comme pour les couvrir de leur présence respectée! Et puis, ce fut, après l'arbitraire de l'exécution, le déni de justice, malgré les décisions de cent vingt-huit tribunaux, malgré la démission de deux cent cinquante magistrats descendus de leurs sièges, plutôt que de profaner leurs consciences!

Voici l'histoire de 1879, et voilà la liberté qui nous fut laissée ; nos collèges désorganisés, leurs maîtres dispersés, et les transformations les plus pénibles, au point de vue matériel comme à celui du personnel, imposées à ceux qui voulurent les conserver.

Cette liberté mutilée, nous l'avons cependant acceptée, résolument, sans découragement et sans révolte, par dévouement pour les familles et pour la jeunesse chrétienne, et, depuis vingt ans, nous en usons pacifiquement, soumis aux exigences de la légalité, faisant de notre mieux pour former des hommes et des citoyens, dont l'État reste toujours maître, par les examens, de juger les aptitudes et le savoir.

Voilà la situation : et je demande, ici comme au dehors, aux hommes de bonne foi, si cette liberté est de celles qui menacent, par leur abusive puissance, de compromettre l'autorité publique.

C'est cependant en cet état que, tout à coup, tandis que le pays, oppressé par l'affaire maudite, se débattait dans le cauchemar qui dure encore, éclatèrent dans les assemblées publiques, comme les fusées qui donnent le signal de l'assaut, les propositions de loi que vous savez et qui, sous des formes diverses, directement ou par des chemins détournés, tendent toutes — il ne faut garder là-dessus aucune illusion — à détruire l'enseignement libre ou à le frapper d'impuissance.

Et pourquoi, Messieurs, pourquoi cette agression? Il faut parler librement et aller droit aux accusations qui s'impriment, qui se répandent, qui se distribuent chaque jour dans les rangs du peuple.

On a dit — je parlerai avec calme de cette étrange rumeur, et je vous supplie de m'entendre de même, sans manifestation d'aucune sorte; nous ne sommes pas ici pour en faire, et il n'en est pas besoin entre nous, dans cette assemblée où tout le monde sait bien de quel côté, dans le débat tragique ouvert devant le pays, est le cœur du vieux soldat qui vit en moi — on a dit que la fermeture des collèges ecclésiastiques serait une conséquence de l'affaire Dreyfus, l'une des représailles imposées au gouvernement par la pression radicale, et, parmi ces écoles, il y en a une, en particulier, qu'on a désignée à toutes les haines, à toutes les vengeances, et dont j'ai le droit de parler, puisque j'ai l'honneur de présider son conseil d'administration : c'est l'école de la rue des Postes. Eh bien! représailles, de quoi? je le demande très nettement. Parmi les officiers, généraux ou autres, dont les noms ont été mêlés à l'affaire, il n'y en a aucun qui sorte de la rue des Postes : dans le cabinet du général de Boisdeffre, il n'y en avait pas un seul; parmi les 180 officiers qui composent l'état-major général, il y en avait à peine 9 ou 10, et tout le monde sait que tous ces officiers sont pris parmi les premiers sortants de l'École supérieure de guerre, où l'on entre au concours. Voilà la vérité de fait, exacte, précise. Et alors, j'ai le droit de demander ce qu'est donc cet argument qu'on agite devant le peuple, en le trompant, sinon une excitation coupable, et qu'est-ce que cette singulière logique qui tourne contre l'enseignement libre les colères qu'on prétend soulever contre des hommes qu'il n'a point élevés! J'ai le droit de le demander et de dénoncer, avec toute mon énergie, comme un outrage à la bonne foi publique, cette entreprise de haine, qui vient à son tour germer avec tant d'autres, sur notre sol ravagé par les discordes nationales.

Faut-il ramasser d'autres accusations? Faut-il parler du grand complot des hommes noirs, et de la terrible conspiration, dirigée dans l'ombre par le P. du Lac? Messieurs, j'en rougirais pour vous et pour moi; mais, puisque j'ai nommé ce saint et éminent religieux, dont l'amitié m'honore depuis vingt-cinq ans, — c'est je crois bien, son plus grand crime! — laissez-moi rendre hommage à son caractère et à sa vertu, et, aussi, — car, enfin, par le temps qui court, il faut répondre à tout, — laissez-moi dire et affirmer, au nom même de ma vieille amitié, que, jamais, jamais, à aucun moment, le P. du Lac ne s'est mêlé d'une affaire, d'une entreprise d'une action politiques quelconques.

Et ceci dit, Messieurs, ces prétextes écartés que reste-t-il? Sur quoi les artisans de la tyrannie vont-ils donc s'appuyer pour justifier, pour expliquer le coup de force qu'ils méditent ?

Sur ce qu'on a appelé la crise de l'Université.

Je le dis tout de suite. Il n'y a pas de question plus haute, plus intéressante, ni qui touche davantage aux intérêts vitaux de ce pays.

L'alarme a été donnée par les rapporteurs du budget de l'instruction publique de ces dernières années, M. Dupuy, M. Maurice Faure, M. Bouge, avec plus d'insistance que tout autre. Après avoir contemplé d'un œil satisfait les progrès de l'école primaire officielle, armée contre ses concurrents de toute la puissance des budgets, et cependant là déjà, non sans quelque inquiétude devant la ténacité de ces concurrents infatigables et des populations qui, malgré tout, leur demeurent fidèles, après avoir salué l'enseignement supérieur victorieux, presque sans combat, d'un rival à moitié désarmé, les rapporteurs se sont arrêtés stupéfaits devant les statistiques de l'enseignement secondaire. Ils ont constaté que l'effectif de la population universitaire se maintenait avec peine, pendant que celui de la population congréganiste s'élevait, et l'un d'eux s'est écrié : « Il ne faudrait qu'un déplacement de quelques fractions pour complètement intervertir l'ordre actuel des concurrents ! » Ce fut un coup de foudre qui retentit douloureusement dans les âmes universitaires et dont l'écho se prolonge en rumeurs confuses et fâcheuses. Quoi ! Depuis vingt ans la nation française consent, par ses représentants, d'énormes sacrifices pour l'enseignement public ! L'Université a eu des ministres passionnément dévoués à sa cause, convaincus des droits souverains de l'État sur l'éducation, qui ont tout fait pour assurer sa suprématie ! On a multiplié les lycées, les collèges, on les a transformés ; à Paris, on en a créé en quinze ans plus que dans le demi-siècle précédent. On a amélioré la situation matérielle des établissements, on a relevé, grandi la condition des maîtres, et, après tout cela, après toute cette œuvre accomplie sans obstacles, sans entraves, dans la plénitude de la puissance publique, on apprend un beau jour, que l'enseignement universitaire est à la veille d'être battu par son rival, par ce rival congréganiste contre lequel, depuis quinze ans, on a tout dirigé, tout employé, les lois, le budget, la propagande administrative, et dont j'ai montré la précaire et insuffisante liberté ! Cela est dur assurément et l'émotion est naturelle.

Depuis deux ans, les écrits, les discours se sont succédé sans interruption : il n'y a pas une revue qui n'en ait été remplie, ou un journal qui n'ait reçu les confidences de quelques-uns des intéressés et non des moindres. L'un a dénoncé l'instabilité des programmes, l'autre l'insuffisance des bourses, un troisième le défaut de solidarité des membres du corps enseignant; un autre encore a flétri en termes amers la mode, le snobisme qui porte les familles, voire les fonctionnaires eux-mêmes, à mettre leurs enfants dans les collèges religieux! M. Jean Jaurès a parlé à son tour : il a stigmatisé les terreurs de la société capitaliste qui, ne trouvant plus dans l'enseignement officiel un rempart assez solide contre les menaces du socialisme, s'en va, sans conviction, mais par prudence, réfugier dans les mains des prêtres l'esprit et l'avenir de ses enfants ; et, dur, bien plus que je ne saurais jamais l'être, pour la fragilité d'un enseignement philosophique qui n'a plus ni fixité de doctrine, ni credo métaphysique, dédaigneux du vieil enseignement chrétien, reste des anciennes formations de l'esprit désormais émancipé, il a fait apparaître, dans la société collectiviste et matérialiste, la solution du problème. Ce n'était pas pour rassurer l'Université ni les familles.

Et alors, il a bien fallu serrer la question de plus près et se demander si la plaie vive qui ronge le cœur de l'Université n'était pas l'insuffisance de l'éducation morale : il a bien fallu se demander si, dans un système d'où l'instruction religieuse est à peu près bannie, où la religion ne figure plus que comme un accessoire, une manière d'art d'agrément, dans un système où l'instruction philosophique ne repose sur aucune base doctrinale et répudie tout aussi bien le spiritualisme officiel et démodé de M. Cousin, que le naturalisme de Jules Simon, ouvrant la porte à tous les enseignements, à toutes les négations, à toutes les hardiesses, dans un système où l'éducation morale, quels que soient la valeur, le mérite, la vertu même des maîtres, est forcément livrée au hasard, où l'autorité subit l'affaiblissement qui l'ébranle dans toute la nation, où la discipline se relâche pour les élèves, pour les surveillants, pour tout le monde, et non seulement cette discipline extérieure du silence, de l'ordre, de la tenue, mais cette autre discipline, bien autrement grave, bien autrement nécessaire, des esprits, des caractères, des âmes, il a bien fallu se demander si, dans un système ainsi établi, il y avait pour la formation des hommes des garanties suffisantes et si la véritable raison de la crise n'était pas justement là, dans cette méfiance grandissante qui porte les pères de famille à chercher ailleurs ces garanties qu'on ne leur offre pas. Il a fallu se demander cela ; et la question ainsi posée, il faut reconnaître qu'elle a été courageusement abordée. Je pourrais apporter ici des monceaux de citations des universitaires les plus en renom ; tous ont dit : il faut faire des réformes ! mais lesquelles? Sans doute, il y a la question du baccalauréat, de l'enseignement moderne, des études classiques, et cela est très grave, très intéressant, très sérieux : je ne le méconnais pas et nul, dans notre congrès, ne l'a méconnu. Sans doute, aussi, il y a la question de l'éducation physique, et cela aussi a sa valeur, qu'il ne faut pas exagérer cependant, surtout dont il ne faut pas faire, avec un enthousiasme de néophyte, la condition même de la prospérité des races et des nations, en oubliant, avant de passer la mer pour voir jouer au foot-ball ou à quelque autre jeu anglo-saxon, d'aller visiter les cours de nos collèges catholiques où l'on ne se promène pas comme des péripatéticiens, mais où M. Legouvé a si fort admiré, un jour, les maîtres relevant leur soutane pour jouer avec les enfants. Tout cela a son prix : mais, enfin, les muscles, les biceps, l'examen lui-même, et le grec et le latin, ce n'est pas la formation de l'âme, et l'éducation, c'est cela. Quand pour la première fois, père ou mère de famille, vous vous enfermez dans le silence de votre demeure, inquiet, perplexe, entouré de conseils, à cette heure décisive où vous aller donner votre enfant à d'autres, déléguer sur lui une part, une large part de votre autorité, ce n'est pas aux jeux, ce n'est même pas à l'examen que vous pensez d'abord, vous pensez à l'âme de cet enfant, à son caractère, aux moyens d'en faire un homme ferme en ses principes, maître de ses passions, généreux dans ses desseins, élevé dans ses pensées, capable enfin de traverser la vie, en portant haut le nom que vous lui transmettrez. Encore un coup, l'éducation c'est cela !

Tous les chefs de l'Université l'ont compris. M. Poincarré, quand il parlait, en nobles paroles, de l'aspiration vers le mieux, du souci du lendemain, de la mystérieuse espérance qui est au fond de toute œuvre d'éducation, et M. Léon Bourgeois qui, mieux qu'aucun autre peut-être, a exprimé ce tourment de la formation des âmes, quand il disait, dans ses instructions ministérielles de 1890, que les maîtres devaient ouvrir largement « les sources profondes où l'enfant puise la force morale ». Eh oui ! j'entends bien, et nous sommes d'accord : mais de quels principes découle cette aspiration vers le mieux, vers quelles idées s'oriente ce souci du lendemain, quel est l'élément de cette mystérieuse espérance, et où se cachent enfin les sources profondes que M. Bourgeois montre à ses maîtres?

Inéluctable question à laquelle cet homme qui passe dans vos rues, avec son rabat blanc et son manteau fermé d'une agrafe de fer, répond plus vite et mieux que tous les philosophes, en ouvrant son catéchisme. Question redoutable et toujours plus pressante qui se résume en celle-ci :

Puisque l'éducation est une œuvre morale, sur quelle morale repose celle que vous offrez à nos fils? C'est dans cette question que se débat l'Université; et je le dis à son honneur, car elle sent que c'est bien la question de vie ou de mort.

J'ai assisté aux séances de la commission parlementaire; j'ai lu les dépositions : elles forment deux gros volumes; c'est un monument qui durera, témoignage irrécusable du flottement, du trouble profond des esprits, après vingt-cinq années d'un régime incontesté. J'ai vu paraître devant l'assemblée, tout ce qui, en France, s'occupe d'éducation, d'enseignement, s'intéresse à l'enfance et à la jeunesse, non seulement au point de vue pédagogique, mais au point de vue du développement commercial, industriel, colonial... Et, dans le nombre, combien de proviseurs, de professeurs, de répétiteurs même! Aucune enquête n'aura été plus vaste. Je laisse de côté tout ce qui touche aux études, à l'enseignement proprement dit, bien que ce soit inséparable de la question de liberté. Mais dans cette vaste enquête, où a été le principal intérêt? Oh! toujours dans la même question : « Comment former les hommes? On nous reproche de ne pas les former et c'est pourquoi on nous abandonne! Comment intéresser les maîtres, les professeurs à la formation morale, à l'éducation des élèves? Comment faire d'eux, comment faire des maîtres répétiteurs, de véritables éducateurs? » Et je croyais entendre Jules Ferry, déjà pressé par cette même pensée et disant : « Nous nous sommes demandé si on ne pouvait pas instituer dans ce pays un examen d'éducateur! »

Au nom de quels principes? au nom de quelle doctrine? On le demandait alors, il y a vingt ans : on le demande encore aujourd'hui. J'ai bien entendu un déposant et non des moindres, ayant constaté l'insuffisance de la formation morale, réclamer qu'on enseignât obligatoirement aux enfants la déclaration des droits de l'homme!

J'ai entendu cela et je n'ai pas ri : j'ai au contraire trouvé la parole très suggestive, et j'ai admiré, dans ce regret inconscient du catéchisme oublié, le sentiment profond, ineffaçable, de la nécessité d'une croyance définie, d'une affirmation précise, d'une doctrine enseignée.

Voilà donc le fond, la raison de cette crise de l'Université d'où vient tout le mal. Et, Messieurs, j'insiste ici sur une observation très importante. Rien ne m'a paru, ne me paraît encore plus intéressant, plus digne d'être aidé, encouragé que cette loyale, sincère et clairvoyante étude du mal et ces efforts consciencieux pour y trouver un remède. C'est très sincèrement que nos représentants ont étudié le questionnaire de la commission et qu'ils y ont répondu. Ils ont eu raison : ils se sont montrés non pas des ennemis, mais des collaborateurs dans la grande œuvre de l'éducation publique : ils ont apporté leurs lumières, ils pouvaient apporter leurs exemples.

Eh bien ! je suis convaincu que l'Université livrée à elle-même, au moins dans sa très grande majorité, n'entendait, ne cherchait, ne cherche encore à tirer de cet examen qu'une étude de ses faiblesses : je suis convaincu que, dans les esprits sincères, l'idée n'est pas entrée, au lieu de se réformer soi-même, d'abattre ses rivaux. Ce n'est pas de là qu'elle est venue.

Elle est venue de l'esprit politique, avec ses passions, ses rancunes, ses haines chez quelques-uns. Et l'esprit politique a soufflé aux oreilles des législateurs : « On vous montre le mal, vous êtes battus par l'enseignement libre, vos élèves diminuent, les siens augmentent. Il y a un moyen simple, débarrassez-vous de vos adversaires, étouffez la concurrence, fermez les maisons rivales. »

Voilà la perfide, l'odieuse suggestion ! Elle n'est pas venue de l'Université, je le répète et même, oui, j'ai la confiance qu'il se trouve dans ses rangs des hommes, beaucoup d'hommes pour la repousser, pour refuser ce dangereux présent, cette offre humiliante et pour préférer la lutte ouverte, loyale et sincère, à ce triomphe acheté par la force et la tyrannie.

Elle n'est pas venue, non plus, des hommes qui s'honorent par la courageuse indépendance de leur esprit libéral, comme votre représentant M. Aynard, à qui je suis heureux de rendre ici, devant vous, ce très sincère hommage.

D'où elle est venue, mon ami Lerolle vous l'a dit hier, avec une force, une précision, que je ne pourrais pas égaler : il a apporté les preuves, les faits, les citations : il a lu les motions proposées, délibérées dans les loges maçonniques ; ce sont les textes mêmes des lois qu'on nous présente. L'ennemi est là ; il n'est pas ailleurs : c'est là qu'il faut l'attaquer. Nous ne réclamons pour nous aucun privilège, mais nous ne voulons pas qu'une société secrète, dont le but l'organisation politique étaient, hier encore, publiquement dénoncés par la *Revue des Deux Mondes* elle-même, qu'on n'accusera pas d'être un organe clérical, nous ne voulons pas que la franc-maçonnerie trouble le pays, y sème la discorde, fasse la loi aux pouvoirs publics, et prétende nous imposer la tyrannie de ses doctrines d'athéisme.

Et maintenant, Messieurs, que j'ai examiné les prétextes, que j'ai découvert les assaillants, il faut que je dise un mot de l'argument principal : car, enfin, on n'ose pas dire crûment : « Nous voulons nous débarrasser de nos rivaux. » Non, on dit : « Nous voulons vous empêcher d'élever, d'instruire la jeunesse, parce que vos leçons, vos enseignements, troublent, empêchent l'unité morale de la nation. » Voilà l'argument qu'il faut serrer et prendre corps à corps : tous les écrivains, tous les orateurs qui réclament le monopole universitaire, qui demandent contre l'enseignement libre des mesures restrictives, tous en reviennent là : « Nous voulons assurer l'unité morale des citoyens : » et l'un d'eux, dans la *Revue bleue*, précise sa pensée : « Il faudrait, si c'était possible, un diplôme de civisme ! »

Unité morale, diplôme de civisme, qu'est-ce que cela et que veut-on dire, Messieurs? On n'entend pas assurément l'unité nationale, l'amour ardent de la patrie, le dévouement passionné envers elle! On sait bien, et du reste, que ce n'est pas dans nos rangs qu'on trouve des détracteurs de la patrie! Nous avons fait, là-dessus, nos preuves, et de telle manière, que nul, j'imagine, n'oserait élever la voix pour nous accuser! Si j'apportais, ici, non pas seulement notre martyrologe patriotique, les noms de ceux qui sont morts pour la France depuis les champs de 1870 jusqu'à ceux du Tonkin, de Madagascar, du Dahomey, mais d'autres listes encore, celles des grands serviteurs du pays sortis, depuis trente ans, de nos écoles, j'abuserais de votre temps et de votre patience.

Non! ce n'est pas de cela qu'il s'agit : l'unité nationale, du nord au midi, de l'est à l'ouest, elle est faite dans les âmes, dans les cœurs et dans les volontés. Rien ne peut la rompre. Ce qu'on poursuit, c'est le rêve d'une unité d'idées, d'aspirations et de tendances entre des hommes que ne réunit plus l'unité des croyances et des doctrines. C'est ce que M. Bourgeois, sans doute, voulait dire, quand, aux funérailles de Michelet, il décrivait la cité idéale de l'avenir, cette France de demain où, dans une unité organique et vivante, s'accorderont les volontés et les cœurs. Messieurs, cela, dans l'état présent des esprits et des âmes en notre pays, c'est une chimère qui ne se peut atteindre, et qui ne saurait être poursuivie que par le plus odieux despotisme.

Une telle uniformité suppose l'unité des croyances : et celle-ci est rompue chez nous, ébranlée, brisée au XVIe siècle par la Réforme, renversée, détruite il y a cent ans par la Révolution, impossible à rétablir dans un État qui fait profession de neutralité philosophique et religieuse.

J'insiste là-dessus : c'est le fondement même de la question. La situation est, en France, toute spéciale, telle qu'elle n'est nulle part ailleurs : et c'est pourquoi les exemples des pays voisins, s'ils ont leur valeur au point de vue des méthodes, des procédés pédagogiques, sont sans force au regard du sujet lui-même. La situation est spéciale, en France, parce que nous vivons sous l'empire d'un fait capital, qui domine notre histoire, nos mœurs, notre état social et notre politique. Ce fait, c'est la Révolution, et la Révolution c'est, avant tout, dans l'ordre métaphysique qu'il faut envisager, d'abord, pour juger les événements et les leçons du passé, c'est avant tout la rupture violente de l'unité de croyance, de l'unité de doctrine, et la substitution d'une société rationaliste à l'ancien ordre des choses qui reposait sur une religion d'État et sur une morale définie par le christianisme.

Et n'est-il pas curieux, en vérité, de voir aujourd'hui ceux qui dressent des statues aux hommes que l'ancien régime poursuivait du bras séculier et excluait des fonctions publiques, parce qu'ils représentaient les doctrines du libre examen, n'est-il pas curieux de les voir, aujourd'hui, au nom de l'unité morale, revendiquer le même privilège pour leurs doctrines, ou plutôt pour leur négation doctrinale !

Messieurs, cela n'est pas soutenable. La liberté d'enseignement est née, comme une conséquence nécessaire et naturelle du fait révolutionnaire ; je défie qu'on sorte de là. On pourra proscrire, persécuter, frapper de mesures arbitraires ceux qui auront le tort de penser en philosophie, en morale ou en histoire, autrement que le ministre, que la majorité des Chambres, ou que le Conseil supérieur de l'instruction publique : on n'arrivera jamais à bâtir sur une pareille prétention un système durable. C'est l'histoire de ce siècle : Napoléon a essayé, de sa main puissante, de jeter ainsi dans un moule de fer, non seulement la société politique, administrative et judicaire sortie de la Révolution, mais la société morale : et, dès que cette main fut brisée, la réaction des âmes, des consciences et des intelligences a commencé. Elle a duré un demi-siècle. La transaction de 1850 a terminé ce long débat du despotisme et de la liberté. Nous demandons qu'on s'y tienne, ou du moins qu'on n'achève pas de déchirer ce qui demeure encore debout du traité de paix conclu par nos pères.

J'ai fini, Messieurs ; j'ai montré la situation qui nous est faite dans ce pays, l'agression sans excuse dirigée contre nous, j'ai exposé nos revendications avec une mesure, une modération que nul ne pourra contester.

Et maintenant, mon œuvre est finie : la vôtre commence. Lerolle le disait hier avec beaucoup d'à propos : les réunions, les congrès ne valent que par les résolutions qui en sortent. Les applaudissements ne sont rien qu'une satisfaction d'un moment : les actes sont tout.

Demain un comité d'action sera formé, pour la défense de la liberté d'enseignement : c'est le vœu du congrès et les jeunes gens qui l'ont recueilli ne manqueront pas de le réaliser : une pétition sera répandue dans le pays ; un appel constant à l'opinion sera organisé, par la presse, par les brochures, par les conférences.

Pour ce grand mouvement nous avons le droit de compter sur tous les hommes de bonne volonté, sur tous les catholiques, sur tous les libéraux : nous avons le droit de compter sur les mères, car elles ont à sauver les âmes de leurs fils ; nous avons le droit de compter sur la jeunesse, car c'est elle-même et son avenir qui est en cause ; nous avons le droit de compter sur le peuple, car notre liberté est sœur de la sienne, et la tyrannie qui nous atteindrait aurait bientôt fait de retomber sur son front. Nous avons enfin, laissez-moi le dire, Éminence et Messeigneurs, malgré toutes les difficultés qui entravent, qui compliquent le ministère épiscopal, nous avons le droit dans une telle question, qui touche à ce que l'Église a de plus cher au monde, sa propre liberté, de compter sur l'approbation, les encouragements et l'appui de tous les évêques de France, et mon dernier mot sera pour les leur demander avec une respectueuse confiance.

Des acclamations enthousiastes saluent les dernières paroles du vaillant orateur. Et cette imposante réunion se termine par la bénédiction donnée à l'assistance par S. Em. le cardinal Coullié et par NN. SS. de Cabrières et Belmont.

TROISIÈME JOURNÉE

C'est Mgr Péchenard, recteur de l'Institut catholique de Paris, qui a dit la sainte messe à Saint-Martin d'Ainay et a prononcé l'allocution du matin.

Il a donné, en un langage éloquent, les conclusions pratiques du Congrès.

D'après l'éminent recteur, on a dit beaucoup de bien et beaucoup de mal des congrès : beaucoup de bien en songeant aux questions agitées, aux discours prononcés, aux résolutions émises; beaucoup de mal, en rappelant que de ces discours vibrants, de ces toasts chaleureux, il ne restait souvent que ce qui reste de ces météores brillants qui luisent un moment à travers les ténèbres. Tout va s'ensevelir dans la nécropole des comptes rendus.

Qu'en sera-t-il du Congrès de Lyon? Il faut espérer que tant de belles paroles, tant de résolutions généreuses laisseront après elle des traces durables, à condition que l'on saura persévérer dans les projets de résistance et de lutte qu'on a formés à l'unanimité.

La persévérance est une vertu très rare, mais nécessaire, indispensable au point de vue surnaturel, puisque le ciel n'est promis qu'à ceux qui persévèrent jusqu'à la fin, et au point de vue naturel, puisque rien de grand ne s'accomplit dans le monde que par la constance.

Les païens l'avaient compris : Horace célèbre l'homme tenace dans ses desseins et qui, plutôt que de céder, se laisserait écraser par les ruines de l'univers, et l'histoire a conservé le souvenir de Cynégire, si héroïque à Salamine, où il retint avec les dents une barque persane, quand on lui eut coupé les deux mains qui la gardaient.

Les Français sont Gaulois et Francs : Gaulois, c'est-à-dire impétueux dans l'attaque, mais prompts à se décourager; que l'impétuosité leur demeure et que leur tempérament franc leur donne l'énergie constante dont ils ont besoin plus que jamais.

Si les défenseurs de la liberté doivent être vaincus, leurs corps serviront de fascines à ceux qui viendront après eux, et ils auront le bonheur d'avoir combattu le bon combat et mérité la couronne promise aux vaillants soldats (1).

S. Em. le Cardinal préside la dernière réunion d'études, assisté de Mgr l'Évêque de Montpellier et de Mgr l'Évêque de Clermont.

M. de Mun donne lecture du texte d'une pétition adressée aux sénateurs et aux députés pour protester contre les projets dirigés contre la liberté d'enseignement.

Messieurs les Sénateurs,
Messieurs les Députés,

« Vous êtes saisis de projets de loi que vous ne pourriez adopter sans trahir un grand nombre d'électeurs qui vous ont donné leur confiance. Ces lois porteraient une grave atteinte à la liberté d'enseignement à tous ses degrés, et nous dépouilleraient de l'éducation de notre choix pour imposer à nos enfants celle de l'État.

Payant l'impôt du sang et l'impôt de nos biens, soumis à toutes les charges publiques, nous, citoyens français, persuadés que la liberté ne doit pas être une vaine parole inscrite sur les murs.

Nous venons vous demander de nous garantir la plus chère et la plus sacrée de toutes, celle que le père de famille a d'élever ses enfants suivant sa conscience, dans la pleine jouissance du droit commun. »

***

Le R. P. Trégard, directeur de l'Externat du Trocadéro, présente un rapport remarquable sur la nécessité d'une sanction pour les études secondaires.

(1) *Le Nouvelliste de Lyon.*

LE BACCALAURÉAT

RAPPORT DU R. P. TRÉGARD

Directeur de l'externat du Trocadéro à Paris.

Messieurs,

J'ai reçu mission des membres du Comité organisateur de ce Congrès de vous parler, en bons termes, du baccalauréat. Au risque, avant de le défendre contre les attaques dont il est l'objet, de paraître charger le baccalauréat d'un méfait nouveau, je le rendrais volontiers responsable, en grande partie, de la crise présente. Sans doute il y a, parmi ceux qui combattent la loi de 1850, nombre de sectaires qui n'ont d'autre stimulant à leur zèle que le désir d'enlever à la religion sa meilleure arme de défense et d'apostolat, la liberté d'enseigner. Mais, si les nombreuses victimes du baccalauréat, les élèves refusés et leurs familles, si les journalistes, toujours à l'affût d'une question périodiquement actuelle et vivante, n'eussent grossi la masse des mécontents et des réclamants, il me paraît qu'on n'eût point tant parlé de crise universitaire, de crise de l'enseignement.

Y a-t-il une crise universitaire? Les membres de l'Université les plus distingués s'en défendent avec énergie : et M. Bouge, qui la découvrit et qui en détailla brutalement les souffrances, est voué par ses collègues à tous les diables. Il est à croire que d'ici longtemps, fût-il renommé député, il ne sera plus rapporteur du budget de l'Instruction publique. De vrai, si par crise universitaire on entend une diminution des élèves dans l'Université et, par contre, une augmentation des élèves dans l'enseignement libre, il y a lieu de faire remarquer qu'à prendre séparément chaque école libre, on en trouverait bien peu qui accusent un accroissement notable. L'augmentation est due tout entière, ou peu s'en faut, à la transformation subite, par suite de l'institution de l'enseignement moderne, d'un bon nombre d'écoles primaires en écoles secondaires. Qu'on s'en prenne à ce système d'enseignement hybride, — nous n'en sommes pas les inventeurs, — et l'on aura vite résolu la soi-disant crise universitaire.

Il n'y a pas de crise universitaire, du moins au point de vue du nombre des élèves. Y a-t-il une crise de l'enseignement secondaire ? Beaucoup le pensent. Les symptômes en seraient la baisse du niveau des études et l'encombrement des carrières libérales : la faute, au baccalauréat.

Pour répondre à ces accusations, je demande qu'on veuille bien remarquer que l'expérience de ceux qui attaquent le baccalauréat remonte à trente ou quarante ans en arrière. Les études sont-elles si notablement inférieures à l'heure présente à ce qu'elles étaient à cette époque ; et qui comparerait les bons élèves du temps présent à ceux de ce passé précis, trouverait-il un si grand écart en faveur du passé ? C'est pour le moins douteux, si la comparaison surtout s'étendait à l'ensemble des connaissances acquises. Mais, d'autre part, le baccalauréat existe depuis beaucoup plus longtemps. Il vivait et fonctionnait au temps où florissaient, dit-on, les belles études. En tout état de cause, ce ne serait pas lui, mais plutôt, on le dira, le plan d'études et les programmes qui seraient les vrais coupables.

Quant à l'encombrement des carrières libérales, il est temps de faire comprendre et de mettre en lumière que la loi militaire, sur ce point comme sur beaucoup d'autres, est responsable d'un mal qui fait tant de déclassés.

Au bon temps du volontariat, beaucoup de jeunes gens passaient l'examen qui en permettait le bénéfice, versaient à l'Etat la somme fixée, puis se hâtaient, leur année de service passée, de courir à la carrière où les attiraient leur goût, leurs aptitudes, leur situation.

Mais il paraît que cet état de choses était contraire à l'égalité, — vous savez, celle qui brille au frontispice de nos monuments. Pensez donc, avec de l'argent, avec 1.500 francs, éviter deux ans de service militaire ! On mit ordre à cela, et la loi de 1889, faite surtout, ainsi que le disait un journal du temps, « en vue d'embêter le curé », supprima le volontariat.

Il fallait pourtant laisser possible l'entrée dans toutes les carrières, compromise, empêchée par le service de trois ans. On créa des équivalences : les licences ès lettres, ès sciences ; les doctorats en droit, en médecine ; les diplômes des Ecoles Centrale, des Mines, d'Agriculture, de Commerce, des Beaux-Arts..., dispensèrent de deux ans de service, et cela, voyez la chinoiserie, sans faire échec à notre égalité murale. Ce n'est plus l'argent en effet, mais bien le succès, qui arrache à l'hydre militaire. Que le succès ne soit pas contraire à l'égalité, mais je n'arrive guère à le comprendre ; je demande s'il ne faut pas plus d'argent pour fournir ces longues années d'études conduisant aux diplômes et pour payer tous ces frais d'examen. Je voudrais bien qu'on me montrât qui a pu jamais arriver à une licence ou à un doctorat, au plus humble des titres exemptant du service, sans avoir déboursé beaucoup plus que la pauvre somme nécessaire à la constitution du volontaire d'un an.

Quoi qu'il en soit, c'est là, et non dans le baccalauréat, qu'est la vraie cause de l'encombrement des carrières. Il suffit, pour en être pleinement convaincu, d'avoir causé avec un père de famille, avec un jeune homme, au moment où celui-ci, quittant le collège, va entrer dans la vie. Aujourd'hui, c'est la vérité, on ne se fait plus médecin, avocat, ingénieur, ni même — cela semble paradoxal — officier, parce qu'on aime ces carrières, et qu'on y voit le moyen de développer à souhait ses aptitudes naturelles, de faire le mieux ses affaires et de se rendre le plus utile à son pays. On va par là, même à Saint-Cyr, pour éviter la caserne. Et c'est pourquoi on n'a jamais vu tant de gens, occupés à des fonctions qui ne leur plaisent pas et ne leur vont pas, courir après des carrières qu'ils n'ambitionnent pas d'atteindre et, par contre, — c'est la conséquence nécessaire, — tant de gens éliminés, par des concours devenus trop difficiles en raison de l'encombrement, de situations qui eussent fait leur bonheur et où ils auraient été à leur place, mieux que ceux mêmes qui les occupent.

C'est là un grand mal pour le pays, et il serait bien à souhaiter que qui de droit y portât remède au plus tôt.

Mais, à coup sûr, ce remède n'est pas la suppression du baccalauréat. Tout au contraire, cette suppression augmenterait, dans une proportion considérable, l'encombrement des carrières et les déclassements.

En effet, il faut aux études secondaires un stimulant, un contrôle, une sanction. A ce triple titre, un examen terminal est nécessaire. Si nous n'avions à la fin des études secondaires un examen sérieux, nous n'obtiendrions pas des élèves le même travail. Sans doute, les excellents élèves, ceux qui ont l'esprit naturellement ouvert, ceux qui aiment l'étude et s'y délassent, — qui ne sait combien ils sont rares ? — pourraient peut-être se passer du stimulant de l'examen final. Encore est-il qu'en ceux-là même l'approche de l'examen excite davantage le zèle et l'application. Mais à côté de ces très bons élèves, il y a le milieu, la masse; et, pour ceux-ci, l'examen terminal des études est le meilleur et le plus sûr stimulant du travail. Il n'est pas jusqu'aux mauvais élèves qui ne subissent, dans la dernière année de leurs études, le salutaire effet de l'examen prochain : on en voit pour qui deux années d'efforts, renouvelés grâce à l'échec, deviennent la réparation tardive, mais autrement tout à fait manquée, d'études nulles jusque-là. C'est un fait d'expérience qui se répète fréquemment.

L'examen terminal est aussi un stimulant pour le professeur. Il porte sur un programme. Que ce programme soit trop vaste, c'est possible : mais enfin, tel quel, il trace son travail au professeur, qui ne peut plus s'abandonner à la paresse, au caprice, et passer un an, par exemple, — il paraît que c'est de l'histoire, — à étudier Delille, parce qu'il en fait sa thèse de doctorat.

On a parlé de supprimer l'examen terminal et de le remplacer par un examen d'entrée dans les carrières. Mais de deux choses l'une : Ou bien cet examen d'entrée sera destiné à constater la culture générale, comme le fait l'examen actuel, et ce sera simplement le transfert du même contrôle à un jury moins compétent; ou bien cet examen sera déjà spécialisé suivant la carrière dont il ouvrira les portes : et ce système aura les plus graves inconvénients pour les études. C'en sera fini de la culture générale. Les pères de famille, avec plus ou moins de sagacité, décideront, au sortir de pages, vers quelle carrière diriger leurs enfants; et au lieu et place des lycées, collèges et écoles, où l'on cultive avec désintéressement les belles-lettres grecques et latines, où l'on forme l'esprit et le cœur des jeunes gens, je le répète, par une culture générale, où on les rend aptes à se spécialiser ensuite, on aura pour des enfants de douze ans, des écoles spéciales où se forgera d'ores et déjà le futur juge, le futur soldat, ingénieur, médecin, agriculteur ou notaire. Ce système est la fin de l'enseignement secondaire en France.

D'autres ont proposé, pour remplacer le baccalauréat, un certificat d'études, délivré par le directeur de chaque établissement,

Le certificat d'études, s'il était délivré sans examen terminal, entraînerait avec soi tous les inconvénients dus à la suppression même de l'examen. S'il y faut un examen, ce sera un examen intérieur passé devant le personnel enseignant et administratif de l'école. Dès lors, il perd son caractère de contrôle : on ne se contrôle pas soi-même, du moins avec autorité. De plus, l'État considérant, à tort ou à raison, mais de fait, l'examen terminal comme un premier degré officiel, nécessaire à franchir pour qui veut monter aux fonctions sociales, l'État, dis-je, ne voudra point attribuer à cet examen de valeur diplomatique, s'il n'y donne pas son placet et son autorité. Dès lors, comme dans le projet Combes, il n'accorderait le privilège qu'à ses lycées et collèges, réservant à nos écoles les fourches du baccalauréat.

Je ne sais à qui ce système nuirait le plus, des privilégiés ou des suspects. Ce serait, en tous cas, un régime d'inégalité, d'injustice qui « contribuerait, dit avec sagesse et prévoyance un organe universitaire, le journal *l'Enseignement secondaire*, à accroître les divisions existantes dans le pays, à déchaîner plus que jamais la lutte des partis, à multiplier les attaques contre l'enseignement universitaire. » Il est vrai qu'un autre projet nous entr'ouvre bien une porte vers cet examen intérieur, même pour nos écoles libres. Mais, au fond, c'est l'arbitraire qui ouvrira ou fermera cette porte quand il lui plaira. Encore n'obtiendra-t-on cette faveur qu'au prix d'inspections à subir, fréquemment renouvelées, et dans un véritable esprit inquisitorial, portant sur la valeur des professeurs, des livres usités, de l'administration, etc.

Cet examen intérieur, fût-il libéralement octroyé à tous, conserverait ses vices rédhibitoires, Pour s'en convaincre, il suffit de savoir ce que valent les examens de passage, actuellement en usage dans les lycées et les écoles. L'examen terminal ne sera, en effet, que le dernier des examens de passage, du passage de la vie de collège à la liberté, à la carrière. Or, qu'elles sont rares les maisons où ces examens de passage sont sérieusement subis et surtout effectivement sanctionnés! Il faut lire, dans les revues universitaires, toutes les doléances sur l'inefficacité, sur l'inapplication des décisions prises par les jurys de ces examens. Malgré le verdict le plus négatif, on voit chaque année passer à la classe supérieure des élèves notoirement incapables de la suivre avec fruit, et cela à la grande désolation des professeurs empêtrés de ces incapacités et de ces ignorances, mais de par l'autorité des chefs d'établissement, qui cèdent sous une pression locale, politique, ou simplement devant la crainte de perdre un élève qui menace de passer à la maison voisine. Ce serait encore bien autre chose, quand il s'agirait de l'examen final ouvrant l'entrée sur les carrières.

Il nous paraît utile de clore ces observations par la reproduction textuelle de la conclusion d'un article paru dans la *Revue universitaire*. Son auteur est M. H. Lantoine, le distingué secrétaire de la Faculté des Lettres de Paris. On y verra la critique sage et mesurée, mais décisive, du système des certificats d'études. « Il est présumable, écrit M. Lantoine, que cette dernière réforme, radicale celle-là, comblerait de joie les candidats; j'ignore si elle serait du goût de leurs familles. Parmi les professeurs de lycée, les avis seraient, je crois, fort partagés. Restent les Facultés : celles qui sont le plus surchargées pousseraient un soupir de soulagement: les autres, et c'est le plus grand nombre, accueilleront sans le moindre enthousiasme un dégrèvement dont elles se seraient fort bien passées; toutes perdront inévitablement aux yeux du public une bonne partie de leur prestige. Quant aux études elles-mêmes, qu'y gagneront-elles? Si ce dernier examen de passage n'est pas entouré de garanties telles qu'il n'ait plus rien de commun avec tous ceux du même genre qui ont fonctionné jusqu'ici; s'il doit, au fond, avec un peu plus de solennité, ressembler aux autres, il est permis de penser que notre enseignement secondaire est exposé à courir les risques d'une grosse aventure. »

Toutes ces considérations me semblent démontrer que, ni le sérieux des études, ni la sécurité des candidats, ni le prestige des professeurs publics ou libres, ni enfin la paix sociale, n'auraient rien à gagner à l'établissement du certificat d'études. Un examen intérieur ne suffit pas. Il faut un examen subi devant un jury *extérieur* à l'école où se sont faites les études; j'ajouterai volontiers *supérieur* au personnel enseignant de cette école. A tous ces traits, on peut reconnaître, telle qu'elle se présente encore à nous, la vieille institution du baccalauréat.

Quelques-uns voudraient garder la chose et changer le nom.

Singulière idée, signe d'un état d'esprit assez fréquent en cette fin de siècle, où les mots tiennent lieu de réalités tangibles. Comme si l'on pensait, par cette substitution vocabulaire, échapper à toutes les critiques plus ou moins fondées faites au système. Mais, je crois l'avoir démontré, la chose, pour n'être point parfaite, n'est pas mauvaise. Quant au mot, il est excellent. Gardons donc la chose en réformant ses vices, gardons le mot, gardons le baccalauréat.

Gardons-le pour tous, n'allons pas chercher à lui soustraire, sous forme de notes ou de livrets scolaires, les meilleurs élèves : c'est une porte grande ouverte à tous les abus, à tous les caprices, à toutes les injustices de la faveur.

Gardons-lui, contre le projet Rambaud, son jury d'enseignement supérieur. Nulle part nous ne trouverons autant d'indépendance, moins de jalousie, moins de passion.

Non pas que, de ce chef, tout soit parfait. On a, ce me semble, exagéré même chez nous, par courtoisie, par tactique, ou simplement par crainte de juges qu'on doit retrouver bientôt, l'impartialité des Minos du baccalauréat. Je serais surpris que beaucoup de professeurs de l'enseignement libre pussent affirmer n'avoir jamais rencontré, en face de leurs élèves, que la bienveillance et l'équité. Chose singulière, il ne serait pas impossible d'établir, par des faits et par des témoignages multiples, que ceux-là particulièrement qui s'octroient si volontiers, dans leurs articles ou leurs discours, ce brevet honorable, sont précisément ceux qui inspirent à la gent écolière libre les plus légitimes appréhentions et qui lui laissent le plus désagréable souvenir. Je ne connais rien de plus symptomatique à ce point de vue que le portrait de M. Aulard peint par M. Aulard lui-même en sa conférence faite à la Sorbonne sur l'enseignement secondaire et la République. Il s'y représente comme *témoignant aux candidats de toute provenance la plus grande bienveillance* et les interrogeant *sans préjugé et sans passion*. Mon Dieu, que voilà donc un portrait flatté ; et comme on sent que le peintre et le sujet n'y font qu'un ! Je conseillerais volontiers aux candidats de se rendre désormais à la Sorbonne, nantis d'un appareil photographique instantané et d'un bon phonographe, On jugera de la ressemblance de l'auto-portrait de M. Aulard, à voir les têtes différentes qu'il sait se faire suivant la *provenance* d'un candidat; à entendre les tons différents qu'on peut prendre, quand on a de la souplesse et qu'on est sans préjugé. Aussi n'y a-t-il rien de plus amusant ni de plus vrai que ce bout de dialogue entre le président de la Commission d'enquête parlementaire, et le R. P. Havret, recteur de l'externat de la rue de Madrid, à Paris : « Un professeur de l'enseignement supérienr, pourquoi ne pas le nommer, M. Aulard, nous a dit ici, monsieur le directeur, qu'à la troisième réponse d'un candidat, toujours, c'est entendu, de *provenance* ignorée — il n'est personne, chose curieuse, qui soit autant que M. Aulard ignorant de la *provenance* des candidats, et pourtant il est le seul à nous avoir confié, dans la même conférence, que *le livret scolaire lui permet, en beauconp de cas, de distinguer les candidats congréganistes des candidats sortis des lycées;* mais je reprend la question de M. Ribot au R. P. Havret — M. Aulard nous a dit ici, monsieur le directeur, qu'à la troisième réponse d'un candidat de provenance ignorée, il reconnaît l'un de vos élèves ? Mon Dieu, monsieur le président, repartit le Révérend Père, n'aurai-je pas suffisamment répondu en vous disant que nos élèves, à la troisième question posée par un professeur dont ils ignorent le nom, savent à n'en pas douter si ce professeur est M. Aulard? » Il paraît qu'à cette réponse la Commission sourit. Imitons-la, sourions avec elle et passons. Il faut reconnaître que, pour être générale, l'impartialité n'est peut-être pas aussi absolue, ni aussi complètement universelle qu'on le pourrait souhaiter. Cependant, la chose n'est pas douteuse, nulle part on ne la saurait trouver meilleure dans l'Université, et telle quelle, vu la misère humaine, nous nous en contentons.

On reproche aux jurys des Facultés d'être, par l'examen, détournés de leurs travaux, arrachés à leurs cours, puis d'être trop vieux, trop en dehors du mouvement des études secondaires. On dit qu'ils souhaitent d'être débarrassés du souci et de la fatigue des examens du baccalauréat.

J'imagine que si, en les déchargeant du fardeau de l'examen, on doit aussi, ce qui serait justice, les alléger de la partie de leur traitement, consolidée, je le sais, mais originellement due à cette fonction, on en verra peu garder pour cette mesure l'enthousiasme que l'on suppose à tous.

Ajoutez qu'avec leur traitement les Facultés perdront aussi de leur considération, de leur importance. N'est-ce pas l'un d'eux, des plus graves, M. Lavisse, qui nous contait plaisamment quel personnage il devenait ainsi, trois ou quatre fois par an, grâce au baccalauréat? Je sais qu'ayant maint autre titre à le demeurer quand même, M. Lavisse serait de ceux qui se consoleraient de n'être plus un *personnage* au titre de faiseur de bacheliers. Mais combien d'autres n'en retrouveraient point ailleurs l'équivalent !

Les Facultés y perdront encore le moyen de prendre contact avec l'enseignement secondaire, de se ménager ainsi un recrutement plus aisé et plus sûr, et des rapports moins froids. Il y a de tendres sentiments qui naissent entre un professeur et le candidat auquel il met en mains les premières palmes universitaires.

Je comprends donc la douce mélancolie qu'éprouveront, au dire de M. Lantoine, la plupart des Facultés, en subissant ce « dégrèvement, dont elles se seraient si bien passées ».

Les Facultés y perdront. Et nous, qu'y gagnerons-nous? On nous dit que les professeurs d'Université sont vieux. Il y en a de jeunes, et ce ne sont pas toujours les plus appréciés, l'âge ajoutant à l'expérience je ne sais quelle bienveillance paternelle qui met le candidat en confiance. D'ailleurs, il y a de vieux professeurs dans l'enseignement secondaire, autant que dans l'enseignement supérieur, — et j'espère bien que, pour cela seul, on ne les éliminera pas des fonctions d'examinateurs.

Les professeurs de Facultés ne sont pas dans le mouvement. Plusieurs d'entre eux n'ont jamais passé par l'enseignement secondaire ou l'ont quitté depuis longtemps. Je n'ai jamais bien pu comprendre la portée de cette observation. Faudrait-il donc actuellement enseigner pour bien interroger, quand il s'agit de constater la culture générale? J'ose dire que je craindrais plutôt le contraire. Il y a dans l'enseignement, comme en toute chose, des courants passagers qui entraînent tout et tous : il y a de ces courants surtout dans l'Université. Je n'en veux citer qu'un exemple. Il y a quelque vingt ans, tout était à l'érudition. On initiait les malheureux élèves de grammaire aux discussions philologiques, morphologiques les plus ardues, et si, à cette époque, les professeurs d'enseignement secondaire eussent constitué les jurys d'examen, cette mode, cet engouement, déjà passés et condamnés, eussent fait bien des victimes. De plus, chaque professeur de l'enseignement secondaire a sa méthode personnelle, sa manière de voir et de faire voir, ses dadas. Eh bien, il faudra les enfourcher, ces dadas, si l'on veut parvenir au bacalauréat. En un mot, l'examen deviendra cent fois plus personnel, plus systématique, et par conséquent plus difficile.

Le jury sera aussi moins indépendant. M. Lavisse nous a fait confidence, à l'amphithéâtre de la Sorbonne, de toutes les sollicitations, de toutes les influences qui s'exercent, à la veille du baccalauréat, sur les malheureux examinateurs. Il faut une énergie peu commune pour résister à toutes ces forces convergentes. Croit-on que les professeurs d'enseignement secondaire seront mieux placés pour se soustraire à leur action combinée?

Il est entendu que jamais professeur n'interrogera ses propres élèves. On retrouverait là tous les vices et toutes les injustices de l'examen intérieur. Mais, si l'on prend pour examinateurs ainsi que le demande la société l'Enseignement secondaire, si l'on prend pour examinateurs des professeurs en exercice, n'y aura-t-il pas à craindre de voir une application fréquente du contrat *Do ut des*, dont seront frustrés les professeurs libres, qui eux, n'auront jamais rien à donner? — Je serai bon pour vos élèves, à charge que vous le soyez un jour ou l'autre pour les miens; ou simplement : Je ne serai pas exigeant... formule négative plus adoucie, mais également injuste pour ceux qui n'ont pas la réciproque, je ne serai pas exigeant pour vos élèves, de crainte que vous ne le deveniez un jour pour les miens.

L'examen du baccalauréat gêne, dit-on, le fonctionnement de l'enseignement supérieur. A vrai dire, je ne le comprends pas très bien, et je vois beaucoup plus clairement comment il troublera les cours de l'enseignement secondaire.

Les examens de baccalauréat se passent de juillet à mi-août, de fin octobre à mi-novembre. J'ai peine à croire que nos professeurs de Facultés, délivrés des examens, finiront leurs cours plus tard ou les commenceront plus tôt. Leurs vacances s'allongeront : ce sera tout ce qu'y gagneront ces cours : un esprit plus frais et plus allègre au retour de plus longues vacances.

L'enseignement secondaire, au contraire, sera bouleversé. La plupart de ces professeurs d'histoire, de sciences, de langues vivantes, de littérature n'ont pas de cours à faire que dans les classes qui passent l'examen. Ces classes-là mêmes ne seront pas liquidées en un seul jour. Dès lors, voilà tous les cours désorganisés pendant la période plus ou moins longue de l'examen; toutes les classes, veuves temporaires et désolées de leurs titulaires en tournée de jury.

Oserais-je signaler un autre inconvénient du système, qu'on fera bien de prévoir. Le passé doit servir à l'avenir. Qui ne se rappelle les petites jalousies de jadis des Facultés sans candidats à l'endroit de leurs concurrentes, succombant sous le poids du travail et... de l'argent qui paie le travail? Il fallut, pour égaliser la rémunération au mérite, sinon au labeur, consolider ces indemnités en les transformant en traitement fixe. Eh bien, j'ai peur que MM. les Professeurs de lycée ou de collège ne soient pas à l'abri de ces convoitises naturelles, et qu'ils ne jettent un œil d'envie sur les privilégiés qui toucheront, de ce chef, un supplément d'honoraires. Il faudra faire le tri de ces privilégiés, et il est à craindre, car l'on ne veut pas faire d'injustices, que le choix ne soit fondé sur d'autres titres qu'une aptitude plus grande à faire passer l'examen.

Encore, ces examinateurs de l'ordre secondaire auront une fonction transitoire. Ils seront à la nomination des ministres ou des recteurs, par conséquent révocables *ad libitum*. Comme nous aurons à regretter nos bons juges de l'enseignement supérieur, solidement assis et collés à leurs chaires d'Université!

Ajouterai-je une considération qui a son prix. Si l'on enlève aux Facultés la charge des examens, diminuera-t-on pour cela les traitements qui s'en étaient grossis? Cela devrait être, et c'est probablement pourquoi ce ne sera point. J'ose du moins en douter. Il faudra donc de nouvelles ressources pour payer ces nouveaux juges. Ce sont les familles qui paieront : on augmentera encore les frais de diplôme et les frais d'examens, déjà trop onéreux.

Bref, Messieurs, de quelque côté que j'envisage le jury d'enseignement secondaire, je ne puis trouver aucune face de sa physionomie par où il me plaise, je ne dis pas plus, mais autant, que les chefs ridés et dénudés de l'enseignement supérieur.

J'ai défendu, pièce par pièce, le vieil édifice tant miné et secoué du baccalauréat. Est-ce à dire que je n'y voie pas des lézardes à boucher, des réparations à faire? Je laisse à d'autres le soin de les indiquer.

Je veux seulement me défendre, et vis-à-vis de nos amis, et vis-à-vis de nos adversaires, du reproche d'admiration excessive à l'endroit de l'état de choses existant, du baccalauréat.

Certes, cet état de choses est loin de représenter à mes yeux l'idéal.

Pourquoi ne l'esquisserais-je pas en terminant, mon idéal?

Je n'ai jamais mieux compris, qu'en étudiant de près cette question de la sanction des études secondaires, combien la liberté de l'enseignement supérieur, si légitime et si nécessaire à tant d'égards, est absolument indispensable pour le plein épanouissement de la liberté de l'enseignement secondaire.

Mon idéal serait donc un enseignement supérieur largement, librement, indépendamment constitué. Ce seraient des Universités régionales, affranchies de cette ingérence permanente et asservissante du pouvoir, qui constitue au département de l'Instruction publique une application véritable du socialisme d'État. A ces Universités, qui toutes seraient libres, par le seul fait qu'aucune n'aurait plus l'estampille officielle, chaque collège ou chaque école s'agrégerait, s'immatriculerait, choisissant entre toutes, pour lui donner ses élèves, celle de sa région dont le prestige et le renom, pour le mérite de ses professeurs, pour la valeur littéraire, scientifique, morale surtout et religieuse de son enseignement, répondraient le mieux à ses préférences et assureraient le mieux, aux jeunes gens qui lui sont confiés, les espérances de succès dans la vie. C'est à ces Universités que l'enseignement secondaire demanderait ses juges, et c'est d'elles qu'il recevrait ses diplômes.

Voilà l'idéal d'une vraie liberté, ouverte et bonne à tous, auquel il faudra aspirer et tendre de tous nos efforts, pour le plus grand progrès des études comme pour le plus grand bien du pays.

ALLOCUTION DE SON ÉMINENCE LE CARDINAL COULLIÉ

« Messieurs, dès la première réunion, je vous disais que Dieu exaucerait nos supplications, parce que, suivant son précepte, nous nous étions réunis en son nom. Dieu a certainement inspiré l'organisation de ce Congrès et tous les actes qui s'y sont produits. Aussi, ce matin, dans le silence de ma chapelle, ai-je offert un sacrifice d'action de grâces, afin de remercier Dieu du grand acte qui vient de s'accomplir et de ce qu'il nous ait donné ces orateurs si vaillants qui ont fait entendre des coups de clairon qui retentiront, je l'espère, jusqu'aux extrémités de la France.

Je remercie M. Jacquier de m'avoir tracé si respectueusement mon devoir; ce devoir, je puis vous affirmer que je m'efforcerai de l'accomplir.

Je vous remercie, vous, Monsieur le Député, au nom de cette Église dont vous êtes le fils si attaché et si loyalement dévoué.

Je remercie enfin tous ceux qui ont donné, pour la réussite de ce Congrès, leur temps et le meilleur de leur talent. Vos travaux ne seront pas sans résultats.

Je suis sûr que, s'il nous était possible de faire un referendum, après avoir publié les documents qui ont été produits ici, nous obtiendrions, en faveur de la liberté de l'enseignement, une majorité écrasante.

MM. les membres de la Jeunesse catholique, vous avez droit aussi à un merci. La façon dont vous avez organisé ce Congrès nous est un sûr garant que vous ne faillirez pas à l'espoir que nous avons mis en vous.

MM. les membres du Comité, vous avez fait une bonne action en amenant à Lyon tant de hautes personnalités, très capables de faire triompher nos revendications. Je vous en félicite. Je connais votre patriotisme, votre piété éclairée, votre dévouement à votre évêque, mais vous pouvez compter en retour sur le dévouement de celui qui est votre père. Entre vous et moi il existe un lien que Dieu lui-même a créé. Et ce que Dieu a fait toujours demeure.

Puisqu'il a été question de Jeanne d'Arc, au cours de vos travaux, c'est elle qui aura le dernier mot : « Bataillons, et nous aurons la victoire », disait cette héroïne. Oui, nous bataillerons, confiants que la victoire nous restera tôt ou tard.

Des applaudissements enthousiastes accueillent l'allocution de Son Éminence.

« Vos paroles, lui dit M. de Mun, sont la meilleure récompense de ce que nous avons pu faire. Elles sont des encouragements pour la lutte de demain. »

***

M. Chavent donne lecture de l'adresse suivante :

« La délégation des étudiants catholiques de la conférence Saint-Louis de Toulouse et les représentants de l'Association des anciens élèves des collèges libres présents au Congrès tiennent à remercier publiquement l'Association de la jeunesse catholique de l'initiative qu'elle a prise en faveur de la liberté d'enseignement.

« Ils lui promettent pour la région du Sud-Ouest leur concours le plus absolument dévoué.

« Signé : MM. Lameraudie, Scalla, Cheer, Sabatl, de Guardia, d'Adhémar. »

***

M. l'abbé Lahargou, docteur ès lettres, supérieur du collège Notre-Dame de Dax, traite de la réforme du baccalauréat.

DE LA

RÉFORME DU BACCALAURÉAT

LES SUJETS DE COMPOSITION — LE JURY — LE LIVRET SCOLAIRE
L'ADMISSIBILITÉ ACQUISE — L'ALLÈGEMENT DES PROGRAMMES

RAPPORT DE M. L'ABBÉ LAHARGOU

Docteur ès lettres, supérieur du collège Notre-Dame de Dax.

Il est difficile de dire exactement ce qui sortira de nouveau du mouvement d'opinion qui a remis en question, avec une témérité qu'il est permis de trouver excessive, tout notre système d'enseignement secondaire. A la veille d'une action décisive, les armées se préparent au combat : nous sommes parmi ceux qui font leurs préparatifs au grand jour. Si les conseils des prudents et des sages étaient écoutés, les conclusions si fortement motivées que vous avez appuyées au cours de vos discussions pacifiques, faisant suite, d'ailleurs, à celles qu'avait adoptées, au mois de mars dernier, la *Société pour l'étude des questions d'enseignement secondaire*, nous rassureraient pleinement, non pas seulement sur le sort de la liberté, mais sur le sens et la modération des réformes jugées à peu près universellement nécessaires en matière d'enseignement secondaire. Au surplus, et quoiqu'il soit bien difficile de s'y reconnaître à cause de leur variété et des résumés incomplets qui en ont été communiqués, je ne crois pas que les dépositions reçues par la Commission d'enseignement soient de nature à inspirer de vives alarmes à ceux qui, partisans des traditions que le temps a soumises à son épreuve, demandent qu'on n'y touche qu'avec précaution et mesure.

Néanmoins, si nous différons sur le sens, la nature et l'étendue des réformes à faire, nous sommes tous unanimes à reconnaître qu'il faut faire quelque chose. Le baccalauréat me paraît comme la victime désignée pour faire les premiers frais du sacrifice expiatoire. Depuis bien longtemps, il était l'objet d'amères critiques. « Si j'avais à le juger, disait M. Lavisse en 1893, je lui ferais passer un mauvais quart d'heure. » Ce mauvais quart d'heure est venu et il dure depuis de longs mois. Pour être de vieille date, la rancune de M. Lavisse n'est pas moins amère aujourd'hui et, tant de sa part que de la part d'une foule d'autres requérants, le baccalauréat s'est vu condamné à en entendre de bien dures depuis quelque temps. Les dépositions reçues par la commission parlementaire lui ont été parfois cruelles. S'il est coupable, ce que je suis prêt à admettre — car, où trouver ici-bas la parfaite innocence ? — il n'est certainement pas responsable de tous les crimes qu'on lui impute et de tous les griefs dont on l'accable. Le rapporteur qui m'a précédé à cette place, tout à l'heure, me paraît avoir mis toutes choses au point. Il n'a pas caché les inconvénients du baccalauréat, imparfait comme toute institution humaine ; mais il en a dit aussi les avantages réels. Il n'a pas voté sa mort, même avec sursis, comme ceux qui déclarent à tout venant dans les chaires, les tribunes et la presse, que, vis-à-vis du baccalauréat,

Rien que la mort n'était capable d'expier son forfait.

Plus modéré, et par là même plus équitable, il a fait comme un bon régisseur de théâtre vis-à-vis d'une comédie qui n'est ni sans défaut, ni sans mérite ; il l'admet « à correction ». Quelles sont les corrections utiles et possibles destinées à améliorer la pratique du baccalauréat ? C'est le sujet dont je vais vous entretenir à mon tour.

*
* *

Pour mieux préciser le sens et la nature des réformes qu'appelle l'institution du baccalauréat, je dois revenir, ne serait-ce que pour mémoire, sur deux défauts que présente à cette heure la pratique du baccalauréat et qui tiennent, non pas à son institution, mais à son mode de fonctionnement. L'institution, nous la considérons comme bonne et utile ; ces examens sont la meilleure sanction de notre enseignement secondaire et terminent fort heureusenent le cycle des études qui ont pris l'enfant sur les bancs de l'école primaire ou des classes élémentaires et qui le conduisent, jeune homme complet, aux pieds des chaires de l'enseignement supérieur. Je ne dirai pas la même chose de la manière dont l'institution fonctionne : c'est que, au lieu d'être le couronnement naturel et la sanction des études, le baccalauréat en est devenu, par la tyrannie de ses programmes, la raison même; « il entrave le maître, hypnotise la plupart des élèves, fait d'eux des candidats et au lieu d'éducation leur donne un dressage (1). » Tel est le premier reproche que je vais envisager; voici le second : par la trop grande part qu'il laisse au hasard, il décourage les bonnes volontés et favorise la paresse, ce qui est immoral au premier chef.

Je crois bien qu'aucun des maîtres qui ont eu à s'occuper de la préparation aux examens, ne songera à nier le premier défaut, qui pourtant est bien susceptible d'être amélioré. Il tient aux programmes : qu'on réforme les programmes. — D'abord, ils sont trop ambitieux et trop vastes dans leur compréhension. Pour vous en convaincre, je n'aurais qu'à reprendre ce qui a été dit au cours de cette crise et en particulier durant la consultation établie par la commission parlementaire et à me répéter moi-même en vous parlant de ces « programmes monstrueux, œuvre de quelques spécialistes du conseil supérieur qui s'attachent à faire valoir chacun l'importance de la spécialité qu'ils représentent et demandent pour elle une part aussi large que possible... De là, le caractère encyclopédique de ces programmes du baccalauréat qui comprennent à la fois les langues vivantes et les langues mortes, les littératures anciennes et les littératures modernes, les sciences, théorie et pratique,

(1) Lavisse, *Discours à la Sorbonne*, 11 décembre 1898.

les histoires et la géographie, tout Corneille, tout Racine, tout Molière, etc., Pélion sur Ossa (2). » « Ah ! les programmes d'examen, messieurs, je crois savoir comment cela se rédige. Un certain nombre de personnages, vieillis comme moi dans l'étude de quelque spécialité, se réunissent autour d'une table. Chacun apporte sa partie de programme ; il trouve longue celle du voisin et que celui-ci en exagère l'importance : on discute, quelquefois même on se querelle un peu ; mais tout s'arrange à la fin, comme il convient entre hommes bien élevés et pressés (1). » Tout s'arrange vous savez comment : on ajoute bout à bout la part que chacun attribue à sa spécialité et voilà le programme sur ses bases, et la perspective des travaux forcés pour nos jeunes écoliers.

Or ceux-ci se défendent : il est, vous le savez, des limites à tout, il en est particulièrement à l'effort de bonne volonté dont se montrent capables les écoliers de l'enseignement secondaire. Mettant à part les cas anormaux et assez rares d'extrême bonne volonté ou d'incurable paresse, vous conviendrez avec moi, que cette limite ou ce niveau moyen auquel monte l'effort écolier est encore assez bas. Qu'on accuse à ce sujet l'éducation première, nos mœurs relâchées, la tendance de plus en plus générale à la vie facile ou cette loi de nature qui porte l'homme au moindre effort, le fait est là avec ses conséquences inéluctables, à savoir, que la science de nos écoliers perdait en profondeur tout ce qu'elle gagnait en étendue. Il eût été nécessaire que l'effort d'application au travail s'accrût en même temps que s'accroissaient les programmes, afin que ces deux choses solidaires restassent toujours dans un rapport exact : il n'en a pas été ainsi, et si nos élèves ont su plus de choses, ou plutôt, s'ils ont eu des teintes d'un savoir plus étendu, ils ont su moins bien ce qu'ils croyaient ou devaient savoir, puisqu'on ne sait bien que ce que la réflexion a lentement, mais sûrement et fortement, imprimé dans l'esprit. Or réfléchir n'est plus possible, car réfléchir c'est

(1) *Enseignement chrétien*, 1er février, page 95.
(2) Lavisse, *Discours de réception à l'Académie française*.

s'attarder, et les programmes sont là traçant devant les yeux épouvantés du professeur une route fort longue à parcourir. Et le malheureux va toujours de l'avant semant le chemin qu'il parcourt de paresseux et de traînards dont il n'a pas le loisir de se préoccuper, comme un colonel qui conduit son régiment à l'assaut d'une place ne se préoccupe pas des blessés et des morts qui tombent à ses côtés; mais aussi, comme le colonel qui n'arrive au haut des remparts ennemis qu'avec une poignée de braves, lui n'arrive à la conquête du diplôme qu'avec la poignée de vaillants qui ont eu assez de cœur et d'haleine pour le suivre sans faiblir, dans sa course échevelée à travers les quarante siècles historiques, dans le domaine sans limite des œuvres et des hommes, des idées et des faits. J'en parle savamment, car j'ai connu ces misères et les angoisses du professeur condamné au dur métier de tout enseigner et d'enseigner tout à la fois. On commençait au mois d'octobre, si pourtant les candidats à la session de novembre nous en laissaient le loisir; l'étude des littératures antiques accompagnée de quelques leçons de rhétorique, nous tenait pendant le premier trimestre. Le second était employé à l'étude des trente leçons de littérature française. Nous réservions le troisième pour l'étude des auteurs français du baccalauréat, l'étude théorique des genres littéraires brochant sur le tout. C'était un travail énorme. Jugez donc : tout Corneille, tout Racine, tout Molière, tout Bossuet, etc.; jusqu'à épuisement complet de la matière, tous les matins on mettait une tragédie ou une comédie nouvelle sur notre table de dissection et d'analyse littéraires; venait ensuite le tour des œuvres oratoires de Bossuet. Je dis : œuvres oratoires, car il fallait, outre les oraisons funèbres, étudier certains sermons, puis La Fontaine, Pascal, La Bruyère, etc.; c'était un travail fou dans lequel maîtres et élèves avaient la conscience très distincte et très claire, que les matières s'entassaient confusément et se brouillaient dans les cerveaux incapables de les étiqueter et de les classer suivant leur nature et leur valeur. Que vouliez-vous, il fallait aller au-devant du reproche si naturel dans la bouche d'un candidat malheureux : « On ne nous avait pas parlé de cela. » Et cela, c'étaient des énigmes semblables à celle-ci : « De « l'influence des maîtres de Plutarque sur son éducation (Paris, « 7 novembre 1883) — Qu'a voulu dire Horace dans son Art « poétique, lorsqu'il a comparé l'une à l'autre la poésie et la « peinture? (Bordeaux, novembre 1881). — Quelle est la morale « qui ressort des Adelphes de Térence ? (Lyon, novembre 1881). » Je sais bien qu'en partageant en vingt leçons l'histoire des littératures grecque et latine, et en trente celle de la littérature française, le programme a soin de dire, en note, que chaque leçon ne doit pas durer plus d'une heure. Mais, si jamais il fut vrai de dire que les notes sont faites pour n'être pas lues, c'est bien le cas pour celle-ci. Mieux, en effet, que toutes les notes officielles, les sujets donnés nous renseignaient sur l'étendue des explications que chaque leçon était susceptible de recevoir, et sur les proportions qu'elle devait prendre. La leçon treizième du programme de l'histoire de la littérature française est consacrée à Rabelais et à Montaigne. Or voici maintenant quelques-uns des sujets proposés. « Pourquoi Montaigne recommande-t-il la visite des pays étrangers? (Grenoble, juillet 1883.) Montaigne, ses idées, son style. (Grenoble, novembre 1884.) — Que pensez-vous de cette boutade de Montaigne : « Que le gascon y arrive si le français n'y peut aller! » (Clermont, novembre 1881.) Pensez-vous de bonne foi qu'en présence de pareils sujets, le professeur crut avoir assez fait en consacrant une heure seulement à parler de tout ce qu'on peut dire en une heure de Rabelais et de Montaigne? Il aurait craint, et à juste titre, d'encourir le reproche d'avoir manqué d'activité, de prévoyance ou même de science, « de n'avoir pas parlé de cela; » pressé par la tyrannie des programmes et par le commentaire qu'ils recevaient, dans la pratique des examens, de l'usage ordinaire, il n'hésitait pas, lui non plus, à se lancer à la poursuite du détail curieux et, pour ne rien omettre, s'attachait péniblement à parler de tout.

Qui ne voit l'inconvénient d'un pareil système? C'est comme on l'a dit, le dressage substitué à l'éducation, c'est le professeur déchu de son rôle et, au lieu de solliciter peu à peu l'éveil de toutes les facultés intellectuelles et de former le goût, appliqué à gaver la mémoire de ses élèves d'une multitude de notions incohérentes, destinées bientôt à disparaître, sans rien laisser dans l'esprit que le souvenir amer d'un labeur inutile auquel elles l'avaient condamné. C'est, pour l'élève, le souci, exclusif de tout autre, de bourrer sa mémoire, dans le moindre temps, du plus grand nombre possible de jugements tout faits, d'idées communément reçues, de noms et de dates, uniquement en vue de l'examen, et sans aucune arrière-pensée de reconnaître plus tard, d'inventorier, de classer ses connaissances. C'est enfin le triomphe du livre et du manuel, bref et condensé, du moment qu'on apprend par cœur pour avoir une réponse à tout, sans rien savoir convenablement : grave dommage pour l'enseignement oral du maître, celui qui compte le plus pour la formation intellectuelle et morale de ses disciples, mis par lui en communication directe avec son âme et recevant d'elle, par le moyen du verbe, lumière, chaleur et vie.

La première réforme qui s'impose, c'est donc la simplification du programme. Sur ce point, je demande :

1° Qu'on maintienne au programme les trois langues de l'enseignement classique grecque, latine, française ; mais, qu'on réduise, autant que faire se peut, l'étude du grec et du latin à un enseignement plus pratique que théorique ; que ces langues soient apprises un peu plus par les textes dûment expliqués et analysés, et moins par l'étude de la règle abstraite, conformément à ce qui se passe dans la réalité de la vie ; c'est en réfléchissant et analysant le langage d'autrui que l'enfant apprend à parler, et qu'en pays étranger nous apprenons nous-mêmes les langues qui nous étaient inconnues.

2° Je demande que, dans le domaine de l'histoire, les programmes fassent moins large la part du menu détail dans le récit des faits, pour ne s'attacher qu'aux faits importants reliés entre eux par des idées générales, par l'histoire des institutions et le tableau, aussi exact que possible, du mouvement de la civilisation. Qu'en géographie, on restreigne l'importance accordée jusqu'à l'heure au côté administratif et politique pour intéresser davantage les candidats aux questions d'ordre économique et social et à la géographie physique.

3° Je demande que dans le domaine de l'histoire littéraire, sans renoncer complètement aux littératures grecque et latine, on remplace les études de détail par les études d'ensemble sur une époque, une civilisation. Étudier l'œuvre de Sophocle et de Thucydide, pour ne citer que ces deux exemples, analyser leur manière, la comparer avec celle d'Euripide ou d'Hérodote, marquer les différences, n'est pas seulement inutile et superflu; c'est une duperie; nos rhétoriciens de seize ans ne peuvent parler de ces choses qu'en perroquets plus ou moins heureusement formés, et c'est abuser de leur bon vouloir que de les contraindre à jouer ce rôle. Quant à notre littérature nationale, qu'elle s'occupe des œuvres plus que des hommes, et quand je dis les œuvres, je parle surtout de celles qui font époque, et marquent une date dans le mouvement de la civilisation. A ce titre, le XIIIe, le XVIe et le XVIIe siècle seraient plus particulièrement étudiés, ainsi qu'au XVIIIe siècle, le mouvement philosophique et la renaissance romantique au XIXe. Mais, de grâce, que les programmes ne portent pas tout Corneille, tout Racine, et que les malheureux candidats ne soient pas appelés à parler indifféremment du *Cid* et de *Nicomède*; qu'on laisse le soin au professeur de faire connaître et goûter Corneille en choisissant, dans son théâtre, ce qu'il aura cru bon d'y prendre, et que lui-même sache se borner.

Mais, pour que le professeur s'attache à donner à son enseignement plus de profondeur que d'étendue, il faut bien que les sujets proposés au baccalauréat restent en harmonie avec son enseignement, et n'en franchissent pas les bornes ordinaires. Je ne voudrais pas exclure les sujets purement littéraires; outre la variété qu'ils apportent dans l'étude, autrefois aride, de la rhétorique, ils ont leur valeur et leur utilité, car ils mettent en jeu tout à la fois la mémoire, l'intelligence et le goût; je demande seulement qu'ils aient une portée assez générale pour qu'ils répondent à des notions dont les jeunes gens de quinze à seize ans sont capables. Ce fut un haussement d'épaules par toute la

France, quand la Faculté de Toulouse proposa à nos jeunes rhétoriciens de comparer le pathétique du dramaturge d'Ennery avec celui de Sophocle et d'Euripide. Mais, sans pousser si loin le goût de la bizarrerie et du détail curieux, que de sujets proposés couramment et qui ne devraient jamais l'être ; celui-ci, par exemple :

« Qu'appelez-vous un écrivain classique, et dans la littérature française, quels sont les écrivains les plus dignes de ce titre? » (Paris, 1881.)

Donner de pareils sujets, c'est déclarer aux professeurs que leur enseignement peut n'avoir pas de limites. On dira peut-être que la série des sujets sera vite épuisée. Qu'on revienne donc, pour une bonne part, aux amplifications bannies presque entièrement du cours de rhétorique, parce que, autrefois, l'usage en fut poussé jusqu'à l'abus. Elles avaient du moins l'avantage de fournir aux jeunes gens l'occasion de montrer ce qu'ils avaient d'imagination, de sensibilité, de chaleur d'âme, et de développer ces qualités plus précieuses que le pédantisme et qu'une érudition toute superficielle. A ce sujet, je demanderai également, et avec insistance que nos programmes dirigent moins notre enseignement littéraire, je ne dis pas dans le sens critique, nécessaire à la formation du goût, mais dans le sens de la critique qui s'attache à découvrir le mal et à montrer les défauts. Nous avons contribué par là à tuer l'enthousiasme et presque étouffé chez les élèves la tendance, si nécessaire pourtant, à l'admiration, en les appliquant trop tôt et sans discrétion à la critique. C'est pitié de voir de petits jeunes gens de quinze et seize ans, des enfants encore, décerner à tort et à travers l'éloge et le blâme à Corneille, à Racine, à Bossuet; rapporter, sans trop savoir pourquoi, les jugements tout faits de leurs professeurs ou de leurs livres ; s'attribuer indiscrètement le rôle de censeurs ou de perroquets en des pages où il n'y a ni sincérité, ni accent personnel. Ils y perdent le sentiment si précieux du respect et de la réserve qui conviennent à leur âge. Ils s'habituent à parler contre leur pensée ou, si vous l'aimez mieux, à soutenir des choses qu'ils ne pensent pas et, par là même, à faire peu de cas de la sincérité, ce qui est de bien grave conséquence. D'ailleurs la critique dessèche, tandis que l'admiration est éducative et moralisatrice. C'est par elle que l'enfant doit commencer, puisque c'est parce qu'ils ont de bien que les grands écrivains élèvent les âmes et moralisent les cœurs. C'est donc le bien qu'il faut d'abord goûter et comprendre avec une admiration saine, franche, de bon aloi. Les droits de la critique ne doivent parler qu'après, pour montrer ce qu'il y a d'imparfait dans la perfection même. Il n'est que temps de le comprendre, aujourd'hui qu'on manque si facilement aux égards et au respect dus à toute autorité.

Un bon moyen de ramener les programmes aux justes limites que nous sommes tous d'accord à réclamer, c'est de réduire chacune des matières qui doivent y figurer aux proportions qui lui conviennent. Que les sciences n'empiètent pas sur les lettres dans l'enseignement littéraire, que les lettres n'empiètent pas sur les sciences dans l'enseignement scientifique : il faut bien se dire que la moyenne des esprits dans les conditions ordinaires ou l'enseignement se reçoit et se donne, n'est pas capable de mener de front cette double culture et de supporter le poids d'un double enseignement complet. Nous l'avons un peu trop oublié, et toujours pour les petites raisons que M. Lavisse nous a fait connaître. Comptez ce qu'il faut de temps à un candidat de force moyenne pour se rendre maître du programme des sciences : il doit reprendre des choses oubliées, d'autres qu'il n'a jamais bien sues peut-être, en apprendre certaines qu'il ignore complètement. Il faudra qu'à la fin de l'année il soit apte à répondre sur l'arithmétique, pratique et théorique, sur l'algèbre jusqu'aux équations du second degré inclusivement; sur les huit livres de la géométrie et sur la cosmographie. Si l'histoire et la géographie ont les mêmes exigences, que restera-t-il pour l'enseignement littéraire, les langues vivantes ayant, en outre, réclamé leur part? Rien, ou presque rien. C'est d'ailleurs sans grand profit pour les sciences elles-mêmes. L'esprit n'y profite et n'en reçoit une forme qu'autant qu'il les étudie à loisir, avec réflexion : ici encore, c'est la mémoire qui supporte tout le poids du labeur, quitte à s'affranchir de ce poids encombrant quand l'examen sera passé.

Je voudrais que la bifurcation, qui se fait aujourd'hui après la rhétorique vers la philosophie et les sciences, se plaçât après la seconde. Dans les programmes actuels il y a trop de sciences en rhétorique pour l'enseignement littéraire, il n'y en a pas assez pour la préparation scientifique aux mathématiques élémentaires et à la première sciences. Les élèves qui passent de la rhétorique dans l'un de ces deux cours ont de la peine à se rendre maîtres de toutes les matières du programme : la moyenne n'en vient pas à bout. La bifurcation après la seconde permettrait de conserver, à côté de la rhétorique-lettres allégée d'une partie des sciences, une rhétorique où la part faite aux sciences serait plus étendue au détriment de l'enseignement littéraire réduit à proportion : cette rhétorique-sciences préparerait aux mathématiques élémentaires et à l'enseignement scientifique. Ainsi, pour entrer dans le détail, qu'on débarrasse la rhétorique-lettres de l'arithmétique théorique pour lui substituer une revue rapide de l'arithmétique pratique, ce qui ne sera pas sans utilité, et qu'on garde l'algèbre, la géométrie et quelques notions très sommaires de cosmographie ; que la rhétorique-sciences ajoute au programme scientifique de la rhétorique, tel qu'il est aujourd'hui, la trigonométrie. Que le programme de la philosophie-lettres reste ce qu'il est aujourd'hui, sous réserve de quelques simplifications que je demanderai plus bas, et que le programme de la philosophie-sciences soit celui des mathématiques élémentaires diminué de la partie scientifique déjà attribuée à la rhétorique, et augmenté de la psychologie pour la partie philosophique.

Simplifier dans l'enseignement des lettres la part qu'on y doit faire aux sciences, et dans les sciences la part qu'on y doit faire aux lettres, moins en se tenant à la surface des choses qu'en réduisant le nombre des questions qui sont à étudier, telle me paraît la formule qu'il convient d'adopter. Du reste, il sera facile de ménager le temps d'approfondir aux candidats en philosophie, en simplifiant la philosophie elle-même. Depuis quelque vingt-cinq ans, elle verse trop complaisamment dans les discussions subtiles et dans les curiosités modernes. Elle est de plus en plus envahie par l'étude des systèmes. Or, l'esprit des élèves n'a pas assez de fermeté pour suffire à une pareille tâche. Loin d'y apprendre l'art et la saine liberté de penser, ils en retirent souvent un profond dégoût de toutes ces études, avec une disposition à ne croire à rien de ce qu'ils regardent comme des songeries d'esprits malades. Les pénétrer de cette *philosophia perennis* qui est constituée par les acquisitions les plus certaines et les plus cohérentes de la science philosophique; se contenter pour le reste de leur montrer les problèmes avec leurs solutions diverses et d'ouvrir leur curiosité de ce côté-là, me paraît le rôle de la philosophie dans l'enseignement secondaire : l'autre me semble devoir être réservé à l'enseignement supérieur.

C'est en matière de philosophie surtout que la réflexion est une condition nécessaire d'intelligence et de progrès : la réflexion, à son tour, a sa condition dans le temps qui lui permet de s'éveiller et de s'exercer à loisir. Or, est-il bien sûr que nos élèves de philosophie aient assez de loisir pour réfléchir et penser par eux-mêmes, pour essayer de pénétrer les problèmes en présence desquels ils sont mis et comprendre les solutions qu'ils comportent? Comme les morts de la ballade, est-ce qu'ils ne vont pas vite eux aussi, trop vite à travers les espaces illimités des idées et des faits, des problèmes et des doctrines? Impuissants à s'arrêter pour saisir les choses, ils prennent souvent le parti qui leur paraît le plus simple, celui d'apprendre sans comprendre les choses que d'autres ont pensées pour eux : ce qui est bien peu philosophique. Simplifions donc aussi l'enseignement de la philosophie en la ramenant à ses points fondamentaux, et à ce qu'elle a de plus foncier. Qu'elle soit moins une revue de systèmes mal coordonnés qu'un enseignement doctrinal. Proposer tour à tour et mettre sur le même plan l'étude de toutes les opinions et des théories les plus diverses me paraît la pire des méthodes en philosophie; elle déconcerte l'esprit, rendu hésitant entre l'affirmation et le doute, et, sous prétexte de largeur d'idées et de tolérance doctrinale, on arrive à faire des esprits vides de toute doctrine et dépourvus absolument d'idées précises.

C'est donc du côté des conditions de l'examen et du côté des programmes qui les déterminent, qu'il faut chercher la solution des difficultés que soulève la question du baccalauréat. Alléger les programmes par simplification, par réduction ou par une nouvelle répartition des matières, me paraît comme le moyen tout indiqué pour porter remède à des maux qu'il faut bien reconnaître. Une autre mesure qui me semble devoir être efficace serait de se montrer plus sévère sur les dispenses d'âge. La loi a décidé qu'on ne pouvait se présenter qu'à l'âge de 16 ans révolus au 1er juillet, si l'on se présente à la session de juillet; révolus au 1er novembre, si l'on se présente à la session de novembre. Or il arrive que, chaque année, « le nombre des dispenses est très considérable » de l'aveu même du ministre de l'Instruction publique dans une circulaire adressée le 11 avril dernier aux recteurs d'Académie. Qu'il y ait des élèves capables de se mettre au latin dès leur dixième année et de suivre avec succès les cours de l'enseignement classique, de façon à avoir terminé leur rhétorique avant leurs seize ans révolus, personne n'en doute. Que le nombre en soit *très considérable*, je ne le crois pas. Or, les parents qui ont des enfants à faire élever sont généralement d'un sentiment contraire : que ce sentiment soit inspiré par la vanité, l'amour-propre, ou l'intérêt, peu importe, le but cherché devient celui-ci : arriver à l'examen de rhétorique à seize ans et même dans la seizième année. Loin de les déconseiller, le plan d'étude autorise de pareilles ambitions en fixant à dix ans l'âge des enfants qui entrent en sixième et commencent les études classiques.

Encore ici les indications du plan d'études sont-elles dépassées, et, tandis qu'il fixe l'âge de dix ans pour la sixième, c'est à neuf ans qu'on aventure les jeunes élèves dans cet enseignement. Eh bien, à cet âge, la plupart sont très mal préparés à commencer leurs études classiques, après une instruction primaire et élémentaire plus qu'insuffisante; désormais, toutes leurs classes s'en ressentiront, et cette cause seule suffirait bien souvent à expliquer l'affaiblissement constaté dans le niveau général des études. Une sévérité plus grande à refuser la dispense d'âge à tout candidat qui ne pourrait pas justifier de notes excellentes, aurait pour effet de décourager des ambitions que rien n'autorise et d'amener à cette réflexion que, si l'on veut arriver au but, il faut éviter, pour avoir voulu s'engager trop tôt, de faire un faux départ.

J'en aurai fini avec cette question des programmes quand j'aurai ajouté que nous devons nous garder d'attendre d'eux ce qu'ils ne peuvent pas donner, je veux dire, une détermination si précise des matières d'examen que toute question y soit prévue. On ne conçoit en effet les programmes que de deux manières, ou développés à la façon d'un questionnaire qui n'omet aucun des détails sur lesquels l'interrogation peut porter, et par suite absolument limitatifs, ou bien simplement indicatifs en portant la mention brève des matières qui font le sujet de l'examen, sans spécifier le détail. Le premier est irréalisable; je trouve un modèle du second dans le programme de rhétorique, tel que l'a dressé, en Belgique, la loi du 11 avril 1890. En voici le texte : l'épreuve comprend :

1° Principes de la rhétorique;

2° La traduction en français ou en flamand d'un auteur latin emprunté au programme de la rhétorique;

3° La traduction d'un auteur flamand, anglais, allemand au choix du récipiendaire;

4° Une composition française, allemande ou flamande au choix du récipiendaire;

5° L'arithmétique;

6° L'algèbre élémentaire y compris la théorie des progressions et des logarithmes;

7° La géométrie plane et les éléments de la géométrie à trois dimensions;

8° La géographie;

9° L'histoire de la Belgique;

10° Les faits principaux de l'histoire ancienne, de l'histoire du moyen âge, de l'histoire moderne.

Je ne cache pas que mes préférences vont à ce dernier, parce que moins le professeur sera emprisonné dans des formules étroites qui ont l'air de vouloir tout dire dans le détail, plus il sera à l'aise dans son enseignement, et plus aussi son enseignement y gagnera, si du moins le maître sait unir dans sa fonction, à dose égale, science et conscience. Il sera d'ailleurs guidé, dans la façon d'entendre et d'étendre les brèves indications du programme par la pratique ordinaire des examens qui lui serviront bientôt de commentaire autorisé. Sans doute, des indications si brèves seront de nature à laisser toujours quelque incertitude dans l'esprit des maîtres et des élèves : mais j'estime que cette incertitude même vaut mieux que la trompeuse sécurité qui naît d'un programme détaillé. Elle est, pour les uns et pour les autres, un stimulant à toujours faire mieux et leur retire le droit de se flatter qu'ils ont assez fait. Par là-même j'en conviens, l'examen devient plus chanceux ; mais dès lors il appartient au jury de rétablir l'équilibre par une interprétation sage et modérée du questionnaire. C'est ce qui m'amène à la question du jury et aux moyens pratiques de diminuer la part d'aléa ou, si l'on veut, d'immoralité qu'on reproche au baccalauréat. C'est, en effet, le second reproche que je me suis promis d'examiner.

*
* *

En effet, la question des programmes n'est pas la seule qui soulève des difficultés : à côté de la question des programmes il y a celle du jury d'examen, et l'on s'est demandé s'il n'y avait pas lieu de réformer ceci en même temps que cela. Il est inutile, je crois, d'insister sur ce point, que les deux réformes ne sont pas solidaires et qu'on peut très bien améliorer, réformer les programmes sans toucher à la composition et à la détermination du jury d'examen. En fait, la chose s'est produite bien souvent. C'est par l'ordonnance du 1er janvier 1847 que fut déterminée la composition du jury, tel qu'il fonctionne aujourd'hui encore dans les examens du baccalauréat : c'est donc une carrière de cinquante-deux ans qu'il aura fournie tout à l'heure: pendant le même temps, les programmes et les conditions d'examen ont été modifiés, je ne dis pas dix fois, mais vingt fois, d'une façon plus ou moins radicale. On pourrait donc encore aujourd'hui, sur le terrain des programmes, ajouter une réforme de plus à toutes les réformes passées, sans modifier en quoi que ce soit la constitution du jury d'examen. Cette décision me plairait plus que toute autre. Elle est rationnelle: il semble, en effet, très naturel que les candidats destinés à suivre dans une faculté les cours d'un enseignement supérieur, en reçoivent au préalable l'autorisation, après avoir témoigné par un examen passé devant les représentants de l'enseignement supérieur qu'ils sont préparés à le recevoir. C'est pour ce motif peut-être, qu'au Canada, où les examens du baccalauréat sont passés dans l'intérieur du collège, devant un jury composé des professeurs de la maison, les bacheliers sont tenus à passer un nouvel examen de capacité, avant d'entreprendre des études plus hautes; c'est pour la même raison, j'imagine, que quelques-uns, parmi ceux qui ont demandé la suppression du baccalauréat, proposent un examen de rentrée devant les Facultés pour les étudiants qui se proposent d'en suivre les cours. Car, l'examen du baccalauréat n'est pas seulement terminal des études secondaires, il est aussi, dans le système de notre enseignement, un permis d'entrer dans les écoles de l'enseignement supérieur. Si, par son premier caractère, on peut estimer qu'il relève des professeurs des lycées et des collèges, on peut bien dire que, par le second, il doit dépendre des professeurs de Facultés d'en garantir le caractère et d'en autoriser les résultats.

Ainsi l'avait-on jugé jusqu'à l'heure, et je ne sache pas que des faits précis soient venus démentir le bien-fondé de ce système. On n'a pas nié la compétence et le savoir de ces juges: on ne peut même pas les incriminer d'exiger habituellement des candidats plus qu'ils ne peuvent donner. S'il y a eu des devoirs donnés en dehors des limites que le programme semblait avoir marquées, ces devoirs ont été corrigés avec une indulgence et les notes données avec une libéralité qui étaient en raison même de la difficulté proposée; tant et si bien que le nombre des admis n'était pas moindre avec des sujets difficiles qu'avec des sujets faciles. Que si, parfois, la presse a retenti de plaintes un peu vives, à l'égard d'examinateurs que la médiocrité des candidats aussi bien que la température thermidorienne s'appliquaient à énerver, ces plaintes même prouvaient, par leur caractère insolite, qu'au fond tout le monde rendait justice à la compétence, en même temps qu'à l'impartialité du jury. L'enseignement libre ne s'est jamais cru autorisé à soupçonner l'impartialité de ces juges : s'il a réclamé la pratique des jurys mixtes, c'est moins pour s'assurer contre les dénis de justice, que pour conquérir, au nom de l'égalité, une garantie de plus. Et si l'enseignement libre ne se plaignait pas, comment donc l'autre se serait-il plaint? Cinquante années de pratique nous avaient familiarisés avec ce système : d'un côté comme de l'autre on y était habitué. On s'en contentait donc, soit par ce qu'on n'avait pas de gros griefs contre lui, soit parce qu'on ne voyait pas bien le moyen de le remplacer avantageusement. Telles sont, en effet, les garanties que présente le maintien du *statu quo* que je ne vois pas du tout en quoi il peut être bon et préférable de le remplacer.

D'autres, il est vrai, sont d'un avis différent, et ce n'est pas d'aujourd'hui, il faut bien le dire, qu'est née la pensée de substituer un nouveau jury à celui qu'a constitué l'ordonnance du 1er janvier 1847. Dans une circulaire du 1er juin 1891, le ministre de l'Instruction publique ne cache pas qu'il serait préférable que les examens du baccalauréat fussent passés « dans l'intérieur des établissements d'enseignement secondaire, devant des jurys où l'élève aurait pour juges ses propres maîtres ». Voilà l'idée nouvelle. Le ministre d'alors — c'était M. Bourgeois — ne crut pas qu'il fût possible d'y donner suite. « La loi du 15 mars 1850 ne le permettrait pas. » Un de ses successeurs ne devait pas se laisser arrêter par les mêmes scrupules. Il a repris l'idée, et, le 4 février 1896, il a présenté à la Chambre des Députés *un projet de loi sur la réforme des épreuves terminales de l'enseignement secondaire* où se trouve nettement et hardiment proposée la substitution du jury intérieur au jury des facultés. La chute du cabinet, dont M. Combes faisait partie, amena le retrait du projet de loi — ce n'était qu'une retraite provisoire. Aujourd'hui le sénateur continue le ministre — et dans la séance du 5 décembre 1898, M. Combes déposait sur le bureau du Sénat sa proposition de loi, dont l'article 3 est ainsi conçu : « Les élèves « des établissements de l'Etat subissent l'examen de fin d'études « dans les établissements auxquels ils appartiennent, devant un « jury propre à chacun de ces établissements.

« Pour les élèves de l'enseignement secondaire libre, pour « ceux qui auront fait leur éducation secondaire dans la famille « ou dans les établissements de l'Etat dans lesquels un jury « propre à l'établissement ne pourrait être organisé, il sera « institué un jury d'Etat dont les pouvoirs s'étendront à toute « l'Académie. »

L'article premier d'un projet de décret inséré aux annexes qui font suite au projet de loi, nous fait connaître la composition de ce jury propre à chacun des établissements. Il comprend ;

« 1° Un délégué de l'Etat président ;

« 2° Trois membres au moins, cinq au plus, désignés chaque « année par le recteur, parmi les professeurs agrégés ou licen- « ciés de l'établissement. »

Enfin, pour qu'il ne nous soit pas possible d'ignorer l'importance de cet article dans l'ensemble du projet de loi, M. Combes prend soin de nous déclarer, dans l'exposé des motifs, que « l'esprit du projet demande qu'il (le jury) soit essentiellement formé des maîtres mêmes de l'établissement ». Messieurs, je ne me permettrai pas, pour le moment, d'incriminer à ce sujet les intentions de M. Combes et je me garderai bien d'affirmer ici que, sous de fallacieux prétextes, il forge des armes contre la liberté et le droit. J'ai en face de moi non pas un homme, mais une affirmation de principes. D'ailleurs, M. Combes nous adjure, avec une éloquence un peu amère pour nous, de ne pas nous emporter « en réclamations de parti pris et en déclamations passionnées ». J'ai d'autant moins de peine à l'en croire, que je me demande très sérieusement, si M. Combes n'est pas un de ces imprudents amis dont l'Université doit se défier bien plus que de ceux qu'elle a l'habitude de traiter en ennemis.

Si je voulais du mal à l'Université, il me semble que je devrais souhaiter la réalisation des vœux de M. Combes. J'ai lu de très près, et non pas une fois seulement, son exposé des motifs, avec ses notes et ses remarques, et j'ose lui dire qu'il a beau faire, il y a en France une grande partie de l'opinion, réfractaire à ses vues, qui ne se laissera pas convaincre par ses sophismes, ni gagner par sa superbe assurance. Il ne pourra pas faire qu'au regard de l'opinion, les établissements officiels ne soient considérés comme les bénéficiaires d'une situation privilégiée. En France, c'est déjà un premier tort; nous n'avons pas eu de peine à nous laisser persuader que nous sommes tous égaux en droits, et, depuis la nuit du 4 août, nous nous sommes fait un tempérament très égalitaire. Le tort s'accentue encore, quand le privilège est constitué par la loi qui fait profession d'être égale pour tous, car elle affecte alors un manque de sincérité qui heurte de front ce besoin de franchise qui est un des traits distinctifs de notre caractère.

Or, vous savez comment l'esprit gaulois, qui ne perd jamais ses droits en France, s'est attaché de tout temps à poursuivre le privilège. Ne craignez pas que la loi le désarme : bien au contraire, la lutte des partis, qui ne demandaient pas mieux que de consentir une trêve loyale et durable, en sera rallumée; les passions, un moment assoupies, s'éveilleront du calme trompeur qui les endormait; la presse d'un côté et cette force incoercible qui s'appelle l'opinion publique, de l'autre, entreront dans la lutte avec d'autant plus de raison, que la charte de l'Etat moderne aura été violée par la loi. Toujours jalousée, toujours soupçonnée, toujours attaquée — car on a beau dire, un grand corps comme celui de l'Université est toujours vulnérable et attaquable par quelque endroit — l'Université finira par trouver onéreux pour elle-même ce privilège, et elle souffrira dans ses membres d'être une cause de trouble social et un élément de discorde dans le pays.

Ces choses, je ne suis ni le seul ni le premier à les dire. Dans sa séance du 16 mars dernier, la *Société pour l'étude des questions d'enseignement secondaire* (1) que je me plais à citer parce qu'elle a fait de la très bonne besogne dans ses réunions, s'est fait l'écho des mêmes appréhensions et des mêmes craintes; elle a nettement déclaré que l'adoption du projet Combes, par l'inégalité que ce système établirait entre l'enseignement de l'Etat et l'enseignement libre « contribuerait à accroître les divisions existantes dans le pays, à déchaîner plus que jamais la lutte des partis, à multiplier les attaques contre l'enseignement universitaire ». Rien de plus juste, rien de plus vrai, et pour vous faire toucher du doigt tous les dangers de ce système, je n'ai qu'à poursuivre la lecture du même compte rendu qui parle, avec une autorité à laquelle je ne saurais prétendre, du discrédit où tomberaient bientôt les certificats délivrés par les jurys intérieurs : « on comparerait, si les jurys intérieurs venaient à recevoir un plus grand nombre de candidats que les jurys d'Etat, l'indulgence des uns, jugeant leurs propres élèves, à la sévérité des autres. L'examen serait jeté en pâture à la presse (2). » Il ne s'écoulerait pas un temps bien long, peut-être, avant que cette idée ne s'accréditât dans l'opinion publique, que les certificats délivrés dans l'intérieur des établissements étaient sans aucune signification et que, seuls, les diplômes conquis devant les jurys d'Etat par les élèves de l'enseignement libre, avaient une véritable valeur. L'Université y gagnerait-elle? Je l'ignore: mais je sais très bien qu'en Belgique, où se pratique le système des certificats délivrés à l'intérieur des établissements, la faveur et le nombre des élèves vont de préférence aux maisons dont les certificats sont d'une indiscutable valeur.

Ces études mêmes, dont M. Combes veut assurer le succès et relever le niveau, très sincèrement, je crois,— car nous sommes tous sincères à cet endroit — ces études ne peuvent qu'y perdre.

Quelque mal qu'on se plaise à dire du baccalauréat, on ne peut nier qu'il est un stimulant au travail et par là-même une

(1) *Revue de l'enseignement secondaire*, 1er avril, pp. 137-138.
(2) *Ibidem*.

cause de progrès. La raison en est dans l'incertitude où se trouvent, vis-à-vis du succès, les candidats au baccalauréat : Quelque avance qu'ils aient sur leurs camarades de classe, avec lesquels ils se mesurent et se comparent tous les jours, cette avance, sauf les cas exceptionnels, ne suffit pas à les tenir en sécurité, parce qu'ils ignorent la force moyenne des candidats qui se préparent ailleurs et que c'est, en général, cette force moyenne qui détermine le niveau auquel se tiennent les études et qui règle communément les admissions. Dans le système du jury intérieur, les candidats se connaissent, ils n'ont plus qu'à se comparer entre eux, chose facile. Le niveau régulateur des admissions est dans la classe, et, à moins d'admettre que l'établissement et les professeurs intéressés consentiront à se donner un démenti à eux-mêmes, en refusant le diplôme à tous ceux qui ne dépassent pas la force moyenne de la classe, ce que les élèves ne voudront pas croire, il arrivera nécessairement que les élèves d'une force moyenne se jugeront dispensés de cet effort salutaire que le baccalauréat provoque. Les études y gagneront-elles? Assurément non. Il est bon de se comparer à un régulateur pour se mieux connaître, pour savoir si on est en progrès ou en décadence, et, suivant l'occasion, pour prendre des mesures afin de se ressaisir soi-même ou seulement se maintenir. Le baccalauréat est ce régulateur : avec le jury intérieur, la classe, ne se comparant jamais qu'à elle-même, s'ignorera d'abord et, pourvu qu'elle marche à une allure moyenne qui maintienne les distances, elle se tiendra dans une fausse sécurité, cause certaine de décadence.

Ou bien il faudrait imaginer un jury sévère. Mais, voudra-t-il, pourra-t-il l'être? Vis-à-vis des mauvais élèves et des cancres, passe encore ; ce sera une joie pour le professeur de leur faire expier, par une sanction suprême, la paresse et la lâcheté qu'ils n'ont pu vaincre. Mais, vis-à-vis de ces pauvres garçons travailleurs et consciencieux, mais qui sont mal partis ou que, par erreur, on a voulu engager dans des études pour lesquelles ils n'étaient pas faits, il sera bien difficile au professeur, au proviseur, d'user de sévérité. Le jury actuel a au moins pour lui cet avantage, qu'il ne connaît que des candidats et qu'il les juge comme tels. Et je ne parle pas des élèves douteux, au profit desquels on épuisera tous les moyens de recommandation, de sollicitation, de pression. Le jury actuel est d'abord difficile à atteindre directement, et puis, les recommandations sont si nombreuses qu'ils ont le droit, auquel ils ne manquent guère, de les jeter au panier, si tant est qu'ils y prennent garde, quand elles arrivent par toutes ces mille voies détournées que la sollicitude paternelle est si habile à découvrir à la veille d'un examen. Mais le proviseur, mais le professeur, que c'est différent! On les rencontre au lycée, hors du lycée, au cercle, où l'on a fait ensemble la partie de whist, au bal de la préfecture ou au dernier banquet de la Ligue de l'enseignement, que sais-je encore ? Je ne veux pas dire que toutes ces relations vont faire échec à leur esprit de justice et d'impartialité, mais que d'embarras, mon Dieu, vous allez leur procurer et que je les plains! S'ils cèdent, c'est la baisse irrémédiable des études et le discrédit dans l'opinion : s'ils résistent, entendez d'ici les récriminations et les plaintes, pour ne rien dire de plus. Pour avoir le droit de donner des livrets scolaires sincères, on est obligé de les tenir secrets; jugez ce qui arrivera quand il sera question, non plus de livrets, mais des examens. Voyez, d'ailleurs, ce qui se passe à propos des certificats d'études dans l'enseignement primaire : que de sollicitations et d'influences s'exercent autour, et il ne s'agit que d'une plaisanterie sans conséquence aucune. Pense-t-on que tout ceci soit bien rassurant pour le succès des études qu'on prétend relever?

Il faut bien d'ailleurs que le système soit mauvais, puisqu'il a duré jusqu'en 1846 et qu'on a jugé nécessaire alors d'y renoncer : c'est sans doute parce qu'il n'offrait pas toutes les garanties et tous les avantages qu'on veut bien lui reconnaître aujourd'hui. Une circulaire du 19 septembre 1820 s'élève contre l'indulgence coupable et la facilité que mettaient certaines Facultés à la réception de bacheliers « d'une honteuse ignorance ». En 1829, un arrêté ministériel interdit aux professeurs, qui sont membres du jury, de donner des répétitions aux candidats qu'ils doivent examiner. En 1840, M. Cousin fait sortir du jury le proviseur et le censeur, tant leur présence y est soupçonnée de partialité. Il fait plus encore, et, pour ménager davantage l'opinion toujours soupçonneuse, il transporte le siège d'examen de l'intérieur du lycée, dans l'hôtel du recteur de l'Académie. Enfin, l'ordonnance du 1er janvier 1847 abolit les Commissions et Facultés des lettres et leur substitue les jurys détachés des Facultés. Or, on était alors sous le régime du Monopole : si les critiques et les soupçons étaient alors si vifs, pense-t-on qu'aujourd'hui, sous le régime de la liberté, l'opinion serait moins impressionnable et moins jalouse?

La présence au sein du jury, qu'il présiderait, du délégué d'Etat n'atténuerait en aucune façon la force de ces objections. Si ces décisions étaient prépondérantes l'examen intérieur n'échapperait pas au reproche d'immoralité qu'on adresse au baccalauréat. Si elles ne l'étaient pas, le délégué ne serait plus au sein du jury qu'un simple figurant, et l'opinion n'admettra pas qu'il puisse être autre chose. On objecte, il est vrai, l'exemple de l'Allemagne. Mais, outre qu'il ne convient pas de tirer toujours argument de ce qui se pratique ailleurs, car la différence des milieux entraîne des législations différentes; il faut se souvenir que l'Allemagne n'a pas connu d'autre régime, tandis que, dans le cas présent, on nous propose de revenir en arrière. Je m'étonne qu'on n'ait pas objecté l'exemple de la Hollande qui pratique le système des jurys intérieurs, Mais, dans ces jurys il y a place pour deux professeurs délégués des universités de l'Etat, et non seulement l'examen terminal, mais tous les examens de passage sont subis devant le jury intérieur. Si la législation nouvelle, qu'on médite en France; voulait être aussi libérale que celle qui régit la Hollande en matière d'enseignement secondaire; si l'on voulait nous accorder, pour les établissements libres, un jury mixte composé, comme en Hollande, de délégués de l'Etat, et de membres de l'enseignement libre en majorité, mettons en nombre égal, pour ne pas ressembler tout à fait à des Hollandais, ou le jury mixte tel qu'il fonctionne en Belgique, nous verrions d'un œil assez indifférent l'institution des jurys intérieurs, avec un ou deux délégués de l'Etat, dans les établissements officiels.

Peut-être serait-il facile de trouver sur ce terrain un moyen de conciliation, de ménager le temps des professeurs de Facultés, d'éviter le trouble apporté dans leurs cours par l'obligation où ils se trouvent d'examiner les candidats, de rendre ces derniers à leurs juges naturels et de faire, en même temps, que l'examen soit moins aléatoire. Ce serait l'établissement d'un double jury composé l'un et l'autre de professeurs de l'enseignement secondaire, agrégés ou docteurs ou licenciés, sous la présidence d'un délégué de la Faculté, sous cette réserve qu'un candidat ne serait jamais justiciable de son professeur. Le premier de ces jurys serait exclusivement composé des représentants de l'enseignement officiel, le second admettrait quelques représentants de l'enseignement libre. Le droit régalien de conférer des diplômes, droit dont l'État se montre si jaloux, ne recevrait aucune atteinte, et chacun trouverait son compte dans ce système qui naîtrait de la conciliation, dans un esprit plus tolérant et plus large du droit et de la liberté. Dans l'hypothèse d'un jury composé de membres de l'enseignement secondaire, l'adoption des jurys mixtes comme en Hollande ou comme en Belgique est une conséquence nécessaire de la liberté.

Il resterait ensuite à déterminer les conditions qui conviennent le mieux pour qu'il ne fût plus vrai d'affirmer que l'examen du baccalauréat « donne prise aux critiques les mieux fondées par le caractère hasardeux, souvent injuste, on peut même dire immoral, de ses résultats (1) ». Ce n'est pas d'aujourd'hui seulement que ces accusations ont été formulées : à des degrés différents, tous les examens et tous les concours peuvent encourir le même reproche; le baccalauréat n'est ni plus ni moins coupable que tout autre examen passé dans des conditions analogues. Qu'il y ait des échecs immérités dans cet examen comme dans tous les autres, c'est ce que personne ne songe à constester : que la fortune tienne longtemps rigueur et barre la

(1) Combes. Documents parlementaires. Annexe, n° 347, p. 582.

route du succès à des candidats bien préparés, ceci est très contestable. On pourra, je le sais, alléguer quelques faits et citer quelques exemples — tout arrive en ce bas monde — mais ces faits sont trop peu nombreux pour être allégués comme une loi générale qui incrimine et condamne l'examen. Ceux qui voient de près les candidats et les préparent à subir les épreuves du baccalauréat savent, au contraire, que la règle est plutôt celle-ci : les bons élèves franchissent victorieusement la passe à la première tentative, les médiocres et douteux doivent s'y reprendre à deux et trois reprises; les mauvais se découragent et renoncent finalement à forcer le succès.

Néanmoins, convenons de bonne grâce que le baccalauréat, comme la vie, a ses disgrâces imméritées. Ce n'est pas d'aujourd'hui qu'on le constate, ni d'aujourd'hui non plus qu'on a essayé d'y porter remède. Le décret du 8 août 1890, en établissant que les candidats avaient le droit de présenter un livret scolaire voulait les assurer, par là même, contre les injustices possibles et les hasards malheureux de l'examen. L'institution du livret n'a pas donné les résultats qu'on pouvait en attendre et qu'elle devait donner. Certains l'accueillirent avec quelque hésitation, disons le mot, avec défiance (1); l'enseignement libre jalousé et souvent traité en suspect par l'enseignement officiel ne crut pas tout d'abord pouvoir s'en servir efficacement, et je me souviens qu'au Congrès de l'Alliance en 1894, à Marcq-en-Barœul, il fallut apporter la preuve que la signature des maîtres de l'enseignement libre, au bas d'un livret scolaire, était prise en considération, pour vaincre les hésitations qui persistaient encore. Depuis, l'usage s'est généralisé; mais, à mesure que les livrets scolaires s'entassaient sur les bureaux des Facultés, la difficulté d'y prêter quelque attention sérieuse deve-

(1) « Depuis que l'établissement du livret scolaire nous permet, en beaucoup de cas, de distinguer les candidats congréganistes des candidats sortis des lycées, le baccalauréat constitue un moyen indirect, mais efficace d'inspecter l'enseignement libre, d'en saisir les résultats et les tendances ». Discours de M. Aulard à la Sorbonne, 15 avril 1899. Cet aveu n'est pas pour donner tort à ceux qui n'accueillirent qu'avec défiance l'institution des livrets scolaires.

nait plus grande. De plus, et c'est ici le point délicat, les candidats n'ont pas toujours justifié, au cours de leur examen, les notes qui leur avaient été données — en toute sincérité d'ailleurs — sur les livrets scolaires, et l'hésitation, avec la défiance, sont passées de l'esprit de ceux qui devaient présenter les livrets dans l'esprit de ceux qui devaient les recevoir; bref, « l'institution du livret scolaire n'a pas donné ce qu'on en attendait. »

Cependant, elle doit être maintenue. Qu'il soit permis à tout candidat, en produisant un relevé de ses succès scolaires et les attestations de ses maîtres, de faire la preuve qu'il se présente aux examens après une préparation sérieuse, et par là même de bien impressionner les juges en sa faveur. J'ai dit : qu'il soit permis et non pas commandé, car il y a des candidats auxquels on ne peut délivrer que des notes mauvaises, et il ne serait pas humain de les mettre dans l'obligation de les produire à l'examen. Ceux-là n'ont rien à craindre des hasards de l'examen, et la chance ne peut leur être que secourable : qu'on ne leur enlève pas cet unique espoir de salut. Mais que, de leur côté, les juges veuillent bien prendre ces documents en sérieuse considération et s'en servir, avant de s'arrêter à une décision et de formuler une sentence. Ils n'y manqueront pas, si les livrets présentent toutes les garanties de sincérité désirable et portent en eux-mêmes la marque de la bonne foi; et les livrets seront sincères si on veut bien ne leur demander que ce qu'ils peuvent donner; je m'explique.

L'esprit de paperasserie méticuleuse et de minutie administrative qui ne consent à rien perdre de ses droits, s'est glissé jusque dans la rédaction des formules dont ces livrets se composent. Il y faut mentionner les places obtenues par le candidat dans les diverses compositions de classe, la *valeur de* 0 *à* 20 de ces compositions, les prix ou accessits qu'il a mérités, les observations de tous ses maîtres. Je demande qu'on cesse de porter sur le livret la valeur en chiffres des compositions, et cela, dans un dessein de franchise et de sincérité. Rien de plus simple et de plus facile à la fois que de dire d'un élève qu'il est bon ou assez bon en version latine, passable en devoir français, qu'il a ou qu'il n'a guère des dispositions pour les sciences; rien de plus facile que de porter sur le livret les places qu'il a obtenues dans les diverses compositions, et, quoique la signification de ces places soit relative au nombre des concurrents et à la force moyenne de la classe, cette signification se précise par le commentaire que lui donnent les observations écrites sur la page d'à côté. Mais l'indication de la *valeur* ne peut guère avoir ni précision, ni par suite signification. Il ne peut y avoir précision, parce que la commune mesure pour noter ces compositions fait absolument défaut. Dans un rapport au ministre de l'Instruction publique, un recteur faisait part récemment des constatations qu'il avait eu l'occasion de faire, en passant en revue des copies corrigées par des examinateurs différents « les uns trop indulgents, les autres trop sévères, les uns cotant 9 un devoir médiocre, les autres donnant à un devoir de même valeur la note 1, voire la note 0 ». Et c'est ainsi qu'il arrive, et nous avons tous éprouvé de ces surprises « que tel élève, classé dans les tout derniers de sa classe en français, a eu 12 ou 13 et que son camarade qui tient la tête de la classe a eu 2 ou 3 (1) ». Parmi les professeurs comme parmi les examinateurs, il y a les indulgents et les sévères, et voilà comment la notation de la valeur manque de précision et par suite de portée. J'ajoute, Messieurs, qu'il y a les professeurs et supérieurs scrupuleux; j'en connais au moins un. Ceux-là sont bien empêchés; car, dans l'impossibilité où ils sont de trouver pour leur appréciation une commune mesure, ils craignent d'être ou trop indulgents ou trop sévères. S'ils sont trop indulgents, ils vont disqualifier aux regards du jury la valeur de leur signature; s'ils sont trop sévères, ils vont nuire à des candidats qui seront leurs victimes; et les voilà, torturés et troublés, à la recherche de ce juste milieu si difficile à trouver en toutes choses et particulièrement dans l'appréciation d'un devoir.

Qu'on cesse donc de nous demander, même à titre facultatif, de noter la valeur de chaque devoir, et qu'on se contente de la

(1) Cité par M. Combes en note, p. 585.

note sur la valeur moyenne du candidat en toute matière. Qu'ensuite ces notes moyennes aient leur contre-épreuve dans les devoirs qui seront proposés, toujours de force moyenne, et sur un nombre plus varié de matières. C'est à l'examen oral surtout que le candidat se trouve dans des conditions qui diffèrent le plus de celles où les notes qu'il porte sur son livret lui ont été données. Je voudrais donc qu'à l'écrit le nombre des épreuves fût plus varié et plus grand. C'est à l'écrit surtout que le candidat prouve qui il est. Est-ce que trois compositions d'une heure pour faire un thème de langues vivantes sans lexique, pour traiter une matière d'histoire et géographie, et une autre de sciences compliqueraient singulièrement l'examen, et n'en diraient pas plus long que l'examen oral! Ces épreuves écrites rapprochées du témoignage contenu dans le livret scolaire, donneraient toujours ou presque toujours l'idée suffisamment exacte de la valeur du candidat, à la condition toujours, bien entendu, que les devoirs proposés fussent d'une force moyenne, car c'est la moyenne qui détermine le niveau des études. L'examen oral serait simplement le complément de l'écrit; il servirait à éclairer les cas douteux, tandis qu'aujourd'hui, avec les 8 suffrages contre 2, attribués à l'examen écrit, on peut dire qu'il supporte tout le poids du baccalauréat. Je le voudrais simplifié; pour les explications un seul auteur de chaque langue au choix du candidat, et un second au choix de l'examinateur. Cette expérience serait, soyez-en sûr, plus concluante et généralement plus satisfaisante que celle qui se pratique aujourd'hui, que seul l'examinateur choisit l'auteur d'explications dans une liste démesurée. Qui ne voit qu'avec toutes ces précautions et dans ces conditions l'aléa, s'il en reste, est bien diminué, et que l'examen n'a plus rien du caractère hasardeux, injuste et immoral qu'on a pu lui reprocher.

Ajoutez-y le bénéfice de l'admissibilité et vous aurez épuisé, je crois, la série des mesures possibles pour sauvegarder les droits de la justice en matière d'examen. Ce fut un grand bonheur parmi les candidats admissibles à l'oral, dans la session de juillet 1891, lorsqu'ils apprirent qu'un décret de M. Bourgeois leur en prolongeait le bénéfice pour la durée de trois sessions consécutives. Quelques-uns déjà étaient rentrés au collège pour reprendre l'ingrate besogne; je les vois me tirer la révérence pour regagner, dans l'air libre des vacances, le toit paternel. Jugez de ce bonheur! On ne l'avait jamais connu! Jamais on ne l'avait espéré! Les inconvénients de la mesure, car on a bien raison de dire qu'il y a inconvénient à tout, ne tardèrent pas à se manifester. Quand les admissibles de juillet et de novembre sont définitivement admis à l'une de ces deux sessions, tout est bien, et la question des inconvénients ne se pose pas. Mais les admissibles que la session de novembre laisse échoués misérablement sur la grève des examens, que vont-ils devenir et que va-t-on en faire? Ce qu'on va en faire? Rien, ou à peu près rien qui vaille; ce qu'ils vont devenir? Des élèves médiocres qui pèseront lourdement sur les bras des malheureux professeurs qui en auront la charge. Ceci est vrai, en général, mais dans une mesure moindre, des élèves de philosophie.

Pour tirer un bon parti de ces admissibles de rhétorique et de seconde moderne, que n'a-t-on pas essayé? On pensa d'abord qu'ayant un pied en philosophie, il était plus sage de leur permettre d'y suivre leurs camarades, tout en leur faisant une obligation de suivre, à certaines heures prévues, les cours de rhétorique, ou bien de les verser complètement jusqu'à Pâques dans le cours de philosophie, sauf à les reverser à cette date dans le cours de rhétorique. Il semblait que, de cette façon, ils échapperaient au découragement trop naturel à des candidats qui sont obligés de redoubler la classe, après avoir côtoyé le succès, et qu'ils feraient besogne utile en prenant d'avance position dans les études philosophiques. Tel était le rêve; voici en général ce que fut la réalité, là où l'essai avait été tenté. Ces admissibles s'intéressèrent peu à des cours dont la sanction leur apparaissait encore comme fort lointaine, sinon bien problématique, ils perdirent leur temps en philosophie. Quand ils revenaient sur les bancs de la rhétorique, la rouille du temps avait laissé sur eux sa trace, ils n'avaient plus ni élan, ni chaleur : souvent ils n'arrivaient pas... On songea donc qu'il était plus sage de laisser désormais en rhétorique les admissibles malheureux à la session de novembre. Pour être d'une autre nature la difficulté n'était pas moindre. Exclusivement occupés à la préparation de l'oral, ces admissibles sont une gêne pour la classe et un embarras pour le professeur : une partie de l'enseignement leur est indifférent et ils perdent le temps à ne rien faire ou, ce qui est pis encore, à faire des riens. S'ils sont mis dans l'obligation de suivre le cours complet et de faire les devoirs comme leurs camarades, ils se soumettent de mauvaise grâce et s'acquittent de la tâche qui leur est imposée dans des conditions où le profit est nul pour eux. Aussi a-t-on constaté, généralement partout, que les élèves qui, à la fin de l'année, sont les plus prêts pour l'oral, qui passent l'examen le plus brillamment, ce ne sont pas ceux qui avaient une année entière à consacrer à la moitié de la besogne, ce sont ceux qui ont mené de front la préparation de l'examen écrit et de l'examen oral : ce qui se conçoit d'autant mieux que ces deux parties de l'examen sont solidaires. Dans ces conditions c'est un présent funeste que l'admissibilité au delà de la session de novembre : elle ne doit pas s'étendre plus loin. Cependant je ne verrais aucun inconvénient à ce que, dans la classe de philosophie et des sciences, l'admissibilité durât jusqu'à la session d'avril.

*
* *

J'ai fini, Messieurs, après avoir essayé, en dépit de la sage recommandation de Boileau, d'épuiser la matière ; car j'avais pour devoir non pas de faire œuvre d'artiste ou de lettré, mais de citoyen qui s'applique à défendre de graves intérêts. Mon sujet épuisé, je m'arrête donc, laissant à qui de droit le soin de discuter mes conclusions, de juger mes jugements et de prononcer, sinon sans appel, du moins en dernier ressort. Toutes les institutions humaines sont perfectibles et donc le baccalauréat est perfectible, lui aussi. On demande des réformes, j'en ai demandé quelques-unes. Peut-être à les demander ai-je mis moins de conviction et beaucoup plus d'hésitation que certains qui les réclament à grand renfort d'arguments et de voix à la tribune et dans la presse ; moins de conviction d'abord : Je ne sais quelle idée ils se font d'eux-mêmes et de la génération élevée sous le régime scolaire qu'ils attaquent si fort. Je me demande même si, pour atteindre ce régime qui leur déplaît si fort, ils n'en viennent pas à calomnier la génération qu'il a formée à la vie et à vous calomnier vous-mêmes. Je me demande véritablement, si vous n'étiez une élite, quelle démonstration plus concluante pourrait être essayée en faveur de nos traditions scolaires, que celle qui ressort de votre caractère et de vos œuvres, et quel autre programme on pourrait donner aux générations du présent et à celles de l'avenir, que celui de passer par les chemins que vous avez parcourus, à l'heure de votre préparation à la vie, et de vous suivre. Non, si perfectible qu'elle soit — et elle l'est — l'institution du baccalauréat, qui peut revendiquer comme une part de son œuvre ce qu'il y a de meilleur en France, n'est pas aussi détestable qu'on veut bien le dire.

Moins convaincu du besoin absolu des réformes, j'ai été par là même plus hésitant à les demander : Messieurs, c'est la peur naturelle de l'inconnu, l'inquiétude légitime qui s'empare de l'âme au cours d'une partie dont l'enjeu est considérable. D'ailleurs, nous avons trop bien appris à nos dépens où aboutissent les réformes en France, pour n'être pas tenus en défiance, quand on nous en propose de nouvelles. Nous ne savons réformer ni avec sagesse, ni avec modération. Notre ardeur de réformer s'est exercée dans tous les domaines : en religion, en politique, en littérature, et toujours nous avons manqué de mesure ; si bien que nous en sommes encore aujourd'hui à maudire nos œuvres et à réformer nos réformes. L'exemple le plus récent est tiré de la loi des accidents du travail. Le mal d'hier, c'est aussi le mal d'aujourd'hui, ce sera encore, je le crains du moins, le mal de demain. Nous mettons une sorte de coquetterie à justifier, et au delà, le mot de J. de Maistre lorsqu'il a dit de nous que « notre défaut capital c'est l'impatience ». La raison en est que nos réformes s'inspirent trop souvent des vœux excessifs de l'opinion inquiète et débridée. Cette opinion est agitée aujourd'hui par des lettrés aventureux qui se sont faits le champion d'une idée, hors de laquelle ils ne voient plus aucun espoir de salut, par des politiciens déguisés et par des hommes d'Etat, qui poursuivent une idée politique sous les dehors d'une réforme scolaire.

Plaise au législateur de se souvenir que les réformes radicales auxquelles nous ne sommes que trop portés en France ne nous ont généralement pas réussi, quel que soit le domaine où l'expérience en a été tentée. Qu'il se garde de dépasser le but, en substituant un mal nouveau, peut-être plus grand, à celui qu'il a le dessein de corriger. Qu'il imite la nature qui se réforme elle-même et se corrige, non par ses secousses violentes, mais silencieusement et par degrés.

Le R. P. Lucas, supérieur du collège des Eudistes de Besançon, n'ayant pu assister au Congrès communique les observations suivantes :

Le procès fait au baccalauréat est le résultat des préoccupations politiques beaucoup plus que le désir de faire progresser l'enseignement, aussi nous importe-t-il de veiller attentivement sur ce point.

Le mouvement actuel doit être attribué aux loges maçonniques. Leur plan est simple : supprimer purement et simplement la liberté d'Enseignement et, grâce au monopole, s'attacher à instruire les futurs électeurs dans un sens tout indiqué.

Ils ont prétendu arriver à ce résultat pour les Écoles primaires et, en beaucoup d'endroits, il est à craindre qu'ils réussissent.

Les études secondaires leur échappent. Aussi y introduisent-ils le cours moderne pour faire le pont et arriver de plein pied du primaire aux études supérieures. Et voilà comment le moderne créé, en apparence, dans un but utilitaire, par hostilité contre le grec et le latin (Janet R. N. 15 janvier 99, p. 49), doit, suivant les plans de la secte, ruiner les idées catholiques.

Mais là encore les écoles chrétiennes ont barré le passsage. Quoique surpris, au premier abord, les catholiques ont créé les cours modernes, et bon nombre d'institutions et de pensionnats de prêtres et de frères sont actuellement en parfait état pour soutenir la concurrence.

Pour avoir complète satisfaction, nos législateurs ont remis en cause la liberté d'enseignement. Là encore, résistance sérieuse des catholiques et même de bon nombre d'universitaires, désireux avant tout de maintenir les bonnes et fortes études. Grâce aux réunions, aux conférences, à la presse, il a fallu renoncer à enlever de haute lutte cette liberté.

Le mouvement tournant peut toujours servir, c'est une tactique connue et l'on se propose de l'utiliser contre nous. Défions-nous « des larges réformes ». (Disc. Ribot.) On attaquera la conclusion des études dans le baccalauréat, et c'est encore ce qu'il faut déjouer.

Le compte rendu du conseil général du Jura — Session d'avril 1899 — peut indiquer ce que pensent du baccalauréat les adversaires de l'enseignement catholique. (M. Pactet, rapporteur.)

« Considérant que le mode d'examen, actuellement en usage pour « juger de la capacité des élèves qui sollicitent le grade de bache- « lier, donne fréquemment des résultats contraires au mérite réel « des candidats ;

« Considérant que les erreurs commises ont leur origine dans « l'insuffisance du temps consacré à l'examen de chaque candidat, « ce qui ne permet pas à l'examinateur d'éviter l'écueil qui résulte « de la variabilité en énergie, des fonctions cérébrales, sous l'in- « fluence des diverses émotions morales dépressives dont l'action « peut troubler les cerveaux les mieux équilibrés et devenir la « cause de l'ajournement d'un candidat jouissant d'une supériorité « intellectuelle notoire.

« L'intervention des professeurs édifiés par une longue observa- « tion de leurs élèves semble donc légitime.

« Aussi la majorité de la commission se rallie au projet de « M. Combes. Quant aux élèves qui ont été dressés par les écoles « congréganistes dites libres, elle pense que le régime de liberté ne « peut leur être continué jusque dans la collation des grades qui « intéressent à un très haut degré l'avenir du régime démocratique. « Elles pensent qu'un Etat républicain c'est-à-dire laïque, a le de- « voir de savoir ce qui se passe dans ces ménages fermés à la lumière « moderne et de connaître par lui-même la valeur intellectuelle des « sujets qu'ils préparent aux diverses fonctions sociales et de « soumettre ceux-ci au contrôle d'un juge spécial et d'un jury « d'Etat formé d'après les termes de l'article 4.

Un député du Jura, M. Dumont, ancien professeur de philosophie, et qui ne paraît pas étranger à cette délibération du conseil général, est encore plus catégorique, s'il est possible.

« *Je suis, dit-il, partisan du monopole universitaire et de la suppression du baccalauréat qui seule rendra possible l'établissement du monopole.* »

Le plan maçonnique, très net dans ce document approuvé par huit voix contre sept et quatorze abstentions, nous oblige donc à défendre le baccalauréat dont la disparition pourrait avoir de graves inconvénients pour nous, même avec le maintien de la liberté d'enseignement.

Aussi le Comité directeur a-t-il eu grandement raison d'indiquer que le baccalauréat est à maintenir dans ses grandes lignes à cause de ses avantages, tout en essayant de le réformer dans ses inconvénients principaux. M. Malapert le dit fort justement (*R. U.*, 15 décembre 1898). « Il ne faut toucher aux programmes qu'avec une extrême prudence... Si des modifications de détail sont utiles, elles me semblent devoir consister surtout dans un allégement et une simplification. »

Il faut maintenir le baccalauréat.

Car il faut une sanction à la fin des études; il faut des examens, ferment d'activité; sinon plus de travail possible.

Comment admettre la théorie de M. Dietz (*R. U.*, 15 janvier 1899, page 55).

« Le jour où on aura *aboli la liberté d'enseignement*, on ne se fera plus scrupule d'être sévère avec l'élève et de le renvoyer; on pourra alors songer à relever les notions de devoirs et instituer le *travail sans sanction?*

Le travail sans sanction est une utopie.

Mais quelle sanction adopter si on supprime le baccalauréat?

Les examens de passage?

Qui y croit? Qui l'appliquera sérieusement? Qui aura le courage de s'opposer à tout le monde pour écarter un élève de la classe supérieure? Le professeur bien intentionné à cet égard aurait contre lui l'administration qui ne veut pas perdre d'élèves, les collègues des classes inférieures, heureux de se débarrasser d'une nullité encombrante, les parents enfin, froissés dans leur amour-propre et résolus à ne point faire le sacrifice pécuniaire supplémentaire d'une année. L'expérience a montré ces examens, dans les lycées, ridicules dans l'application.

Le baccalauréat intime prôné par J. Lemaître? « Ce serait une duperie. Il n'y aurait pas de proviseur qui, à l'occasion, n'usât de son autorité pour faire recevoir un élève qui ne le mériterait nullement. Les élèves de cette catégorie passent, régulièrement et chaque année, et sans droit, d'une classe dans l'autre, et il n'y a pas de raisons pour qu'après les avoir laissés entrer en rhétorique, on leur refuse leur diplôme à la sortie » (Dietz, *R. U.*).

Le diplôme sans examens est impossible. Tous ceux qui travaillent, intelligents ou endormis, seront-ils mis sur le même pied? Tout alors serait à la merci d'un professeur despote ou mercantile (*R. U.*, passim).

Je sais que le baccalauréat est très discuté. M. Lavisse fournit, dans son discours de décembre 1898, les principaux arguments :

« 1° Les études ne sont rien, le baccalauréat est tout... On se rue à la poursuite du fameux diplôme... quand on l'a conquis on devient fonctionnaire.

2° Le baccalauréat est trop accessible à la foule sans valeur, il devrait être l'attestation de réelles qualités intellectuelles.

3° Ce fameux diplôme, qu'il soit donc non « un papier gagné à la loterie », mais la preuve certaine d'une vraie instruction.

4° Le baccalauréat est donc mauvais en lui-même.

a) Parce qu'il encourage des travers mesquins, des égoïsmes fâcheux, de vaines distinctions, la recherche des injustes privilèges; il encourage cette calamité publique qui s'appelle la passion du fonctionnarisme; il encourage le fainéantisme privé et étouffe l'énergie de la nation; favorise les médiocrités indolentes en leur donnant quelque peu d'autorité sociale, de petites préséances; il entretient enfin l'agréable torpeur d'une vie coutumière et mécanique.

b) Il nuit à l'esprit d'éducation.

Car, contrairement au bon sens, les programmes doivent s'adapter à tous les caractères et à toutes les intelligences.

Il faut beaucoup moins d'égalité, et nous devons viser à faire de bons élèves aimant le jeu, l'étude, leurs professeurs, la France, prenant goût au travail, et entrevoyant déjà leurs destinées. Avec le baccalauréat on n'instruit plus, on dresse et on gave.

c) Le baccalauréat est d'une application absurde, impossible, car les juges ne se rappellent plus ce qu'ils ont été; ils jugent suivant leurs idées actuelles.

Et comment, en quelques minutes, apprécier les résultats de huit années de travail? Comment juger en un clin d'œil l'intelligence, le travail, l'humeur, le caractère, la nature d'un candidat; il faudrait cependant ce jugement équitable sur tous les points.

Et les recommandations si répandues partant et auxquelles les examinateurs ne peuvent échapper?

Et les fraudes chaque fois renouvelées et rarement découvertes.

Et cette immoralité criante qui consiste à faire croire aux jeunes gens que, dans la vie, partant et toujours, tout est chance et faveur. »

Cette critique du baccalauréat est pourtant justifiée sur bien des points et volontiers nous souscririons aux conclusions de M. Lavisse. Si le résultat devait être la complète liberté du programme et la perspective de voir les écoles, les concours, les emplois ayant leur propre contrôle et leur élimination.

Mais comment adhérer aux trois articles suivants? :

1° Décerner un brevet sans examen aux bons élèves;

2° Faire examiner les autres par un jury tiré du lycée même;

3° Les maisons libres sollicitant l'inspection seront assimilées aux collèges publics.

Tout cela ressemble fort au projet Combes et laisse trop l'enseignement libre à la merci des caprices.

En face de tous ces projets et de toutes ces critiques souvent justifiées, il est vrai, maintenons cependant le baccalauréat, ce « poteau trop voyant ». Il est utile aux bons élèves qui y trouvent le fruit d'une préparation suivie, éclairée par l'expérience, soutenue par le dévouement.

Il est utile même et surtout aux intelligences dormantes qui ont besoin de nerf et de stimulant. Que d'hommes doivent à ce modeste examen du baccalauréat d'avoir appris à travailler, à aimer l'étude, à surmonter les difficultés intellectuelles et à viser l'avenir par un labeur régulier et incessant!

Visons à le réformer.

M. Gebhart (*R. U.*, 15 janvier 1899, page 31) a raison. « Nous avons, dit-il, commis des fautes, surchargé les programmes, scindé en deux le baccalauréat, ce qui reporte la préparation directe jusqu'à la classe de 2e (on devrait dire de 3e), et empêche ainsi les élèves de se livrer à un travail désintéressé.

... Nous avons voulu trop faire apprendre et trop savamment... »

Cette réforme devrait donc consister dans une simplification.

Ecrit. — L'examen écrit devrait être un examen de formation et non le développement d'une question d'érudition, d'une pensée subtile ou d'une longue théorie littéraire.

Il serait à désirer qu'on en revînt aux anciennes traditions humanistes, le développement en bon style d'un sujet facile, car le but qu'on se propose est de s'assurer que l'instrument aux mains de l'élève est en bon état et pourra, dans la suite, se développer encore et se perfectionner. On doit viser à faire de nos jeunes gens des esprits distingués et non farcis.

Oral. — Rendre l'oral plus élastique en donnant plus de large au programme et plus de jeu dans l'interrogation. Bien voir les grandes lignes et non chercher à approfondir les détails très particuliers, surtout dans la Littérature et l'Histoire.

Diminuer les mathématiques en rhétorique. Dans les années suivantes, les sciences sont peu utiles à bon nombre de jeunes gens. Ramener les mathématiques à l'ancien programme du préparatoire, c'est-à-dire, arithmétique, algèbre (Questions du 1er et du 2e degré) et géométrie plane.

Il est aussi grandement à désirer que les élèves puissent avoir, au jour de l'examen, un *livret scolaire sérieux*.

Une discussion s'engage entre le R. P. Trégard et M. l'abbé Lahargou sur la question des livrets scolaires.

M. l'abbé Ragon constate que, contrairement à l'opinion courante, le niveau des études ne baisse pas; il exprime le vœu qu'on ne pousse pas les enfants trop vite, et qu'ils arrivent moins jeunes à leurs examens.

Les derniers rapports ne soulèvent pas de discussion.

L'ÉCOLE TRADITIONNELLE

ET

L' « ÉCOLE MODERNE »

RAPPORT DE M. JAIL

Directeur de l'école Saint-Maurice, à Vienne.

Les débats sur la réforme de l'enseignement secondaire ont pris de nos jours une ampleur qu'on ne leur connaissait plus depuis l'époque où parut l'*Emile.* Ce n'est pas seulement le régime d'études qui est remis en question, c'est l'éducation tout entière, c'est la formation physique, l' « élevage » de l'enfant, aussi bien que son développement moral et intellectuel. On s'est donc demandé ces temps-ci, avec un zèle auquel il n'a manqué parfois que d'être mieux éclairé, ce que devait être à tous ces égards l'éducation française pour répondre aux besoins du présent, Celle qu'on donne dans nos collèges se trouve actuellement en butte à trois reproches : elle surcharge, dit-on, l'esprit de connaissances inutiles ou surannées; elle néglige le corps; elle énerve le caractère.

Les adversaires de nos méthodes d'enseignement secondaire n e se sont pas tous contentés du rôle toujours aisé de la critique. Quelques-uns comme Raoul Frary et Bigot, ont esquissé, vaguement du moins, l'école de leurs rêves. D'autres ont entrepris la tâche de bâtir; déjà ils nous montrent le plan, emprunté d'ailleurs à l'étranger, du nouvel édifice scolaire qu'ils entendent élever sur les ruines de l'ancien. C'est le cas de M. Demolins.

Dans son livre « *la Supériorité des Anglo-Saxons*, il préconisait, pour rehausser dans le monde le prestige du nom français, une refonte à l'anglaise de notre système d'éducation. Aujourd'hui, à la parole il joint l'exemple (1). Il vient de découvrir en Normandie, au milieu de la verdure et des bois, une installation spacieuse et élégante, le château des Roches, qu'il va transformer en collège. Les jeunes Français y seront façonnés à la mode anglo-saxonne. Le nombre des élèves sera limité : 60 environ. C'est « l'école nouvelle ». On l'inaugurera en octobre prochain. Là, suivant la règle américaine des trois 8, la journée de l'écolier sera partagée, ou à peu près, en 8 heures de sommeil, 8 heures de classe et d'étude, 8 heures de récréation, de travaux manuels et de gymnastique. On étudiera le matin; l'après-midi on se livrera aux sports de toute espèce et aux travaux manuels. Un seul et même maître dirigera, dans chaque classe, les études, les travaux, les ébats. Toujours mêlé à la vie commune, il formera à son image les aînés et les investira d'une partie de son autorité auprès des plus jeunes. Ainsi sera réalisé, dès le collège, l'idéal du *self government*; ainsi seront favorisées l'indépendance et la virilité des caractères. Quant aux études, partagées par la durée en deux périodes de trois années chacune, elles seront organisées selon le système de bifurcation cher à l'un de nos derniers ministres de l'Instruction publique. On assoira d'abord solidement pendant trois années la connaissance du français, de deux langues vivantes, des sciences physiques et naturelles, de la géographie. Ensuite, selon la diversité de ses aptitudes et de ses goûts, l'élève optera entre les humanités, les sciences, l'agriculture, l'industrie et le commerce.

Tel est, en raccourci, l'esprit nouveau de l'école des Roches. Il s'agit de savoir ce qu'on en pourrait faire pénétrer dans les vieux murs de l'école traditionnelle. L'entreprise de M. Demolins est celle d'un homme qui n'a pas voulu légiférer pour la République de Platon : elle vaut bien qu'on s'y intéresse.

(1) *L'Education nouvelle* : l'Ecole des Roches, par Edmond Demolins.

*
* *

Avant d'aborder cet examen, il ne sera pas inutile d'exposer le principe dont il s'inspirera. On ne peut le nier : le problème de l'éducation est de ceux qui ne comportent jamais une solution dernière. Les données en changent avec le génie de chaque race, les progrès de la science, les besoins et les aspirations de chaque époque. En fondant des écoles, nos pères du moyen âge n'ont pas prétendu les jeter dans un moule définitif. Comment l'auraient-ils pu? Les collèges du XVIe siècle ne se confondent pas avec les écoles de Charlemagne, ni, — quoi qu'on dise et sans qu'il y ait lieu d'ailleurs de nous en prévaloir, — ceux de notre siècle avec ceux de Henri IV ou même de Louis XV. L'éducation évolue comme les autres institutions. Elle aspire sans cesse à se rajeunir, à s'adapter aux milieux nouveaux. Mais, d'autre part, cette flexibilité ne saurait aller jusqu'à détruire ses caractères essentiels et distinctifs, jusqu'à effacer en elle l'empreinte du temps. Comme l'a dit un philosophe : « Si l'attachement aveugle aux traditions entraîne l'immobilité, le mépris non moins aveugle de toute tradition nationale ne l'entraîne pas moins; car il supprime les forces vives d'où le mouvement peut dériver ; il brise les pieds qui marchaient régulièrement sur le sol sous le prétexte de donner tout d'un coup des ailes (1). » Réformateurs, il faut donc l'être en cela comme en bien des choses, mais réformateurs sages, c'est-à-dire respectueux du passé, qui, malgré qu'on en ait, anime et gouverne le présent, comme les morts animent et gouvernent les vivants, et soucieux aussi de l'avenir que d'imprudentes réformes imposeraient aux générations de demain. C'est le principe qu'on ne perdra pas de vue ici, en examinant, pour en tirer profit à l'occasion, le régime de la « nouvelle école » au point de vue intellectuel, physique et moral.

(1) FOUILLÉE. *L'enseignement au point de vue national*, p. 137.

I

Le plan d'études de l'école des Roches est celui du collège anglais d'Abbotsholme. Il se réclame des méthodes anglo-saxonnes; mais en a-t-il rigoureusement le droit? En Angleterre et aux Etats-Unis, l'Etat n'enseigne pas. L'organisation des programmes est libre et, partant, très diverse : aussi serait-il difficile de les réduire à un type unique. On peut dire cependant d'une manière générale que l'Anglo-Saxon, plus soucieux de commander aux forces de la nature que d'entrer en communication avec l'homme, étudie de préférence, outre sa langue, les arts manuels et les sciences de la nature; mais il ne connaît ni l'engouement pour les langues vivantes, ni le dédain pour les humanités que nos imaginations françaises lui prêtent si volontiers. Rares seront les occasions où l'idiome maternel ne lui suffira pas dans les relations de la vie; si donc il apprend quelques langues étrangères, — l'allemand et le français de préférence, — ce sera simplement afin de comprendre sans trop de peine les journaux et les revues. Mais de parler élégamment ou même correctement ces langues, il n'en a pas souci. Bonne leçon pour les pédagogues français qui, à cet égard, demandent beaucoup plus de nos bacheliers sans obtenir peut-être autant! Quant au grec et au latin, les enquêtes ouvertes par les soins du gouvernement français en font foi (1) : ils comptent un nombre très respectable de fidèles dans les collèges d'outre-Manche et d'outre-mer. Nous ne ferons pas aux partisans des études modernes l'injure de les retenir longtemps dans les anciens collèges d'Angleterre : ces maisons remontent au moyen âge, elles en ont gardé les traditions et s'en flattent. Les plus célèbres d'entre elles, Eton, Harrow, Rugby, font la part si belle aux classiques que l'anglais en est réduit à une portion congrue. D'autres maisons, de fondation récente, tels que le collège

(1) Demogeot et Montucci : De l'enseignement secondaire en Angleterre et en Ecosse. — Compayré. *Rapports* de la délégation envoyée à l'Exposition de Chicago par le ministre de l'Instruction publique.

d'Abbotsholme et celui de Bedales, ont voulu, il est vrai, introduire une manière d'enseignement secondaire plus conforme aux goûts du jour; le mal est que l'opinion publique, moins curieuse de nouveautés en Angleterre que chez nous, garde à leur endroit une réserve voisine de la défiance.

Les États-Unis eux-mêmes, que ne gênent guère les entraves de la tradition, témoignent pour les humanités classiques d'une fidélité qui doit nous faire réfléchir. En 1890, dans les seules *high-schools*, sorte de maisons d'enseignement secondaire du premier degré, sur deux cent mille enfants, plus de soixante-dix mille étudiaient le latin, parmi lesquels quarante mille jeunes filles. « Faites du latin, Mesdemoiselles, s'écriait récemment M. Brunetière en voyant ces jeunes filles à l'étude, et, en dépit d'un certain Molière, faites du grec! Faites-en pour vous-mêmes et faites-en aussi pour les petits Européens qui le désapprennent tous les jours! »

Dans le programme de l'école des Roches, il n'y a donc de proprement anglo-saxon que l'importance qu'on donne à l'apprentissage des métiers manuels et à l'étude des sciences de la nature. Que penser de cet ordre d'études ou d'occupations dans l'enseignement secondaire? Que penser aussi de la fin qu'on se propose à l'« école moderne » et des moyens qu'on emploie pour l'atteindre?

Beaucoup de collèges anglo-américains sont avant tout des écoles professionnelles. On en sort, à son gré, jardinier, fleuriste, contre-maître, fermier, aussi bien que bachelier ès arts. Là, chaque enfant est élevé comme s'il devait être un jour Robinson Crusoé. En prévision des sautes de la fortune, on veut qu'il soit toujours prêt à déménager de sa condition et en état de bâtir sa maison, de tailler et coudre ses habits. Rien de mieux à première vue que de préparer la jeunesse à toutes les nécessités de la vie sociale; mais les Anglo-Saxons à qui la théorie de la sélection est chère ne devraient pas oublier ce qu'ils nous ont appris eux-mêmes : les exemplaires de vie aptes à toute chose et qui auraient à la fois des pieds, des nageoires et des ailes, ne peuvent former que des espèces transitoires. D'ailleurs, si c'est le rôle de l'école primaire de donner une instruction d'utilité immédiate, le collège a une mission plus élevée: celle d'apprendre à l'enfant son métier d'homme par le progrès normal de toutes ses facultés. Quant à viser à la fois ces deux buts, c'est ce nous semble une utopie dangereuse : une utopie, parce que c'est peu compter avec la réalité des choses qui ne permet pas de mener à bonne fin, en si peu de temps, un enseignement si rigoureusement intégral : *Ars longa, vita brevis,* disaient les anciens; — une utopie dangereuse, parce qu'elle suppose une confusion des divers degrés de l'enseignement, vraie confusion de genres, et autrement redoutable en éducation qu'en littérature.

L'enseignement prématuré de la géographie et des sciences de la nature si chères aux Anglo-Saxons, risque fort, lui aussi, de manquer son but ou de faire déchoir le collège de son rang. Ou il est sérieux, fait d'observations et d'inductions, et alors il passe par-dessus la tête de l'enfant; ou il se met à sa portée, et ce n'est plus qu'un catalogue de faits qu'enregistre passivement la mémoire. L'élève ne pouvant encore contrôler par lui-même les procédés de recherche employés par la science, en est réduit à faire un acte de foi, et ainsi, comme on l'a dit avec justesse, se forment en lui ces habitudes de crédulité scientifique fatales à l'initiative intellectuelle et si communes aujourd'hui dans le monde de ceux qui n'ont fait qu'effleurer les sommets de la science.

Le collège doit viser à « rendre la tête plutôt bien faite que bien pleine ». Sans dédaigner les sujets d'études qui n'exercent guère que la mémoire, il doit donc leur préférer ceux qui, s'adressant aux facultés maîtresses de l'homme, l'habituent à juger, à sentir, à aimer le vrai, le bien et le beau, ces trois reflets de Dieu : telles sont les belles-lettres, l'histoire, les mathématiques. Or il ne semble pas que la nouvelle pédagogie anglo-saxonne estime à leur valeur les forces éducatrices que ces divers ordres d'enseignement tiennent en réserve. S'il faut en croire l'auteur d'*Outre-mer*, elle se contente d'utiliser dans les mathématiques ce qu'elles ont d'objectif et de concret, dans l'histoire, la science des faits contemporains, dans les lettres l'observation qu'elles nous procurent du train quotidien des choses. Partout le même idéal dans la « nouvelle école », c'est à savoir la complète identité de l'éducation et de la vie. Nous ne sortons guère du cercle de l'enseignement primaire supérieur.

C'est pour atteindre à cet idéal que, dans les classes élémentaires du collège des Roches, on immolera les classiques de l'antiquité sur l'autel des langues vivantes. Celles-ci du moins, s'écrie-t-on, sont d'un profit réel et d'un emploi immédiat. Nous n'avons garde de nier leur importance par ce temps de pénétration mutuelle des peuples, non plus que leur utilité pour former sinon le goût, du moins l'esprit d'exactitude de l'élève. Mais ici c'est bien le cas de recourir aux méthodes anglo-saxonnes, de ne pas s'égarer dans l'érudition littéraire, de se borner à des grammaires simples, à des textes faciles, sans se piquer d'écrire, de parler et de prononcer avec pureté et élégance la langue de nos voisins. Le grand art dans l'éducation, comme en toutes choses, c'est de savoir se borner.

Aussi bien, pour nous justifier de restreindre dans ces limites la connaissance des langues vivantes, nous avons mieux à faire que d'alléguer la coutume et l'usage, ou l'exemple de l'étranger. Nos intérêts même d'ordre matériel nous défendent de leur sacrifier l'enseignement gréco-latin. Tout a été dit sur l'incomparable vertu des humanités classiques pour développer la faculté d'analyse et aiguiser la pénétration de l'esprit. Mais, était-il objecté, leur étude est superflue à qui veut se pousser dans le commerce et l'industrie. Or voici qu'à cette objection, la seule qui en impose au public, l'industrie et le commerce ont répondu de façon décisive. Il y a quelques années, consultés par le gouvernement de Russie sur la valeur comparative, au point de vue de la formation scientifique, des élèves des gymnases et des écoles *réales*, les savants et les ingénieurs les plus renommés de l'Europe furent unanimes à dire que, même à ce point de vue, ils préféraient un élève de gymnase à dix élèves d'écoles *réales*.

Tout récemment, une autorité proche de nous, mais bien qualifiée pour émettre, elle aussi, son avis, vient à son tour de se prononcer. C'est la Chambre de commerce de Lyon. Au questionnaire de la Commission parlementaire de l'enseignement, elle répond sans détour : « Dans le monde des affaires, la diversité des positions est immense : chacune peut exiger une préparation différente; mais nous estimons que, dans cette carrière comme dans la plupart des autres, les humanités trop décriées assurent à ceux qui les ont faites des avantages incontestables... Quand l'enseignement classique tombe sur un bon terrain, il produit d'excellents effets, développe et élève l'esprit, contribue à former le caractère et à fortifier les qualités morales. C'est une erreur de croire qu'un lettré est un commerçant ridicule. Un homme qui a fait de solides études est à sa place partout, et la vie si complexe de l'homme d'affaires de notre époque ne peut que profiter d'une éducation classique sérieusement faite. »

L'enquête de la Commission d'enseignement a provoqué sur le même sujet d'autres dépositions qui établissent que, dans cette question du maintien des études classiques, ce n'est pas seulement l'influence littéraire de la France qui est en jeu, mais encore sa puissance industrielle. MM. Fouillée et Paul Leroy-Beaulieu ont démontré que notre pays doit à sa culture gréco-latine et partant, essentiellement esthétique, la seule supériorité qui lui reste dans l'industrie : celle du goût. Les expositions universelles prouvent que, égaux ou supérieurs à nos produits pour ce qu'ils révèlent de savoir-faire et de science de la mécanique, les produits industriels de l'étranger le cèdent aux nôtres pour le fini de l'exécution, la proportion et l'harmonie des détails, l'unité de l'ensemble : toutes qualités dues à notre formation classique qui, de proche en proche et par l'influence du beau, se communique, du patron et de l'ingénieur qui l'ont reçue, au contre-maître et à l'ouvrier.

Et voici donc que la théorie de la disconvenance entre les études classiques et la vie trouve son démenti jusque dans les faits. Or c'est la seule base sur laquelle on l'avait élevée en dernier lieu... Est-ce à dire que la conception scolaire de la « nouvelle école » soit méprisable? Non point, mais elle ne répond pas à la fin du véritable enseignement secondaire. C'est une sorte d'enseignement secondaire spécial, très estimable en soi, mais qui ne saurait être la base de l'autre et qu'il faut réserver à qui n'a ni l'ambition ni les moyens de laisser s'épanouir harmonieusement et à loisir toutes les facultés de son esprit.

II

L'école n'est pas simplement un lieu d'étude. Le nom de σχολή et de *ludus* que lui donnaient les Grecs et les Latins lui suppose une autre et bien plus agréable fin. Les fondateurs de l' « école moderne » n'admettent pas, et ils ont raison, qu'on traite l'enfant comme un pur cerveau, et qu'on oublie la portée éducatrice des exercices physiques. « Vous semblez ignorer, nous disent-ils, que, préservatif pour la santé du corps et condition de l'activité de l'esprit, ces exercices sont aussi une condition de santé morale, une excellente école d'audace, de sang-froid, d'endurance et de bonne humeur : toutes qualités que les livres ne donnent pas. — « C'est ici, disait Wellington, en revoyant les pelouses des champs de récréation du collège où il avait gagné ses premières victoires, c'est ici que nous avons battu Napoléon ! —De l'air donc, de la lumière et de l'espace, pour développer chez l'élève les qualités qui font l'homme d'action ! »

— Oui, toujours plus d'air et de lumière, répétons-nous à notre tour. Mais ce vœu ne se trouve-t-il pas réalisé dans les collèges catholiques modernes? Bon nombre d'entre eux, tout aussi bien que les Universités d'Angleterre et d'Amérique, sont installés en pleine campagne, dans des sites pittoresques, sans limites gênantes, sans voisinages suspects. Quant aux internats et aux externats de nos villes, qui pourrait les comparer à ceux qu'avaient bâtis nos pères, « vrais puits, disait M. de Laprade, qui suent en hiver l'humidité d'une cave et exhalent en été la chaleur d'un four? » Aujourd'hui, grâce à Dieu, les lois de l'hygiène sont mieux entendues. On a partout élargi les espaces où notre jeunesse dort, étudie et s'ébat. L'enceinte de murailles qui transformaient les cours de récréation en geôles, a fait place aux murs à hauteur d'homme qui laissent libre jeu aux poumons, ainsi qu'aux regards. Et s'il est vrai que la lumière soit à elle seule le plus actif destructeur des germes morbides, la médecine doit trouver son compte dans les salles d'étude et les dortoirs largement ajourés de nos modernes bâtiments scolaires.

Il serait peu juste aussi de reprocher aux maîtres chrétiens de méconnaitre l'importance des jeux. Sans tomber dans l'erreur des Grecs qui en faisaient une science et une étude au même titre que l'éducation intellectuelle; sans penser comme les Romains, qu'un homme mal élevé est celui qui n'est ni lettré, ni nageur « *nec litteras didicit, nec natare* », la pédagogie chrétienne n'a jamais bien auguré de l'activité intellectuelle de l'élève qui reste alangui en récréation; et surtout elle a su voir dans la fatigue résultant de l'exercice corporel une sauvegarde pour les mœurs. Déjà, dans les écoles de Charlemagne, les jeux étaient de règle, même les jeux violents et le tir à l'arc. Fidèle, dans la mesure où le comportent nos mœurs, à cette tradition chrétienne et française, la discipline de nos écoles est particulièrement soucieuse de la conduite de l'élève en récréation; elle ne souffre pas volontiers qu'il abandonne le jeu pour la promenade ou la causerie: elle craindrait alors en lui sinon des passions, du moins des préoccupations qu'il faut fuir à son âge. Et, pour donner aux récréations plus d'entrain, maîtres et surveillants ne se font pas faute de se jeter au besoin dans la mêlée. Partout donc, malgré le poids et l'encombrement de nos programmes, on a fait aussi large que possible la part des exercices physiques. Et cependant ne pourrait-on pas être plus libéral encore envers les tout jeunes élèves? Une trop longue immobilité sur les bancs de l'école surexcite leurs nerfs et peut donner le pli fâcheux que les Allemands ont appelé la *Vielschreiberei*, l'habitude de noircir feuille sur feuille, de transcrire à la diable copie sur copie sans autre fruit que de se gâter la main. Pour réformer cet abus, il n'est que d'économiser sur le temps des classes et des études, et de retrancher quelque chose de celles-ci. Elles n'y perdront rien. C'est l'avis de Quintilien que, ranimés et rafraîchis par un peu de détente, ces jeunes esprits pourront se remettre avec plus de vigueur à leur tâche.

Il faut convenir toutefois que, sur ce point et malgré l'estime où nous tenons les jeux, il y aura longtemps opposition entre l'éducation française ou plutôt européenne et l'éducation anglo-saxonne. Pour le Français, ils sont une diversion, non une étude. Pour l'Anglais, ils sont l'affaire principale : au premier rang les exercices du corps, et quels exercices que quelques-uns d'entre eux! Vraie mêlée furieuse, d'où l'on sort le corps toujours meurtri et en sang, les membres souvent brisés. Évitons de donner dans de tels excès, dans cette manie de la « muscularité » d'où résulte, au témoignage de M. Gladstone lui-même, une si misérable pauvreté intellectuelle. Mais retenons qu'il n'y a de bonne éducation que celle qui procure un heureux équilibre entre les qualités de l'esprit et celles du corps. Il est vrai que de trouver ce parfait équilibre, c'est encore un secret, et la pédagogie anglo-saxonne serait bien empêchée de nous le révéler. Souhaitons qu'on le découvre au pensionnat des Roches.

III

Il ne suffit pas à nos collèges d'être des maisons d'éducation physique et intellectuelle, il importe surtout qu'ils soient des écoles de caractères. « Souvenez-vous, dit Herbert Spencer, que le but de l'éducation que vous faites est de former un être apte à se gouverner lui-même, non un être apte à être gouverné par les autres. » Le *self government*, voilà le but que se propose l'éducation morale en Angleterre; c'est aussi celui qu'on visera à l'école des Roches, en donnant à l'élève, au lieu d'un professeur et d'un surveillant, un tuteur et un moniteur : le tuteur, à la fois maître privé et représentant de l'autorité des parents, le moniteur choisi parmi les condisciples; l'un et l'autre laissant au petit collégien autant de liberté que le permet la discipline d'un pensionnat restreint, comme le sera celui des Roches. L'expérience nous dira si le tempérament du jeune Français, qui ne ressemble point, tant s'en faut, à celui du jeune Anglais, peut s'accommoder de ce régime du laisser faire. En attendant que nous puissions voir les fruits de cet essai hardi, d'autres que l'auteur de ce rapport diront dans ce congrès si le régime tutorial et monitorial est ignoré dans nos collèges libres, si l'enfant n'est pas suivi incessamment par la sollicitude éclairée de ses maîtres et encouragé dans le bien par les conseils et les exemples des plus grands et des plus sages; si enfin on ne sait pas concilier la liberté qu'il faut respecter dans chaque élève, selon son tempérament et son âge, et l'autorité dont les droits restent imprescriptibles. Quoi qu'il en soit, donner dès le collège carrière à l'initiative, ce n'est qu'un moyen entre plusieurs d'exercer l'énergie morale. Il en est de moins risqués. Comme l'a l'a démontré naguère un pieux éducateur de la jeunesse (1), pour fortifier la trempe de l'âme, il importe avant tout d'inspirer à l'enfant, sous le regard de Dieu, le sentiment de l'honneur qu'il se doit. C'est à quoi tâche de son mieux l'éducation Anglo-Américaine, et en cela nous devons l'imiter sans réserve. A la faveur du régime monitorial, elle s'efforce d'inculquer à l'élève, par respect pour lui-même, l'horreur de trois défauts entre tous les autres : la paresse, le mensonge et le scandale.

Le propre de l'Anglais, de l'Américain surtout, est d'aimer tout ce qui demande l'effort. Je *veux :* voilà sa devise. Son fils, élevé dans ces sentiments, sevré dès le berceau des caresses amollissantes, est bien vite convaincu, par raison démonstrative au besoin, qu'il doit renoncer à l'idéal de la vie douce sur les genoux d'une mère. Une fois au collège, il y trouve de nouveaux aiguillons pour le travail. Là l'émulation, le précoce souci d'un avenir qui ne dépend que de lui-même et surtout l'opinion de ses égaux sont pour lui autant de sources d'énergies nouvelles : car en Amérique notamment, l'écolier paresseux aliène l'esprit de tous ses camarades. Or on le sait, rien n'est aussi dur à l'élève que la censure des condisciples : elle l'humilie plus que les punitions du maître. Nous voici loin, grâce à Dieu, des collèges où l'amour du travail passe pour inélégance et marque de roture.

(1) Abbé G. Ginon, *Des moyens de développer par l'éducation la dignité et la fermeté du caractère.*

Le jeune Anglo-Saxon rencontrerait dans son entourage une réprobation plus sévère encore s'il lui arrivait de manquer de franchise. Le Rollin de l'Angleterre, qui vivait il y a cinquante ans, le docteur Thomas Arnold, exigeait de ses élèves une extrême loyauté. Cette qualité que contribuent à entretenir les exercices corporels, il la voulait partout. L'idée du docteur Arnold n'est pas neuve, il est vrai. Si l'on se reporte à nos collèges français, on se rappellera qu'à Port-Royal, après la crainte de Dieu et l'éloignement du péché, c'est surtout l'horreur du mensonge qu'on inspirait à la jeunesse. Et un siècle avant Port-Royal, le prêtre lorrain saint Pierre Fourier prescrivait la règle que voici à dix élèves dont il avait la garde : « Le menteur sera ici sous les pieds de tous les autres : il sera leur valet. En conséquence, il se lèvera le premier, allumera le feu et la chandelle, balaiera la chambre, donnera à laver à ses compagnons et servira à table, la tête découverte autant de temps que sa faute l'aura mérité. » On devine si le mensonge fut vite extirpé de la petite communauté ; mais le procédé de saint Pierre Fourier sent un peu son vieux temps. Le docteur Arnold en connaissait un autre mieux à notre portée. Avec le concours des moniteurs, il faisait intervenir la même autorité que contre la paresse : le jugement des condisciples. Tous les éducateurs d'Angleterre et d'Amérique ont adopté avec les vues d'Arnold, ses moyens d'éducation, et l'on s'accorde à dire qu'en s'appliquant à entretenir cette élévation de sentiments dans l'opinion publique des écoles, ils éliminent de fait, sans recourir à d'autres mesures disciplinaires, les natures indociles ou mauvaises, et donnent aux jeunes âmes une empreinte de droiture et de fermeté qui se traduit jusque dans l'attitude et le regard de l'élève.

Mais comment asseoir ces habitudes morales en dehors de leurs principes primordiaux ? Le bon sens des Anglo-Saxons a compris que là où la foi disparaît, le champ est ouvert à tous les vices. En Angleterre, les examens de fin d'études ainsi que d'entrée aux Universités comportent une épreuve d'instruction religieuse. Aux Etats-Unis, la plupart des collèges relèvent d'une confession ecclésiastique et, comme tels, en étudient avec soin la doctrine. Nous touchons ici à la grande lacune de notre enseignement officiel. Indifférent à tout dogme, éclectique même en morale, il ne peut prétendre à former des caractères; il prive l'enfant des idées dont il est rigoureusement exact de dire que ce sont des *idées forces*. Il appartient à l'école libre de rendre à l'enseignement de la religion, — de tous l'unique nécessaire et de tous aussi le plus vivant, c'est un fait d'expérience, — la place d'honneur qui lui revient et d'accorder à l'âme de l'enfant, puisqu'on les réclame si haut pour son corps, l'air et la lumière dont elle vit. Bien des progrès ont été accomplis à cet égard; il reste à s'ingénier pour en faire encore et pour donner à l'enseignement moral, dogmatique et apologétique, plus de durée et aussi plus d'ampleur, de méthode et de force. Pour que la religion pénètre une âme, les pratiques pieuses ne suffisent pas si elles ne sont étayées des convictions. C'est surtout en affermissant ces convictions qu'éducateurs des intelligences, nous deviendrons du même coup des éducateurs de volontés. Alors, à la condition du moins que le péché originel et la légèreté française n'y auront pas mis trop d'entraves, l'école aura formé un homme capable de se maîtriser lui-même, sinon de commander aux autres. Elle aura rempli sa tâche. A la société et à la famille surtout de continuer la leur : sans ce double concours, ce serait pure chimère d'espérer que l'âme de l'adolescent se maintiendra longtemps en bonne trempe.

*
* *

Après avoir esquissé à larges traits le programme de l' « école moderne » et signalé ce qu'il y a profit à y prendre, il resterait à nous demander si, à l'égard de l'éducation, nous n'avons rien de mieux à faire que d'imiter docilement l'étranger, hier l'Allemand, aujourd'hui l'Anglo-Saxon. Vous avez déjà répondu. Les traditions intellectuelles et morales d'un peuple font partie intégrante de son âme, et cette âme, on ne la change pas. Fortifions donc en nous les facultés communes à toutes les races, et, à cet effet, sachons profiter de l'expérience que nous donnent les rapports, plus faciles que jamais, avec le dehors. Mais gardons avec soin, pour les faire valoir, les talents que Dieu a départis à la race française. Sachons rester nous-mêmes. D'autres ont plus de volonté : nous avons plus de cœur. Ils rayonnent dans le monde par la richesse, la France rayonne par l'idée. Or l'idée, n'en déplaise aux adorateurs de l'utile, restera la première force du monde.

COMMENT L'ESPRIT D'INITIATIVE

EST CULTIVÉ AU COLLÈGE LIBRE

RAPPORT DU R. P. MARTIN

Prieur d'Oullins.

Ces quelques notes, simples et rapides, n'ont pour but que de rappeler ce qui se passe dans la plupart des écoles ecclésiastiques ou religieuses et de montrer les efforts déployés par les maîtres chrétiens pour développer les qualités morales et viriles de leurs élèves.

En ces dernières années, on a voulu rendre l'enseignement classique responsable du défaut d'esprit d'initiative constaté chez les Français de notre époque.

Est-il vrai que les études classiques aient exercé cette action déprimante sur l'esprit et le caractère français?

Est-il vrai — comme l'ont prétendu certains — que les écoles libres, loin de réagir contre cette influence fâcheuse de l'enseignement secondaire classique, n'aient fait qu'accentuer encore ce vice de nos méthodes modernes d'éducation ?

I

Si les Français semblent en ce siècle moins qu'en d'autres temps avoir fait preuve d'esprit d'initiative ou d'entreprise, si à cet égard, ils sont distancés par d'autres nations, nous pensons que les programmes et les méthodes d'instruction sont étrangers à cet état de choses. C'est ailleurs qu'il faut chercher la raison de cette infériorité. Les traditions de l'esprit latin, l'influence du droit romain, l'attachement à un sol qui procure si facilement le bien-être et où il est si doux de vivre, des habitudes d'économie, d'épargne et de vie modeste, ont prédisposé le peuple français à accepter la tutelle de l'Etat, comme à se contenter de peu et l'ont écarté des entreprises lointaines et des coups d'audace. Pourtant nos découvreurs et nos colonisateurs ont fait grande et belle figure aux XVIIe et XVIIIe siècles. Mais à l'heure où nous perdions nos empires coloniaux, nous subissions — et hélas! cela dure encore — des gouvernements centralisateurs à outrance, destructeurs de l'initiative personnelle. Quelque nom qu'ils aient porté : ancien régime, convention, empire monarchie constitutionnelle ou république, tous les pouvoirs qui se sont succédé dans notre pays depuis deux siècles se sont appliqués à niveler le caractère français, à réglementer tous nos actes, à annihiler la personnalité des sujets ou des citoyens, A notre avis, si l'esprit d'initiative a fléchi chez nos compatriotes, il faut s'en prendre aux divers régimes qui nous ont gouvernés et qui nous ont dotés de l'administration la plus tatillonne et la plus paperassière qui soit au monde. Comment le Français ligotté par elle n'aurait-il pas fini par s'habituer à cette dépendance et à cette tutelle de tous les instants?

II

L'enseignement libre — s'il faut en croire certain conférencier dont une revue nous rapportait naguère les singulières assertions — aurait pour résultat inconscient ou voulu de *déviriliser* les jeunes Français, de les rendre incapables de tout effort personnel et de tout élan individuel.

Il faut être bien peu documenté pour émettre une affirmation qui est démentie par les faits eux-mêmes et par la vie de nos institutions libres. Les prêtres qui se vouent à l'éducation de la jeunesse s'efforcent, en développant les croyances de l'enfant et en préservant ses mœurs, de le préparer à devenir un chrétien ferme et résolu, un catholique pratiquant, et, s'il se peut, un homme d'œuvres. Or pour jouer ce rôle dans notre société contemporaine, il faut une grande indépendance de caractère et un réel esprit d'initiative. Pour répondre à sa mission un collège catholique a donc tout intérêt à cultiver ces deux vertus dans l'âme des enfants qui lui sont confiés.

Un maître chrétien, d'ailleurs, ne croirait pas s'acquitter de son devoir, si en même temps qu'il éclaire les intelligences et les met en mesure de parcourir les programmes universitaires, il ne s'appliquait à former les volontés et les caractères. Aussi, dans nos écoles libres, où chacun a une si haute idée du ministère qu'il a à remplir, s'est-on, dès l'origine, efforcé non seulement d'instruire les enfants mais de les élever. Partout on a compris qu'il fallait sauvegarder la personnalité des jeunes gens, développer en eux le sentiment de leur responsabilité et mettre en jeu l'esprit d'initiative.

Pour y arriver on ne s'est pas contenté d'exhortations générales et de conseils spéculatifs condamnés à demeurer vagues et par suite peu féconds en résultats pratiques. L'action individuelle de chaque maître, au moyen d'entretiens intimes avec l'enfant, s'est employée de la façon la plus heureuse. Grâce à ces échanges d'idées, l'élève peu à peu a appris à dégager sa pensée, à juger par lui-même, à envisager l'avenir, à choisir parmi tant de carrières ouvertes devant lui, à prendre des résolutions non seulement en face des faits accomplis mais encore dans la crainte des éventualités, à se tracer une ligne de conduite pour le jour où il entrerait dans la société et les affaires. Que de jeunes gens ont orienté leur vie à la suite de quelque causerie suggestive où le maître a, par un aperçu placé à propos, fait travailler leurs esprits et leurs âmes ! Que de pensées généreuses, d'abord confuses, il est vrai, qui plus tard se sont transformées en initiatives fécondes et en créations heureuses ! Cette influence du maître chrétien et le travail latent qu'elle a fait naître dans les âmes des jeunes gens ne sont point étrangers à cette merveilleuse éclosion d'œuvres charitables dont nous avons été les témoins. La charité française ne saurait être accusée de manquer d'activité, de souplesse et d'initiative. On ne nous démentira pas, à Lyon surtout.

Toutefois un enseignement purement doctrinal, fut-il associé à l'action personnelle du maître, ne saurait suffire pour former les jeunes gens à l'habitude de l'initiative. Une éducation pratique était nécessaire. Les moyens employés ont été d'autant plus efficaces que l'enfant, à l'activité et à l'initiative duquel on faisait appel, croyait se mouvoir dans un ordre d'idées et de faits, en dehors de la vie scolaire proprement dite.

Les *jeux* — de tout temps en honneur dans nos écoles où nous n'avons pas attendu pour amuser nos enfants l'importation du sport et de l'athlétisme — les jeux ont été pour les éducateurs chrétiens un puissant moyen d'éducation de la volonté. Ces jeux, très variés, nécessitent une organisation particulière, obligent à des résolutions soudaines et à des coups de main hardis. L'enfant pour y réussir et y briller — et son amour-propre l'y incite vivement — doit avoir du coup d'œil et de la décision. Il doit rapidement prendre dans l'intérêt de son *parti* ou de son *camp* telle mesure qui doit assurer la victoire ou amener la défaite, asseoir ou compromettre sa réputation de beau joueur. Dans la plupart des établissements, les enfants eux-mêmes, sous la direction d'un maître qui n'est là que pour prévenir les abus ou empêcher les conflits, déterminent la succession des jeux, en sanctionnent ou en modifient les règles, forment une sorte de Conseil des jeux qui jouit d'une réelle liberté d'action.

A côté des jeux, nous citerons *les sociétés littéraires*, de quelque nom qu'on les désigne : Académies, Athénées, Portiques, Cercles littéraires, etc.

Leur recrutement et leur organisation varient à l'infini. Souvent, presque toujours, les membres de ces sociétés désignent eux-mêmes leur bureau et peuvent, sous la tutelle d'un professeur qui là n'est plus un maître mais une sorte de mentor et de guide, choisir les sujets qu'ils auront à traiter, critiquer les travaux de leurs collègues, discuter les questions littéraires, historiques ou philosophiques qui ont été soulevées. Ces sociétés possèdent une véritable autonomie. Ceux qui ont été choisis pour y remplir quelque fonction spéciale s'acquittent de leur rôle avec le plus grand entrain et très souvent avec une incontestable habileté. S'agit-il de se procurer des ressources, de préparer un congé ou d'organiser une séance dramatique, l'esprit d'initiative de nos jeunes académiciens loin de sommeiller a parfois besoin d'être contenu.

Les *associations pieuses et charitables* donnent des résultats plus consolants et plus sensibles encore. Ici, comme pour les sociétés littéraires, le fonctionnement, l'administration, le gouvernement des *conférences*, *confréries* ou *congrégations* mettent en jeu l'activité, le zèle et l'initiative des jeunes gens qui en font partie. Mais la vie y est encore plus intense. La visite des pauvres, la rédaction des rapports, la discussion des subventions, les préparations des fêtes, des loteries ou tombolas, des concerts ou des sermons de charité, des ventes et des quêtes, la distribution de la soupe, des vêtements, des livres, des bons de pain, viande ou charbon, les démarches auprès des médecins, pharmaciens, sœurs garde-malades ou prêtres du clergé paroissial, mille autres détails accaparent le dévouement des membres de ces associations. Pour ma part, j'ai été souvent édifié et émerveillé par les jeunes gens de nos conférences. Ils sacrifient avec aisance, avec joie une bonne partie de leurs récréations pour donner ce temps aux pauvres, écoutent avec une patience bienveillante leurs doléances ou le récit de leur misère, leur donnent des secours et des conseils affectueux, s'ingénient à leur venir en aide et déploient dans ces fonctions autant d'initiative que de charité.

Enfin, dans certaines maisons d'éducation, *les moyens d'émulation* eux-mêmes ont servi et servent à entretenir chez les enfants le souci de leur responsabilité et de leur personnalité. On les a organisés de manière à apprendre aux écoliers à se conduire par eux-mêmes et à les amener progressivement à la pratique du *self-government*. Quand l'élève a donné des preuves durables et suffisantes de bonne volonté, de fermeté, de droiture, il jouit de quelques privilèges très appréciables et très appréciés. Tant qu'il n'est pas déchu de son rang ou de son titre, il n'encourt d'autre punition que le blâme public ou privé, et le pire qui puisse lui arriver est de redescendre au niveau commun. Dans cette situation, jeunes gens et enfants exercent sur leurs camarades un prestige incontesté et une influence des plus salutaires. Leurs conseils sont écoutés; ils ont empêché plus d'une sottise et fait avorter plus d'une mutinerie. Par un juste sentiment de leur importance et de leur dignité, ces écoliers modèles se croient obligés d'exercer vis-à-vis de leurs condisciples une sorte d'apostolat, tout au moins ils placent leur point d'honneur dans une conduite irréprochable afin que l'exemple donné par eux soit profitable et bon.

Il nous semble que ces observations, si incomplètes et si imparfaites qu'elles puissent être, répondent aux deux questions que nous nous étions posées et vengent l'enseignement libre d'accusations portées contre lui fort à la légère, accusations qui sont en contradiction flagrante avec la réalité des faits.

L'ENSEIGNEMENT SECONDAIRE LIBRE

ET LES PROGRAMMES DE L'ÉTAT

RAPPORT DE M. LE CHANOINE DEVAUX

Doyen de la Faculté catholique des lettres de Lyon.

Le rapport que j'ai l'honneur de vous présenter ne répond pas exactement à la question inscrite au programme de votre Congrès sous le titre d'*Histoire des programmes de l'enseignement secondaire*. C'était en soi une question préliminaire ; à la place qui a dû lui être assignée, c'est-à-dire dans la dernière séance, elle aurait le tort de ressembler à une préface quand il faut une conclusion. Après des séances si bien remplies et où le grave problème de l'enseignement secondaire libre a été envisagé à peu près sous toutes ses faces, peut-être eût-il été sage au rapporteur, qui est devant vous, de décliner l'honneur de parler encore. Mais il eût craint de se dérober à un devoir, et, dans l'embarras résultant pour lui de la nature d'une telle question à la fin du Congrès, il a pris la liberté, non pas de l'éluder tout à fait, mais de lui donner un autre tour, en la tirant en quelque sorte du domaine de l'histoire générale de l'enseignement secondaire en France au XIXe siècle, pour la placer sur le terrain pratique, qui est celui des rapports de cette matinée.

Quelle est la situation faite à l'enseignement libre par les programmes de l'Etat, et quelle est, en conséquence, l'attitude qu'il a dû et doit encore observer vis-à-vis de ces programmes ?

Ce sera, si vous le voulez bien, l'objet de ce court rapport.

On peut définir d'un mot la situation créée à l'enseignement libre par les programmes officiels : en droit, c'est une vassalité, et, en fait, une vassalité qui peut aller jusqu'à la servitude. La loi de 1850, comme on le répète avec tant de raison depuis trois jours, fut une loi de transaction entre les exigences de l'Etat et les justes revendications de la liberté des pères de famille. Ceux qui, dans cette négociation mémorable, représentaient les droits de la liberté, durent se contenter, à défaut d'un idéal irréalisable dans les circonstances, de la conquête du possible. L'idéal eût été la liberté complète avec le droit de dresser nos programmes et le droit corrélatif d'en sanctionner l'application par la collation du grade. En se réservant ce double droit, l'Etat se faisait visiblement la part du lion. Otez le programme et l'examen, il ne reste plus à la liberté que le droit de faire, par d'autres méthodes si elle veut, ce que fait l'Etat lui-même. Maître absolu chez lui, l'Etat restait maître encore, par voie indirecte, jusque dans les institutions dites libres. Vous avez la liberté, semblait-il leur dire, puisque vous êtes libres de faire comme moi et sous le contrôle de mes examinateurs.

Ce qui faisait la gravité particulière de cette concession forcée, c'est la conception autocratique de l'Etat enseignant. Dès lors que l'Université, au lieu d'être une corporation autonome et indépendante — je parle de l'institution et non des personnes — n'est, théoriquement, que l'incarnation de l'Etat maître d'école ou de pension, elle est condamnée, par sa nature même, à subir, dans ses programmes, les contre-coups des révolutions politiques, même des simples mouvements d'opinion, pour ne pas dire, quoiqu'on ait pu le voir, des caprices personnels d'un ministre. Ainsi s'expliquent les remaniements, si étrangement fréquents, des plans d'études et programmes. On a dit justement que cette histoire pourrait s'appeler l'histoire des *Variations* du baccalauréat. Pour nous en tenir à la dernière moitié de ce siècle, nous avons connu, depuis la loi Falloux, à peu près une dizaine de types, plus ou moins différents, du baccalauréat ès lettres, soit, en moyenne, à peu près un baccalauréat tous les cinq ans, un par lustre, comme auraient dit les Romains.

Il est vrai que les auteurs de la loi Falloux avaient cru, sans doute, donner une garantie de stabilité à l'enseignement public, désormais partagé en enseignement officiel et enseignement libres par la création, à la place de l'ancien Conseil de l'Université, d'un Conseil supérieur de l'instruction publique, mieux en harmonie et par son titre et par sa composition avec le nouvel ordre de choses. Quand, dans ce Conseil, on voyait, à côté des plus illustres personnalités de l'enseignement représentant l'expérience professionnelle, des évêques, des magistrats et des membres de l'Institut personnifiant à la fois l'autorité et l'indépendance, on pouvait espérer que toute réforme, quand réforme il y aurait, correspondrait à une nécessité sociale, partant marquerait un vrai progrès, et aussi qu'on ne trouverait, ni dans une liste d'auteurs littéraires ou philosophiques, ni dans un programme de philosophie, d'histoire naturelle ou de géologie, rien qui fût capable d'éveiller les justes susceptibilités de la conscience chrétienne. On eut peut-être le tort de croire trop aisément que la durée du nouveau Conseil supérieur était liée à celle de la loi. S'il y eut illusion, elle fut courte. Dès 1852, le coup d'Etat universitaire de M. Fortoul suivait le coup d'État politique du Prince-Président, portait la plus grave atteinte à l'indépendance du Conseil supérieur, et établissait de fait la dictature en matière d'enseignement. C'est l'Assemblée nationale qui eut l'honneur, en 1873, de ramener le Conseil supérieur de l'instruction publique à la notion libérale de 1850, en y faisant entrer, par voie d'élection, comme en 1850, l'élite du clergé, de la magistrature, du conseil d'Etat et de l'Institut, sans lui laisser toutefois les moyens de contrebalancer bien efficacement ce que M. Francisque Bouillier appelait « l'omnipotence des bureaux ou l'arbitraire des ministres ».

Si réduit que fût le rôle du Conseil supérieur sous l'Empire et même dans la période de 1873 à 1879, ce Conseil présentait du moins un double avantage : celui de consacrer le droit qu'a l'enseignement libre de figurer, à côté de l'enseignement officiel, dans un conseil national de l'instruction publique, et celui encore — qui intéresse particulièrement notre question — de constituer, dans une certaine mesure, un contrepoids à l'humeur réformiste des ministres. On sait, qu'en 1873, un rapport de M. Patin fit échec, devant le Conseil supérieur, à la fameuse circulaire de M. Jules Simon, relative à une réforme des études classiques. C'était plus qu'il n'en fallait pour inspirer à M. Jules Ferry, à la veille de bouleverser notre régime scolaire, l'idée de se créer un instrument plus docile. Sa réforme du Conseil supérieur consistait essentiellement, d'abord à en exclure, ou bien peu s'en faut, l'enseignement libre, et ensuite à démocratiser l'institution en y faisant représenter tous les degrés de l'enseignement officiel et en soumettant à l'élection par leurs pairs les trois quarts des membres du Conseil. C'est ne rien dire d'excessif, je suppose, et, en tout cas, rien qui n'ait été dit même par des universitaires, que de constater que le nouveau Conseil ne pouvait présenter, au même degré que l'ancien, les garanties nécessaires de sagesse et d'indépendance. M. Francisque Bouillier ne craignait pas d'écrire, dès 1879, au moment de la discussion de la loi : « Les études classiques sont livrées aux caprices du plus incompétent des ministres. On peut prédire dès à présent que le pire destin leur est réservé. » On sait si la prophétie tarda à se réaliser.

Le Conseil supérieur, issu de la réforme de M. Jules Ferry, ne pouvait donc qu'aggraver, et c'est ce qu'il n'a pas manqué de faire, la situation de l'enseignement libre en matière de programmes. Depuis 1880, l'enseignement secondaire libre ne compte pas un seul représentant dans les conseils où ces programmes s'élaborent, tout au moins s'approuvent et s'enregistrent. Il ne peut faire entendre ni un avis sur des questions qui l'intéressent autant que l'enseignement officiel, ni une protestation, si ces programmes répugnaient, sur quelque point, à son idéal pédagogique.

Il y a, de ce fait, une situation humiliante, ne craignons pas de le dire, puisque l'enseignement libre, ne pouvant ni ne devant renoncer pour ses élèves au bénéfice du baccalauréat, est condamné à suivre des programmes exclusivement faits par ses rivaux, ou du moins, ce qui revient au même, par les patrons officiels de ses rivaux, sans lui toujours, et quelquefois, pourrait-on croire, contre les principes et les idées qui sont sa raison d'être.

Et que dire de ces programmes encyclopédiques, se succédant presque sans trêve, pour défaire aujourd'hui ce qu'on avait refait hier, et refaire demain ce qu'un nouveau caprice aura défait? Sans doute, l'enseignement officiel souffre, lui aussi, et de ces surcharges et de cette mobilité; mais lui, du moins, a les moyens de protester, ne fût-ce que par l'élection de ses représentants au Conseil supérieur, contre cette tyrannie des programmes, et d'obtenir, vis-à-vis de ces programmes, une certaine liberté d'interprétation qui n'est un droit strict que pour lui. Pour nous, encore une fois, nous n'avons pas la ressource de pouvoir protester efficacement; nous n'avons qu'à subir les programmes quels qu'ils soient, sauf à attendre de l'impartialité du jury d'examen une égalité de traitement que les décrets relatifs à l'interprétation des programmes permettent, mais ne commandent pas. Que pourraient répondre nos élèves à un examinateur qui, d'aventure, voudrait exiger d'eux la préparation de tous les textes d'auteurs inscrits au dernier programme du baccalauréat? Diraient-ils que, cette préparation intégrale étant parfaitement impossible, ils ont fait comme leurs concurrents, un choix dans les listes officielles? L'examinateur se croirait-il, légalement parlant, obligé de s'en tenir à la distinction que le maître de l'enseignement libre aurait cru pouvoir établir, conformément à la pratique des lycées, entre textes obligatoires et textes facultatifs? Il le devrait sans doute, mais simplement au nom de l'équité naturelle; et nous nous plaisons à reconnaître que le jury, tel qu'il est actuellement organisé, se règle sur ces principes. Toujours est-il que les décrets ministériels semblent ignorer l'existence légale de l'enseignement libre, n'instituer une certaine élasticité dans les programmes qu'au profit de l'enseignement officiel, et créer par là-même un privilège au dernier. N'est-il pas évident que notre situation, en ce qui concerne les programmes, est devenue une vraie servitude?

Eh bien, quelle a été jusqu'ici notre attitude à leur égard?

Il faut distinguer ce qu'on appelle les plans d'études, ou programmes de l'enseignement secondaire depuis les classes élémentaires jusqu'à la philosophie, et, d'autre part, les programmes du baccalauréat.

Il ne pouvait y avoir de doute en ce qui concerne les programmes du baccalauréat. L'enseignement libre doit à ses élèves, tout aussi bien que l'enseignement officiel aux siens, de les préparer à un diplôme qui est le couronnement obligé des études secondaires et la clef des carrières libérales. Il n'avait donc qu'à se conformer à ces programmes, lors même qu'il ne leur eût pas trouvé une perfection idéale, sauf à en corriger, par l'application des principes de la pédagogie chrétienne, les défectuosités ou les tendances jugées fâcheuses.

Quant aux plans d'études, la question était plus compliquée. Avec le programme des études scolaires, ils traçaient parfois une méthode, et cette méthode n'était pas toujours conforme aux vrais principes des humanités classiques. Or, comme l'enseignement libre n'a pas cessé et ne cessera pas de voir, dans les humanités classiques, l'idéal de la haute culture intellectuelle, c'était pour lui un conflit entre son idéal et les exigences du baccalauréat. Comment a-t-il résolu le conflit?

On se rappelle que toutes les grandes réformes universitaires depuis 1850, ont eu pour but de concilier, tant bien que mal, les tendances utilitaires de notre siècle avec le caractère idéaliste des études classiques. M. Fortoul essaya la conciliation par le système justement décrié de la bifurcation, qui obligeait l'élève à opter, à partir de la troisième, entre les lettres et les sciences. Cela ne fit pas difficulté pour l'enseignement libre; libre, il eut le bon sens de rester fidèle à la tradition classique et de laisser l'expérience au compte de l'Université. Notons en passant, que les maisons libres continuèrent assez généralement du moins, à enseigner le programme complet de la philosophie, réduite par M. Fortoul à la simple logique. M. Duruy, après une mesure transitoire qui reculait la bifurcation après la troisième, la supprima franchement, ou plutôt la rejeta par delà les classes de latin, en créant, parallèlement à celui-ci, un enseignement spécial. C'était la solution rationnelle du problème, au moins en principe, sinon en fait. L'enseignement libre, tout désintéressé qu'il fût dans la question, ne pouvait qu'applaudir à la mesure, comme il applaudit aussi, sauf sur quelques points accessoires, à la réorganisation du baccalauréat par M. Duruy. Certains réformateurs ont dit beaucoup de mal du programme Duruy qui a régné en France de 1864 à 1874, *grande ævi spatium* pour un baccalauréat! La prudence aurait commandé d'attendre qu'on pût en comparer les résultats aux résultats des programmes nouveaux. Serait-il téméraire de soutenir, à l'heure actuelle, que c'est le programme Duruy, qui, somme toute, nous a donné jusqu'ici les meilleures humanités, vrai but de l'enseignement classique? La scission du baccalauréat ès lettres, sous le ministère de M. de Cumont en 1874, laissa les études sur leurs véritables bases; l'enseignement libre l'accueillit comme un système capable, avec le temps — si on le lui laissait — de fortifier les études classiques, et particulièrement l'enseignement de la philosophie.

En somme, si l'on excepte la fameuse circulaire de M. Jules Simon en 1872, qui devait porter un coup si funeste aux études latines, mais qui n'eut pas de répercussion immédiate, du moins à ce point de vue, sur le programme du baccalauréat de 1874, on peut dire que, jusqu'à 1880, les plans d'études ne firent pas violence aux principes essentiels de la tradition classique; et tout en préparant au baccalauréat, l'enseignement libre put continuer à faire de vraies humanités. C'est avec le système de M. Jules Ferry que commença, à proprement parler, la crise des études classiques, et, pour l'enseignement libre, une situation particulièrement pénible.

La faute capitale de ce système, c'était d'introduire violemment l'idée utilitaire, jusque-là cantonnée dans l'enseignement spécial, au cœur même des études classiques, et cela avec l'illusion étrange que ces études n'en pourraient être compromises ni rien perdre de leur vertu éducatrice. Sur le terrain de l'enseignement secondaire, c'est sans doute la plus grande erreur pédagogique de notre siècle. Inutile d'entrer dans les détails de ce système qui est, malgré des modifications de surface, celui qui régit encore notre enseignement secondaire. Ici, l'enseignement libre était atteint, car le plan est si étroitement relié au programme du baccalauréat que, pour s'en affranchir totalement, il eût fallu renoncer au baccalauréat même. Que faire dès lors, sinon essayer d'en atténuer, dans la mesure du possible, les dangers si particulièrement graves? C'est la règle adoptée par l'enseignement libre. Il suit le plan d'études en ce qu'il a d'utile ou de nécessaire. Il s'est gardé généralement, je crois, de certaines innovations pédagogiques qui auraient bouleversé les classes élémentaires et les classes de grammaire, les deux premiers cycles de M. Jules Ferry. Quant au troisième cycle, il fallait bien le subir, puisqu'il comprenait tout le programme ou à peu près du baccalauréat. Nous l'avons donc subi comme l'Université elle-même, et, chez nous comme chez elle, quoiqu'à un moindre degré, croyons-nous, le niveau des vraies humanités n'a pas tardé à descendre. Si le résultat a été moins désastreux chez nous, cela tient à ce que nous avons pu mieux faire la part des études classiques dans les classes élémentaires et les classes de grammaire.

Peut-être — qu'on me permette cette courte parenthèse — peut-être pouvons-nous la faire plus grande encore, même dans les classes d'humanités et de rhétorique, en multipliant les exercices latins, thème, discours ou composition. Si la version latine, de l'aveu général, n'est plus ce qu'elle était au temps des vraies humanités, cela ne vient-il pas surtout de ce qu'on écrit moins en latin? Lors même que, suivant un mot fameux devenu le mot d'ordre des réformateurs, on ne devrait plus étudier le latin pour le parler ou l'écrire, mais pour le comprendre, toujours est-il que le plus sûr moyen d'arriver à le comprendre, c'est de s'exercer à l'écrire. Qu'on vante tant qu'on voudra la version comme exercice de style français, je n'y contredirai pas, au contraire; mais même à ce point de vue et si paradoxal que cela puisse paraître, le thème a son utilité, laquelle n'est pas médiocre. Pour bien faire le thème, c'est-à-dire pour trouver l'équivalent latin de la phrase française, ne faut-il pas préciser, jusqu'aux plus subtiles nuances, le sens des mots et la valeur des tours dont il se compose? N'en doutons pas, plus nos élèves feront de thèmes, plus ils se fortifieront en latin, c'est évident, et même en français, et plus aussi ils auront chance d'être encore des humanistes en devenant des bacheliers. Les exercices latins doivent être, et on semble de plus en plus le comprendre, le correctif d'un système qui a trop versé dans l'utilitarisme.

Que conclure de ce rapide coup d'œil sur le passé?

Il me semble d'abord qu'on doit reconnaître que l'enseignement libre, obligé de se plier à des programmes qu'il n'avait pas faits, n'a manqué, dans sa soumission tour à tour spontanée ou forcée, ni de dignité, ni d'intelligence, ni de zèle. Acceptant ce qu'il pouvait accepter, écartant ce qu'il devait écarter, amendant ce qu'il fallait amender, il s'est laissé guider par les principes supérieurs de la conscience chrétienne et par l'intérêt bien entendu de la haute culture intellectuelle. Quoi qu'ait pu dire certaine critique, qui, du reste, n'avait pas toujours le mérite du désintéressement, on n'a pas le droit de l'accuser d'avoir sacrifié les études au diplôme. Qu'il y ait eu à cet égard quelques exceptions dans cette longue histoire d'un demi-siècle, c'est bien possible; mais n'en trouverait-on pas aussi dans les maisons officielles? Ferait-on donc à l'enseignement religieux un crime de s'être appliqué, pour répondre à la confiance des familles, à n'établir aucune catégorie entre ses élèves au point de vue de la surveillance et de la direction de leur travail, se prodiguant à tous, aux faibles comme aux forts, et multipliant de la sorte les succès aux examens? Si le professeur de nos maisons libres ne perd pas de vue le baccalauréat, le baccalauréat ne l'hynoptise pas. De bonnes études d'abord, le baccalauréat ensuite, par surcroît et comme récompense : tel est, en la matière, son principe directeur.

Quant à la situation qui nous est faite par les programmes, il n'y a guère apparence qu'elle s'améliore de sitôt. Constatons seulement que la servitude deviendrait intolérable, dans l'hypothèse d'un changement de jury pour nos élèves, ou plus exactement, dans l'hypothèse d'un jury, juge et partie, examinant ses propres élèves avec les nôtres. Jusqu'ici, quoique nos juges appartiennent exclusivement à l'enseignement de l'État, ils forment cependant, grâce à leurs situations acquises et à leurs fonctions, un tribunal élevé au-dessus des deux enseignements rivaux, mieux en mesure, par conséquent, d'interpréter avec impartialité les programmes officiels pour tous ses justiciables. Il ne faut rien moins que de tels examinateurs pour alléger un peu le joug des programmes encyclopédiques et de préparation impossible dans le détail. Les conditions seraient bien changées avec un jury de professeurs de lycée en exercice, opérant sur des programmes qui restent partiellement facultatifs pour eux-mêmes ; dans quelles limites le seraient-ils pour leurs rivaux? Dieu nous garde de faire à ces juges éventuels l'injure de suspecter leur impartialité; impartiaux, ils voudraient sûrement l'être, mais le pourraient-ils toujours? Le public ne le croirait pas, et cette opinion, même erronée, suffirait pour créer entre les maisons rivales, une inégalité préjudiciable, ruineuse même à la maison libre.

On pourrait faire d'autres hypothèses ; à quoi bon ? Celle que nous venons d'indiquer, et qui a peut-être, hélas ! le plus de chances d'aboutir, est bien la plus dangereuse de toutes, étant la plus perfide. Elle est plus grave, en tout cas, que l'hypothèse du rétablissement du vieux monopole. Cela, ce serait la violence brutale, celle qui ne peut pas faire de dupes, et dont l'État serait le premier à pâtir.

Puisque nous sommes à l'heure de nous séparer, permettez-moi, Messieurs, une autre conclusion qui a quelque rapport encore avec la question traitée.

Les temps sont mauvais pour la liberté d'enseignement. Mais dans les heures sombres qu'elle traverse, les motifs d'espérance ne nous font pas défaut. Le plus fort de tous, après les motifs de la foi, c'est l'union dont témoigne ce Congrès. Non, l'épreuve ne trouverait plus les catholiques comme aux jours du monopole, à l'état de forces dispersées. Avec l'*Alliance* des maisons d'éducation chrétienne, qui tend si heureusement à faire un faisceau unique de tous les petits séminaires et institutions d'enseignement secondaire libre ; avec cette vaillante jeunesse catholique qui, brûlant d'imiter l'exemple des Montalembert et des de Mun, rend si généreusement à la liberté ce que la liberté lui a donné, nous sommes sûrs de ne manquer ni de maîtres zélés au dedans, ni de défenseurs dévoués au dehors, unissant et coordonnant tous les efforts du travail pédagogique et de la défense religieuse. Pendant que les défenseurs revendiqueront infatigablement la plénitude de nos droits, les maîtres avec les programmes quels qu'ils deviennent, useront de ce qui restera de liberté, et en useront avec un zèle obstiné, pour donner à l'Église les prêtres qu'il lui faut, et à la Patrie les hommes qu'elle réclame.

L'épreuve ne nous trouverait pas non plus comme aux jours lointains du premier Empire, et même de la Restauration, avec des maîtres improvisés. L'*Alliance*, par ses réunions annuelles, par ses livres, par sa revue, vulgarise dans les maisons chrétiennes, petits séminaires et colléges, les méthodes nouvelles, enseignant à discerner d'un sûr coup d'œil la tradition de la routine et le vrai progrès du faux, ardente à promouvoir la vraie pédagogie, la seule vraie, la pédagogie conservatrice progressiste. D'autre part, les Facultés catholiques — je ne le dirais pas ici, si vous, *Alliance*, ne vous plaisiez à le dire et à l'écrire — les Facultés catholiques sont devenues, à point nommé, de vraies écoles normales pour l'enseignement libre. Les maîtres abondent, et des maîtres que l'opinion publique estime de plus en plus autant pour leurs lumières que pour leur dévouement.

A l'œuvre donc, à l'œuvre toujours, dans l'union de toutes nos forces vives ! Et, avec la grâce de Dieu, nous saurons pratiquer même une liberté mutilée, pour mériter, en des temps plus proches peut-être que nous ne croyons, la liberté complète.

CÉRÉMONIE A LA CATHÉDRALE

A L'OCCASION DU CENTENAIRE DE LEYDRADE

Le salut à la Primatiale de Saint-Jean, avec l'audition du célèbre Oratorio de Th. Dubois : *Ode de Léon XIII à la France*, et l'éloquent discours de Mgr Dadolle, sur *Leydrade et l'enseignement chrétien*, ont été le digne couronnement du Congrès.

Cette cérémonie a été des plus solennelles. Une assemblée d'élite remplissait la cathédrale. Son Ém. le cardinal archevêque de Lyon, présidait la cérémonie, avec NN. SS. de Cabrières et Belmont.

La maîtrise de Saint-Jean, sous l'habile direction de M. Trillat, a supérieurement exécuté l'*Ode à la France*.

C'est à Mgr Dadolle, l'éminent recteur des Facultés catholiques, qu'incombait l'honneur de faire revivre la grande figure de Leydrade, et il s'en est acquitté magistralement devant l'un des auditoires les plus distingués et les plus intelligents que puisse rêver un orateur. Pendant plus d'une heure, il a tenu suspendus à ses lèvres 3 à 4.000 personnes, heureuses de voir revivre un passé si glorieux pour l'Église de Lyon, ou plutôt pour notre France chrétienne.

L'orateur a pris pour texte ces paroles : « Louons ces hommes glorieux, qui ont été nos pères dans leur génération. »

Dans la première partie de son discours, Mgr Dadolle a fait un superbe tableau de la civilisation mérovingienne depuis Clovis jusqu'à Dagobert ; les relations poétiques de sainte Radegonde et de saint Fortunat, la formation de l'école du Palais, le grand rôle des évêques gallo-romains, en marquent l'apogée. Puis, brusquement, la victoire des Austrasiens sur les Neustriens et les invasions sarrasines amenèrent une décadence de l'épiscopat, qui devint l'apanage de Francs braves, mais illettrés.

Dans la seconde partie, l'orateur a fait un magnifique portrait de Charlemagne : il a peint, non le guerrier, non le législateur, mais l'initiateur génial d'une renaissance littéraire et s'entourant d'une cour formée, non pas de rois vaincus, mais de l'élite intellectuelle de l'Europe chrétienne. Ses courtisans étaient des prêtres et ces prêtres des maîtres d'école : Paul, diacre, Pierre de Pise, Théodulfe, Clément, Dun Gal, Leydrade et Alcuin. Cette cour devint la plus polie des écoles et la plus studieuse des cours, où Charlemagne était le premier des écoliers et encourageait si puissamment les études, dans une de ces scènes charmantes racontées, par le moine de Saint-Gal.

Quand l'Église et ses élèves eurent ainsi civilisé le Palais, Charlemagne leur demanda d'étendre leurs bienfaits par tout l'empire, et les plus illustres membres de l'école du Palais montèrent sur les sièges épiscopaux.

Ainsi Leydrade vint à Lyon en 798.

L'orateur raconte la naissance de Leydrade en Bavière, en 740, sa formation intellectuelle et morale à Freissingen. De chancelier de Tassilon, duc de Bavière, Leydrade devient bibliothécaire de Charlemagne, passe à Zurich, à la tête du chapitre et de l'école, et de là est appelé au siège épiscopal de Lyon.

Mgr Dadolle trace le portrait du grand évêque d'après un poème de Théodulfe, consacré à raconter une mission dans la Narbonaise, et d'après une lettre d'Alcuin, félicitant son ami de sa promotion au siège de Lyon.

Leydrade fut homme de doctrine autant que de zèle. Envoyé en Espagne contre les adoptionistes, il éteignit leur hérésie. Fixé à Lyon, il rendit à l'antique église de Saint-Irénée le prestige qu'elle avait perdu depuis un siècle. Il réforma le clergé, restaura un bon nombre d'églises et de monastères et surtout fonda l'école qui porte encore aujourd'hui son grand nom.

L'orateur fait alors un tableau complet du régime de cette antique école, de son programme d'études, le même, en définitive, que le programme moderne de l'enseignement dit secondaire, parce que la préparation à toute carrière libérale, fût-ce celle de petit chantre ou lecteur, suppose la culture classique, que donnaient déjà le *trivium*, ou la triple voie qui mène à l'éloquence, et le *quadrivium*, ou la quadruple voie qui mène à la science.

Vers l'année 810, Leydrade écrit à Charlemagne sa célèbre *Lettre*, où il déclare avoir « mis toute son industrie à faire prospérer son école ».

De cette école est né le petit séminaire de Saint-Jean, qui, en 1826, essaimait aux Minimes, « si bien que la même fête du souvenir réunit les deux formes de l'enseignement donné par l'Église, le petit séminaire et le collège chrétien. »

Dans la péroraison vraiment superbe de ce magistral discours, Mgr Dadolle dit que le centenaire de Leydrade est la fête de la reconnaissance envers le Christ ami des Francs, envers l'Église, envers les hommes glorieux qui furent les pères de notre foi et de notre pensée.

Le passé nous venge et nous instruit : il nous venge de l'accusation d'être des fauteurs d'ignorance, et il nous instruit des conditions auxquelles le peuple de France méritera d'avoir été appelé par Léon XIII « un peuple qui ne veut pas périr ». Elle ne périra pas, si elle garde l'unique garantie de l'éducation qui l'a faite : la liberté d'enseignement.

Après ce discours qui a fait sur l'auditoire une profonde impression, la bénédiction du Saint-Sacrement a été donnée par Mgr Belmont.

La fête à la Primatiale a été, comme l'a dit l'orateur, « un magnifique épisode du Congrès de l'enseignement (1) ».

A six heures et demie, à la salle Monnier, un banquet réunissait une dernière fois les congressistes; des toasts nombreux ont été échangés. MM. Louis Chavent, Reverdy, Rivet, Pierre du Magny, César Caire et Jacquier ont pris successivement la parole. Leurs voix éloquentes ont été comme l'écho de ces belles fêtes du Congrès de l'enseignement, dont le souvenir restera vivant dans les âmes de tous les catholiques qui ont eu le bonheur d'assister au Congrès de Lyon.

(1) *Nouvelliste de Lyon.*

PARIS. — IMPRIMERIE A. QUELQUEJEU, RUE GERBERT, 10.

TABLE DES MATIÈRES

Troisième Journée

FIN DE LA TABLE

Imp. A. Quelquejeu, rue Gerbert, 10.

PARIS
IMPRIMERIE A. QUELQUEJEU
10, Rue Gerbert

www.ingramcontent.com/pod-product-compliance
Lightning Source LLC
Chambersburg PA
CBHW071633270326
41928CB00010B/1898
9782019954529